German A2

Zeitgeist 2

Morag McCrorie
Dagmar Sauer
Maria Hunt

Welcome to *Zeitgeist*! The following symbols will help you to get the most out of this book.

listen to the CD with this activity

work with a partner

work in a group

 **Grammatik** an explanation and practice of an important aspect of German grammar

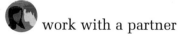 162 refer to this page in the grammar section at the back of the book

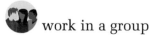 W48 there are additional grammar practice activities on this page in the *Zeitgeist* Grammar Workbook

extra! additional activities, often on Copymaster, to extend what you have learned

Hilfe useful expressions

Tipp practical ideas to help you learn more effectively

We hope you enjoy learning with *Zeitgeist*.
Viel Spaß!

Inhalt

Unit	Page	Subject content	Grammar	Skills
1 Umweltverschmutzung	5	The causes and effects of pollution and measures used to reduce it Contrast individual and collective responsibility The pros and cons of fossil versus renewable energy sources	Tenses: perfect, imperfect, pluperfect, future	Completing gap-fill exercises
2 Umweltschutz	15	The pros and cons of recycling The role of pressure groups and demonstrations Looking at the issues of a sustainable lifestyle The consequences of climate change for developing countries The role and responsibility of the industrial countries	Using modal verbs with the passive	Translating from German into English
Wiederholung Einheit 1–2	25	Revision of Units 1–2		
3 Ausländer	27	Immigrants in Germany – the various groups and their problems Reasons for racism and its effects The integration of foreigners into Germany	The subjunctive and indirect speech	Translating from English into German
4 Armut und Reichtum	37	Contrasting poverty in Germany and the problems of the homeless with poverty in the Third World Possible solutions to problems in the Third World	Adjective endings and cases	Giving opinions
Wiederholung Einheit 3–4	47	Revision of Units 3–4		
5 Rechtswesen und Verbrechen	49	Reasons for youth crime and antisocial behaviour The problems of Internet crime The importance and the effect of media coverage on crime Measures to reduce crime and express an opinion about their effectiveness	Modal verbs and the use of *lassen* Verbs of perception	Defending a point of view

Unit	Page	Subject content	Grammar	Skills
6 Technik und die Zukunft	59	The case for and against the use of gene technology The role of technology in the work place Progress made in medicine	The imperfect subjunctive The future perfect The conditional perfect	Listening with comprehension
Wiederholung Einheit 5–6	69	Revision of Units 5–6		
7 Literatur, Film und die bildende Kunst	71	Favourite German books and authors German films, their plots and their characters German painters and musicians and the importance of literature and the arts in today's society	The subjunctive used in other ways	Planning and developing ideas for an essay
8 Deutschland heute	81	The building and the fall of the Berlin Wall Life in the new, reunited Germany The role of Germany in the EU Typical German festivals	The passive	Answering questions in German
Wiederholung Einheit 7–8	91	Revision of Units 7–8		
9 Politik – Globale Probleme	93	The German political system and the latest national and international developments The rights of the individual in a democracy The meaning of war and terrorism	Conjunctions Relative pronouns	Selecting appropriate vocabulary Linking sentences grammatically and logically
Wiederholung Einheit 9	103	Revision of Unit 9		
Stretch and Challenge	105	Further activities and tips to practice and consolidate new language and grammar points		
Essay-writing Skills	114	Further activities and tips to practice writing skills		
Grammar	120	Grammar reference section		
Vocabulary	151	Vocabulary		

DÄNEMARK

OSTSEE

NORDSEE

POLEN

NIEDERLANDE

BELGIEN

DEUTSCHLAND

LUXEMBURG

FRANKREICH

TSCHECHISCHE
REPUBLIK

SCHWEIZ

ÖSTERREICH

UNGARN

LIECHTENSTEIN

SLOWENIEN

ITALIEN

- Flensburg
- Kiel
- Westerau
- Hamburg
- Bremen
- Oranienburg
- BERLIN
- Hannover
- Magdeburg
- Bielefeld
- Tauer
- Gelsenkirchen
- Wuppertal
- Düsseldorf
- Köln
- Bonn
- Leipzig
- Dresden
- Meißen
- Erfurt
- Frankfurt am Main
- Bayreuth
- Mainz
- Schwetzingen
- Bad Dürkheim
- Mannheim
- Schifferstadt
- Heidelberg
- Saarbrücken
- Speyer
- Mosbach
- Nürnberg
- Landau
- Kandel
- Sinsheim
- Regensburg
- Karlsruhe
- Stuttgart
- Donau
- Augsburg
- München
- Linz
- Wien
- Hinterzarten
- Titisee
- Bad Reichenhall
- Salzburg
- Basel
- Konstanz
- Bodensee
- Zürich
- Ischgl
- Innsbruck
- Graz
- Luzern
- Galtür
- Brenner Pass
- Bern
- Wörthersee
- Genf

Elbe
Weser
Rhein
Mosel
Rhein

N

0   100
km

Umweltverschmutzung

By the end of this unit you will be able to:

- discuss the causes and effects of pollution
- suggest measures to reduce pollution
- discuss the issue of individual versus collective responsibility
- discuss pros and cons of fossil versus renewable energy sources

- use tenses
- complete gap-fill exercises

Seite	Thema
6	Ursachen und Auswirkungen
8	Energieverbrauch und –versorgung
10	Mit Atomenergie in die Zukunft?
12	Prüfungstraining
14	Zur Auswahl

1a Welche Umweltprobleme werden links dargestellt? Finden Sie die passende Bezeichnung unten für jedes Bild.

- a Autobahngebühren
- b Kernkraftwerke
- c Schmelzende Eisberge
- d Verkehrsstaus
- e Radfahrwege
- f Überschwemmungen
- g Hydroelektrische Autos
- h Windenergie
- i Orkane
- j Sonnenkollektoren

1b Welche Lösungsmöglichkeiten passen zu den jeweiligen Problemen? Gibt es noch andere? Diskutieren Sie mit einem Partner/einer Partnerin.

1c Welches ist Ihrer Meinung nach das größte Umweltproblem und warum? Diskutieren Sie mit einem Partner/einer Partnerin.

Ursachen und Auswirkungen

■ *Umweltverschmutzung hat erhebliche Auswirkungen auf unser Klima und unser Leben. Wir brauchen alternative Energien und neue Technologien, um einen drastischen Klimawandel zu verhindern.*

1 Was haben diese Produkte gemeinsam?

2a Welche Ausdrücke passen zusammen?

a	Verbrennung	1	greenhouse effect
b	Ursachen	2	incineration, combustion
c	Energiequellen	3	toxic
d	giftig	4	level of acidity
e	Treibhauseffekt	5	causes
f	Säuregehalt	6	energy sources

2b Lesen Sie den Text.

Sie haben die Frage links beantwortet. Diese Dinge tragen natürlich alle zur Umweltverschmutzung bei. Aber wie? Indem sie Energie verbrauchen, durch Verbrennungsprozesse in der Industrie und in Kraftwerken und natürlich auch durch den Verkehr. Das bedeutet, dass die Verschmutzung in den Städten zwar viel größer ist, doch die CO_2-Emissionen, die bei den Verbrennungsprozessen freigesetzt werden, verschonen auch Dörfer und unsere Natur nicht. Fast alle CO_2-Emissionen, die wir Menschen verursachen, stammen aus fossilen Energiequellen wie Kohle, Erdgas oder Öl. Wir gewinnen auf diese Art zwar Energie, produzieren aber auch giftiges Kohlendioxid. Und gerade diese Emissionen sind es, die durch den Treibhauseffekt zum globalen Problem der Erderwärmung beitragen.

Klimawandel ist jedoch nichts Neues. Vor ungefähr 50 Millionen Jahren gab es auch schon eine globale Erderwärmung: die Meerestemperatur erhöhte sich, und viele Tier- und Pflanzenarten starben aus. Dann gab es auch Eiszeiten, und die Alpen und die Pyrenäen waren von Eis bedeckt. Die letzte Eiszeit endete vor rund 10 000 Jahren. Zum ersten Mal jedoch ändern wir das Klima selbst durch den enormen Anstieg der fossilen Energieträger seit der industriellen Revolution.

Die Erderwärmung hat nicht nur für unser Klima, sondern auch für unser Leben erhebliche Folgen. Wissenschaftler warnen vor extremen Wetterbedingungen wie vermehrten Sturmfluten, orkanartigen Winden, Hitzewellen, wolkenbruchartigem Regen und einer Zunahme an tropischen Wirbelstürmen. Wenn der Meeresspiegel weiterhin ansteigt, wird sich der Säuregehalt der Ozeane verändern, und die Lebensbedingungen für Tiere und Pflanzen werden sich verschlechtern.

2c Machen Sie eine Liste der im Text erwähnten Ursachen und Auswirkungen der Umweltverschmutzung.

3 Lesen Sie die Aussagen mit den Textlücken und wählen Sie das Wort aus dem Kasten, das am besten passt. Vorsicht! Es gibt mehr Wörter als Lücken.

  a Der wachsende _____ ist eine der Ursachen der Umweltverschmutzung.

  b Die meisten CO_2-Emissionen werden durch fossile _____ freigesetzt.

  c Die _____ unseres Planeten ist kein neues Phänomen.

  d Wenn sich der Säuregehalt der Ozeane verändert, wird die _____ der Meerestiere und Pflanzen an das Leben im Meer erschwert.

  e Seit der industriellen Revolution benutzen _____ fossile Energiequellen, um _____ zu gewinnen.

  Industrie Verkehr Brennstoffe
  Klimawandel Erwärmung Anpassung
  Energie Fabriken Produkte

4a [D] Schauen Sie zuerst die folgenden Wörter in einem Wörterbuch nach. Was bedeuten sie?

sogar	außer	freisetzen
abholzen	der Kreislauf	

4b Hören Sie sich nun eine Diskussion zur Frage „Lässt sich Klimawandel verhindern?" an und lesen Sie die folgenden Aussagen. Welche Aussagen sind richtig (R), falsch (F) oder nicht angegeben (N)?

  a Klimawandel lässt sich mit alternativen Energien verhindern.

  b Die Entwicklung von neuen Technologien ist immer positiv.

  c Mit dem Gas, das durch Abfall entsteht, kann man Wärme gewinnen.

  d Man hat schon zu viele Wälder abgeholzt.

  e Unter Biomasse versteht man pflanzliches Material, das zur Energiegewinnung benutzt wird.

Tipp

Gap-fill exercises

- Familiarise yourself with the gap-fill text to get an idea of the kind of vocabulary you will hear or be looking for.

- Decide what type of word is required: noun, verb or adjective?

  A **noun** is often preceded by an article or an adjective and, if it is the subject, agrees with the verb. Check if it is singular or plural and what case it is.

  Die _____ unseres Planeten ist ein Problem. (*The verb shows that the noun is singular* – die Umweltverschmutzung.)

  Verbs need to agree with the subject, but also check which tense and which verb form (passive, active, infinitive) is needed.

  Die Meerestiere müssen sich _____. (*The verb is an infinitive as a modal verb is used* – anpassen.)

  Adjectives need the correct ending. Check whether the noun is:

  - singular or plural

  - If singular: masculine, feminine or neuter

  - in the nominative, genitive, dative or accusative case

  Die meisten Fabriken benutzen _____ Energiequellen. (*The adjective is used after the verb and before the noun* – fossile.)

4c Hören Sie sich die Diskussion noch einmal an und notieren Sie die Hauptargumente.

5a Diskutieren Sie in der Klasse, wie man Klimawandel am besten verhindern kann. Was tun Sie persönlich dafür?

5b Fassen Sie das Ergebnis Ihrer Diskussion schriftlich zusammen.

▌ *Wie können wir unseren steigenden Energiebedarf decken?*

Energieverbrauch 2003

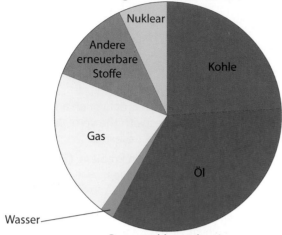

Prozentzahlen weltweit

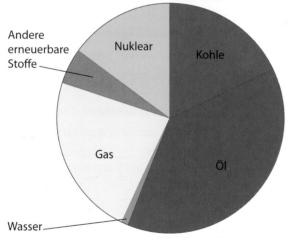

Prozentzahlen in der EU

1 Vergleichen Sie die beiden Kreisdiagramme und überlegen Sie, wie der Energieverbrauch für Deutschland aussehen könnte.

2a Welche Ausdrücke passen zusammen?

a der Wert
b erwarten
c der Anteil
d die Energieversorgung
e anregen
f ehrgeizig
g die Gebäudesanierung

1 part, percentage
2 to encourage
3 ambitious
4 worth, value
5 renovation of buildings
6 energy supply
7 to expect

2b Hören Sie sich einen Bericht zur Energieversorgung in Deutschland an und ergänzen Sie die Sätze mit den richtigen Zahlen.

a Der Energieverbrauch ist seit den 70er Jahren um _____ % gestiegen.

b In der Zukunft soll der Energieverbrauch um _____ % zurückgehen.

c Die größten Anteile an der Energieversorgung haben Mineralöl mit _____ % und Erdgas mit _____ %.

d Die Bundesregierung will _____ Euro in erneuerbare Energien investieren.

e Bis zum Jahr _____ sollen _____ % des Stromverbrauchs durch erneuerbare Energien gedeckt werden.

f Die Renovierung von Gebäuden will die Bundesregierung mit _____ Euro unterstützen.

3a Lesen Sie den Text.

Energiesparen durch Niedrigbauweise und Passivhäuser

Die Stadt Freiburg in Südwestdeutschland gilt allgemein als die Solarstadt Deutschlands. In den Stadtvierteln Rieselfeld und Vauban gibt es bereits viele sogenannte Passivhäuser. Vor einigen Monaten wurde dort eines der größten Passivhäuser bezogen. Das Haus besteht aus 29 Wohnungen, und jede Wohnung hat einen eigenen Garten oder eine Dachterrasse. Der Architekt selbst wohnt in einer der Wohnungen.

Und warum heißen diese Häuser Passivhäuser? Ein Passivhaus braucht keine Heizung, denn die Wärme, die eine Person produziert, wird im Haus gespeichert. Es handelt sich also um eine weitere Verbesserung der Niedrigenergiehäuser. Passivhäuser haben große, dreifach verglaste Fenster, die nach Süden gehen. Im Sommer verhindern Jalousien, dass ein Raum zu heiß wird, und im Winter heizt die Sonne die Räume durch die Fenster auf. Da Passivhäuser so dick gedämmt sind, sind sie natürlich teurer als ‚normale' Häuser. Man rechnet, dass sie sechs bis zehn Prozent teurer sind als konventionelle Wohnbauten. Der Energieverbrauch ist jedoch um ungefähr 52 Prozent niedriger. In einem Passivhaus werden 12,4 Kilowattstunden Energie pro Quadratmeter und pro Jahr verbraucht, während man in einem normalen Neubau 60 bis 80 und in einem Niedrigenergiehaus 40 bis 50 Kilowattstunden Energie verbraucht. Im Vergleich zu einem Altbau spart man mehr als 1000 Euro. Langfristig lohnt es sich also, anfangs etwas mehr für Baukosten auszugeben.

In Freiburg müssen neue Wohngebäude in der Niedrigbauweise errichtet werden. Aber auch in anderen deutschen Städten baut man bereits neue Häuser mit dieser klimafreundlichen Bauweise. Allerdings gibt es einen Nachteil. Es besteht die Möglichkeit, dass es für Familien, die bauen wollen, zu teuer ist und dass sie es daher vorziehen, nicht mehr in Freiburg zu bauen.

3b Wählen Sie die Ergänzung, die am besten mit dem Sinn des Texts übereinstimmt.

a Passivhäuser gibt es als _____.

   1 Einzelhäuser in Vauban und Rieselfeld
   2 Wohnungen mit Dachterasse oder Garten
   3 Häuser und Wohnungen

b Passivhäuser verbrauchen _____ Niedrigenergiehäuser.

   1 genauso wenig Energie wie
   2 weniger Energie als
   3 dieselbe Energie wie

c Die Baukosten eines Passivhauses sind _____.

   1 zu hoch
   2 bis zu einem Zehntel teurer
   3 anfangs zu viel

d In Freiburg ist es Pflicht, alle Neubauten _____.

   1 als Niedrigbauhäuser zu bauen
   2 als Passivhäuser zu bauen
   3 ohne Heizung zu bauen

3c Beantworten Sie die folgenden Fragen in vollständigen Sätzen.

a Was will der Architekt damit zeigen, dass er in einer dieser Wohnungen wohnt?

b Was sind die Vorteile eines Passivhauses?

c Gibt es Ihrer Meinung nach mehr Vorteile oder mehr Nachteile?

d Was ist der Unterschied zwischen einem Passivhaus und einem Niedrigenergiehaus?

e Inwiefern ist es Ihrer Meinung nach richtig, dass man in Freiburg alle neuen Häuser mit der Niedrigenergiebauweise bauen muss?

4 Übersetzen Sie die folgenden Sätze ins Deutsche.

a Passive houses are more environmentally friendly, but also more expensive than conventional residential buildings.

b In the long term, it is worth paying more in order to save energy.

c Passive houses have triple glazing and need no heating, because the heat is stored in the house.

5 Ihr Partner/Ihre Partnerin und Sie wollen ein Haus bauen. Sie wollen ein Passivhaus, Ihr Partner/Ihre Partnerin nicht. Versuchen Sie ihn/sie zu überzeugen.

6 Wie versucht man in Deutschland die Energieversorgung für die Zukunft zu sichern? Schreiben Sie eine kurze Zusammenfassung und erwähnen Sie auch, was Sie davon halten.

Mit Atomenergie in die Zukunft?

▌ *Ist es in unserer heutigen Gesellschaft möglich, die Energieversorgung ohne Atomenergie zu garantieren, oder liegt unsere Zukunft in der Atomenergie?*

1  Lesen Sie die Meinungen der beiden Jugendlichen unten. Welcher Aussage stimmen Sie zu und warum? Diskutieren Sie mit einem Partner/einer Partnerin.

> *Atomenergie ist effizient, und außerdem wird kein oder kaum CO_2 freigesetzt.*

> *Atomkraftwerke sind nicht sicher, und außerdem ist die Lagerung des hochradioaktiven Atommülls ein ungelöstes Problem.*

2a Lesen Sie das Interview rechts mit einem Gegner der Atomkraft.

Frage: Deutschland will aus der Atomenergie aussteigen. Ist das nicht ein großer Fehler?

Herr Müller: Auf keinen Fall. In Deutschland sollen die Atomkraftwerke bis 2020 nach und nach stillgelegt werden, und das ist auch richtig so. Und im deutschen Bundestag gibt es auch keine Mehrheit für eine Verlängerung oder für ein neues Atomkraftwerk. Ich glaube auch, dass die Mehrheit der deutschen Bevölkerung der Atomenergie skeptisch gegenüber steht. Wir werden auch ohne Atomenergie unsere Energieversorgung gewährleisten, wenn wir die erneuerbaren Energiequellen weiter entwickeln und neun weitere Kohlekraftwerke bauen, die sauberer und effizienter als die alten sind.

Frage: In England hat sich die Regierung für den Bau von neuen Atomkraftwerken ausgesprochen. Was meinen Sie dazu?

Herr Müller: Die britische Regierung ist zwar für den Bau neuer Atomkraftwerke, aber nur deshalb, weil die Energieversorger die Kosten tragen. Außerdem sollen nur die alten Atomreaktoren ersetzt werden, da sie aus Sicherheitsgründen stillgelegt werden müssen.

Frage: Aber Sie müssen doch zugeben, dass die neueren Atomkraftwerke viel sicherer, vor allem aber klimafreundlich sind und somit zu einer sauberen, effizienten Energieversorgung beitragen?

Herr Müller: Selbst wenn die Atomreaktoren heute sicherer sind, eine hundertprozentige Sicherheit gibt es nicht. Den Atomreaktorunfall von Tschernobyl im Jahr 1986 hat man in Deutschland bis heute noch nicht vergessen. Aber das größte Problem ist die Entsorgung des radioaktiven Atommülls. Bis jetzt gibt es noch kein einziges, sicheres Lager für den Atommüll.

Frage: Sie glauben also, dass Deutschland in Zukunft seinen Energiebedarf auch ohne Kernenergie decken kann?

Herr Müller: Auf jeden Fall. Die deutsche Regierung investiert in erneuerbare Technologien und fördert den Ausbau nachhaltiger Energiequellen. Außerdem will man neun neue, effizientere Kohlekraftwerke bauen, und dann liegt da ein nie endendes Energiepotenzial im Erdinnern – diese Geothermie kann man in den kommenden Jahren ausbauen und wirtschaftlich nutzen.

2b Was passt zusammen? Ordnen Sie die richtigen Definitionen einander zu.

a aus der Atomenergie aussteigen

b stilllegen

c gewährleisten

d Energieversorger

e ersetzen

f das Problem der Entsorgung

g den Energiebedarf decken

1 man weiß nicht, was man mit dem Abfall machen soll

2 genug Energie für alle produzieren

3 schließen

4 keine Kernkraft benutzen

5 garantieren

6 etwas anderes benutzen

7 Unternehmen, die Energie zur Verfügung stellen

2c Lesen Sie die Sätze und ergänzen Sie die Lücken mit der richtige Form der Verben im Kasten.

a Wenn Deutschland aus der Atomenergie _____, muss das Land andere Energiequellen _____.

b Viele Einwohner _____ der Atomenergie skeptisch _____.

c Die Bundesregierung _____ in neue Kohlekraftwerke investieren.

d In England _____ man die alten Atomreaktoren.

e Es ist wichtig, dass die Regierung die Energieversorgung in der Zukunft _____.

f In Deutschland will man erneuerbare Technologien _____.

> wollen gewährleisten aussteigen
> ersetzen gegenüberstehen fördern
> benutzen

3a Schlagen Sie die folgenden Wörter im Wörterbuch nach:

nachhaltig
Lebensunterhalt
beweisen

3b Hören Sie sich das Gespräch zwischen einem Gegner und einem Befürworter der Nuklearindustrie an und notieren Sie:

• Argumente für Atomkraft
• Argumente gegen Atomkraft
• die Situation in anderen Ländern

3c Wählen Sie das Wort, das am besten passt, so dass die Aussagen mit dem Sinn des Gesprächs übereinstimmen.

a In Frankreich liefert die Atomenergie _____ der Energieversorgung.

> den größten Teil   einen großen Teil
> einen größeren Teil

b Keiner der 6000 Angestellten von Sellafield will seine Arbeitsstelle _____.

> vergessen   verlassen   verlieren

c In den USA produzierten über 100 Atomkraftwerke _____ des Energiebedarfs.

> ein Viertel   mehr als ein Viertel
> weniger als ein Viertel

d Alternative Energiequellen sind _____.

> sicherer   effizienter   sauberer

e Einige Umweltorganisationen warnen vor _____.

> giftigem Material
> einem Kernkraftunfall   Krebskrankheiten

4 Lesen Sie den Text auf Seite 10 noch einmal und Ihre Notizen für Übung 3b. Machen Sie eine Liste der Argumente für und gegen Atomenergie. Fallen Ihnen noch weitere Argumente dafür oder dagegen ein?

5 Teilen Sie Ihre Klasse in ‚Atomgegner' und ‚Atombefürworter' und diskutieren Sie das Thema.

6 Schreiben Sie einen Leserbrief an eine Zeitung (oder ein Blog) zu einem der beiden Themen „Die Gefahren der Atomenergie" oder „Mit Atomenergie sicher in die Zukunft". Schreiben Sie ungefähr 150 Wörter.

The activities on this page will help you to:

▌ revise the tenses

▌ complete gap-fill exercises

Grammatik  ➡133 ➡W50

The perfect tense (*Perfekt*)

● The perfect tense is used in speech and in colloquial passages. It can be translated into English with either the simple past or the present perfect.

> Sie hat das Licht nicht ausgemacht. *She didn't switch off the light./She hasn't switched off the light.*

● To form the perfect tense, most verbs use the present tense forms of *haben* and the past participle of the verb, but some (often verbs that imply movement) use the present tense forms of *sein* and the past participle of the verb.

> Wir **haben** energiesparende Glühbirnen **verwendet**.
> Er **ist** zu Fuß zur Schule **gegangen**.

The imperfect tense (*Imperfekt*)

● The imperfect tense is used more in writing for narratives or reports. To form the imperfect of weak/regular verbs, add the following endings to the stem of the verb:

ich	-te
du	-test
er/sie/es	-te
wir	-ten
ihr	-tet
sie/Sie	-ten

● Strong/irregular verbs change the stem to form the imperfect. Each has to be learnt. The following endings are then added to the imperfect stem:

ich	–
du	-st
er/sie/es	–
wir	-en
ihr	-t
sie/Sie	-en

The pluperfect tense (*Plusquamperfekt*)

● The pluperfect tense is often used in *nachdem* clauses and to express that something had happened before something else.

● To form the pluperfect, use the appropriate imperfect form of either *haben* or *sein* and the past participle of the verb.

> Nachdem das erste Forschungsprojekt so erfolgreich **gewesen** war, finanzierte die Regierung noch weitere Projekte.

The future tense (*Futur*)

● The future tense tends to be used to emphasise a contrast between the present and the future.

> Dieses Jahr fahren wir mit dem Auto in die Ferien, aber nächsten Sommer **werden wir** mit dem Eurostar **fahren**.

● It is also used to express a strong intention.

> Morgen **werde** ich ganz bestimmt mit dem Rad **fahren**.

● However, especially if there is an expression of time which clearly indicates the future, the present tense is preferred.

> Nächsten Sommer **fahre** ich mit dem Rad in die Schweiz.

● To form the future tense, use the present tense of *werden* followed by the infinitive, which goes to the end of the clause.

> Das Bundesumweltministerium **wird** in Zukunft noch mehr Geld für Umweltprojekte **zur Verfügung stellen**.

1 Ergänzen Sie die Lücken in den Sätzen mit der richtigen Form des Perfekts.

   a Im letzten Jahr _____ das Bundesumweltministerium im Bereich der erneuerbaren Energien mehr als 150 Forschungsprojekte _____. (bewilligen)

   b Zur selben Zeit _____ man bereits 100 Projekte _____. (abschließen)

   c Diese Projekte _____ viele neue Arbeitsplätze _____. (schaffen)

   d Der Umweltminister _____ zur Eröffnung eines Projekts nach München _____. (fahren)

   e Die meisten Schüler _____ den Jahresbericht zur Forschungsförderung beim Bundesumweltministerium kostenlos _____. (bestellen)

2 Schreiben Sie diese Sätze im Imperfekt.

a Der Bundesumweltminister eröffnet eine internationale Konferenz zur Endlagerung radioaktiver Abfälle.

b Die Konferenz soll einen Überblick über die neuesten Ergebnisse der verschiedenen nationalen Endlagerprogramme vermitteln.

c Bei der Konferenz geht es um technische und gesellschaftliche Herausforderungen bei der Standortfindung.

d Der Bundesumweltminister lehnt den Standort Gorleben als Atommüllendlager ab.

e Die Politiker und die Bürger machen sich Sorgen um die Endlagerung radioaktiver Abfälle.

3 Schreiben Sie diesen Text im Plusquamperfekt.

Das Technische Hilfswerk hilft sehr oft nach Naturkatastrophen und schweren Erdbeben, besonders bei der Wasserversorgung. Nach Erdbeben oder schweren Stürmen bricht die Wasserversorgung für die Bevölkerung total zusammen. Die Experten des Technischen Hilfswerks sind darauf spezialisiert, die Wasseraufbereitung so schnell wie möglich wieder zu sichern. Die Firma Kärcher stellt eine mobile Wasseraufbereitungsanlage zur Verfügung, um Menschen in Krisengebieten mit Trinkwasser zu versorgen.

4 Schauen Sie sich die Bilder an und schreiben Sie einen kurzen Abschnitt zum Thema „Wie wird unsere Umwelt in 30 Jahren aussehen?" Benutzen Sie das Futur.

Tipp

Gap-fill exercises

Lesen Sie zuerst noch einmal den Tipp auf Seite 7.

5 Hören Sie einen Bericht zum Thema „Umweltschutz schafft Arbeit". Lesen Sie dann den folgenden Text und ergänzen Sie die fehlenden Zahlen.

_____ Prozent der Arbeitnehmer in ganz Deutschland waren im Jahr 2002 im Umweltschutz beschäftigt. Das heißt, dass in dieser Branche _____ Millionen gearbeitet haben. Im Jahr _____ bot der Bereich der alternativen Energiequellen _____ Menschen einen Arbeitsplatz. Im Jahr _____ waren es über _____. Innerhalb von nur _____ Jahren gab es rund _____ Prozent mehr Jobs. Allein im Bereich Windenergie fanden _____ Menschen eine Stelle. Damit lag dieser Bereich an der Spitze. Auch bei der Ausfuhr von umweltfreundlichen Waren gab es einen Anstieg von _____ Arbeitsplätzen.

6 Sehen Sie sich Arbeitsblatt 5 an und ergänzen Sie die Lückentexte.

Zur Auswahl

> Um die Zukunft unseres Planeten und eine nachhaltige Stromversorgung auch für künftige Generationen zu sichern, müssen wir unbedingt mehr in alternative Energiequellen wie zum Beispiel Windenergie investieren.

> Um die Stromversorgung in der Zukunft zu gewährleisten, sollten wir vor allem weniger Strom verbrauchen. Wir müssen unseren Lebensstil ändern und umdenken lernen.

1 Arbeiten Sie mit einem Partner/einer Partnerin. Lesen Sie diese beiden Aussagen und wählen Sie eine davon. Bereiten Sie eine Liste mit Argumenten und Beispielen vor und versuchen Sie dann, Ihren Partner/Ihre Partnerin von Ihrem Standpunkt zu überzeugen.

2 Hören Sie sich den Bericht an und beantworten Sie die Fragen.

a Wann wurden die Windräder in Westerau gebaut?

b Was haben die Dorfbewohner gegen die Windräder einzuwenden?

c Inwiefern sind die Räder ein Erfolg gewesen?

d Welche Pläne gibt es für die Zukunft?

e Wie haben die Einwohner von Westerau auf diese Pläne reagiert?

f Welches Problem hat Udo Wiche wegen der Räder?

3a Lesen Sie den Text oben rechts. Schlagen Sie diese Wörter nach und suchen Sie dann Synonyme im Text.

a Energie gewinnen	**d** markant
b Standorte	**e** entwickeln
c unterscheiden	**f** nicht ausreichend

Windkraft in Deutschland

Im Jahr 1984 produzierte die Firma Enercon ihre erste Windturbine. Das war der Anfang ihrer Erfolgsgeschichte. Der Gründer des Unternehmens, der Ingenieur Aloys Wobben, hatte damals den genialen Einfall, aus Wind Energie zu gewinnen. Der Erfolg der Firma ist nicht nur ihrem innovativen Produkt zu verdanken, sondern auch dem perfekten Service und der starken Internationalisierung, was zu einem hohen Wachstum führte. Derzeit hat Enercon Niederlassungen in Indien, Brasilien, der Türkei, Schweden und Portugal.

Die ersten Windräder der achtziger Jahre haben nicht mehr viel mit den heutigen Hightech-Anlagen gemeinsam. Was die neuen Windräder auszeichnet, ist das markante, tropfenförmige Maschinenhaus, das der berühmte englische Architekt Lord Norman Foster entworfen hat. Heute steht das Unternehmen nicht nur in Deutschland an der Spitze, sondern ist auch weltweit führend in der Technologie.

Für die Stadt Aurich und die Region Ostfriesland bedeutete dies ein wirtschaftlicher Erfolg, denn durch ihre Küstenlage war die Gegend ideal für die Errichtung von Windparks. Zur Zeit liefert Windenergie fast 90 Prozent des Stromverbrauchs in ganz Ostfriesland. In Zukunft werden jedoch die Potenziale für Offshore-Windparks weiter erschlossen, da das Land an der Küste knapp wird. Die Bundesregierung rechnet damit, dass bis 2025/2030 Offshore-Windparks bis zu 25 000 Megawatt Energie liefern werden.

3b Entscheiden Sie, welche der folgenden Aussagen richtig (R), falsch (F) oder nicht angegeben (N) sind.

a Das Unternehmen wurde Anfang der achtziger Jahre ins Leben gerufen.

b Aloys Wobben war der erste Ingenieur, der aus Wind Energie gewinnen wollte.

c Der Erfolg der Firma liegt nicht an ihrem perfekten Service.

d Die heutigen Windräder sind ähnlich wie die ersten Windräder.

e Die Technologie der Firma Enercon ist in der ganzen Welt bekannt.

f Der Erfolg des Unternehmens hat viele Arbeitsplätze geschaffen.

g Die Bundesregierung will Offshore-Windparks weiterentwickeln.

Umweltschutz

By the end of this unit you will be able to:

- discuss pros and cons of recycling
- explain and discuss the role of pressure groups
- discuss the issues of a sustainable lifestyle
- discuss the consequences of climate change for developing countries
- discuss the responsibility of the industrial countries

- use modal verbs with the passive
- translate from German into English

Seite	Thema
16	Recycling
18	Umweltschutz und Nachhaltigkeit
20	Globale Verantwortung
22	Prüfungstraining
24	Zur Auswahl
25	Wiederholung Einheit 1–2

1 Lesen Sie diese Aussagen und ordnen Sie sie je nach Ihrer persönlichen Rangordnung. Begründen Sie Ihre Entscheidung und vergleichen und diskutieren Sie die Ergebnisse in der Klasse.

a umweltfreundliches Bauen und Renovieren

b Benutzung öffentlicher Verkehrsmittel

c der Kauf von recycelten Produkten

d umweltfreundliches Autofahren

e Mülltrennung und Wiederverwertung

f Engagement in einer Umweltorganisation

g sparsamer Energieverbrauch

h sparsame Nutzung von Trinkwasser

i verantwortungsbewusstes Konsumverhalten

j Benutzung von Grünem Strom

Recycling

❙ *Machen es die Deutschen wirklich am besten?*

1 Was halten Sie von Recycling? Was recyceln Sie zu Hause?

2a Lesen Sie diese beiden Aussagen.

> *Ohne Wiederverwertung würden wir in unserem Abfall ersticken. Durch Recycling wird die Abfallmenge so reduziert, dass wir weniger Müllgruben brauchen. Außerdem werden aus den Verpackungsmaterialien neue Produkte hergestellt: zum Beispiel neues Papier aus Altpapier.*

> *Man kann noch so viel recyceln, aber wer garantiert, dass der getrennte Müll auch wirklich richtig wiederverwertet wird und nicht einfach mit anderem Abfall zusammen verbrannt wird oder auf dem Müllablageplatz landet? Man sollte einfach nur Produkte ohne oder mit nur wenig Verpackung kaufen.*

2b Welchem Standpunkt stimmen Sie zu? Diskutieren Sie Ihre Argumente zuerst mit einem Partner/einer Partnerin und dann in einem Klassengespräch.

3a Welche Ausdrücke passen zusammen?

a	Bleichmittel	1	direct
b	Stoffe	2	number plates
c	im Ernst	3	materials
d	edel	4	seriously
e	Autoreifenteile	5	bleaching agent
f	Nummernschilder	6	binder
g	ohne Umwege	7	fine/noble
h	Bindemittel	8	parts of car tyres

3b Hören Sie sich zwei Kurzberichte über ungewöhnliches Recycling an.

3c Lesen Sie jetzt diese Aussagen und entscheiden Sie, welche Sätze falsch sind. Verbessern Sie die fünf falschen Sätze.

a Durch Recycling spart man nicht nur Wasser, sondern auch andere umweltschädliche Stoffe.

b Viele Leute würden keine recycelten Produkte kaufen.

c Recycelte Taschen gibt es nur in Bremen zu kaufen.

d Die Taschen werden in Deutschland hergestellt.

e Sie bestehen aus Autoteilen.

f Diese Taschen werden in fast allen Geschäften angeboten.

g Der Prozess der Wiederverwertung von Altpapier ist nicht ganz umweltfreundlich.

h Die Firma stellt vor allem Briefumschläge her.

i Bei der neuen Methode werden kaum Binde- und Bleichmittel benutzt.

j Mehr als fünf Prozent könnte man auf diese Weise recyceln.

4 „Durch Recyceln werden nicht nur Müllberge reduziert, sondern auch Rohstoffe eingespart." Stimmen Sie dieser Aussage zu? Warum/Warum nicht? Äußern Sie sich schriftlich dazu.

5a Lesen Sie diesen Text.

Was geschieht eigentlich mit unserem Altglas?

Über 50 Milliarden Flaschen – von Wein- und Bierflaschen bis zu Saft- und Sektflaschen – werden allein in Deutschland jährlich produziert. Was passiert mit den leeren Flaschen und wo landet das ganze Leergut? Natürlich werden die leeren Flaschen ausgespült und dann in den entsprechenden Glascontainer geworfen. So jedenfalls handelt der umweltbewusste Bürger! Beim Recyceln von Flaschen kommt es auf die Farbe an – weiß, grün oder braun. Man braucht also drei verschiedene Container. Aber wird das getrennte Glas auch tatsächlich getrennt verarbeitet? Die LKWs der Müllabfuhr, die die Glascontainer leeren, haben tatsächlich unterschiedliche Abteile für die verschiedenen Farben.

Nachdem das Glas in einer so genannten Einfüllstation abgeliefert worden ist, wird es noch einmal sortiert und zerkleinert. Nach weiteren vollautomatischen Sortiergängen wird das Altglas schließlich zu Granulat zerstoßen, gereinigt und farbsortiert. Das Granulat wird dann in eine Glashütte gebracht, wo es in großen Schmelzöfen auf bis zu 1600 Grad erhitzt wird. Der geschmolzene Rohstoff wird direkt in Formmaschinen gegossen, die daraus wieder Flaschen formen. In der Glashütte Heye in Obernkirchen im Bundesland Niedersachsen produzierte man letztes Jahr rund eine Milliarde recycelte Flaschen.

Die neuen Flaschen werden verteilt, gefüllt, mit einem Etikett versehen und landen wieder auf den Regalen von Weinhandlungen und Supermärkten. Somit beginnt der Kreislauf wieder von vorne.

5b Beantworten Sie jetzt diese Fragen zum Text.

a Was sollte ein gewissenhafter Bürger mit leeren Flaschen machen?

b Warum gibt es nicht nur einen Container für Altglas?

c Was passiert in einer Einfüllstation?

d Wo wird das sortierte Altglas geschmolzen?

e Wie macht man aus dem geschmolzenen Glas wieder Flaschen?

f Wie viele Flaschen werden pro Jahr in Deutschland produziert?

Grammatik → 140–142 → W84

Revision of the passive

In a passive sentence, the stress is on the action. Something is happening to the subject, but the subject is not the active part.

● The passive is formed by using the appropriate form of *werden* and the past participle of the verb.

Present tense: Der Abfall wird getrennt. *The rubbish is (being) separated.*

Imperfect tense: Die Flaschen wurden recycelt. *The bottles were recycled.*

Perfect tense: Energie ist gespart worden. *Energy has been saved.*

Pluperfect tense: Die Sammelstelle war geschlossen worden. *The collection point had been closed.*

Future tense: Müllberge werden reduziert werden. *Rubbish mountains will be reduced.*

● The preposition 'by' can be translated using *von* (people), *durch* or *mit* (objects).

Die Flaschen wurden **von** meinem Bruder recycelt.

Die Müllberge werden **durch** Recyceln reduziert.

● The passive of verbs followed by the dative case is impersonal in German, using *es* as the subject.

Es wurde uns empfohlen, alles wiederzuverwerten. *We were recommended to recycle everything.*

However, *es* is often omitted:
Uns wurde empfohlen, alles wiederzuverwerten.
Also:
Mir wurde gesagt. *I was told.*

● In German, other constructions are often preferred to the passive:

man + active verb: Man zeigt uns. *They show us.*

sich lassen + infinitive: Leider **lässt sich** nicht alles **wiederverwerten**. *Unfortunately, not everything can be recycled.*

A Read the text about *Altglas* again, write out all the passive forms and translate them into English.

B Put these sentences into the passive.

a Man säubert und sortiert das Altglas.

b Man verkaufte Taschen aus alten Autoteilen in vielen Boutiquen.

c Man hat meinem Bruder gezeigt, wie er den Müll trennen sollte.

Umweltschutz und Nachhaltigkeit

▌ *Ist es Sache der Politiker, der Umweltorganisationen oder jedes Einzelnen?*

1 Schauen Sie sich die beiden Zeitungsüberschriften an. Was halten Sie von solchen Aktionen? Würden Sie sich an einem Streik beteiligen oder an einer Demonstration teilnehmen? Diskutieren Sie mit einem Partner/einer Partnerin.

Greenpeace: Protest gegen Urwaldzerstörung auf dem Rhein

Mit einem auf dem Rhein schwimmenden, brennenden Baumstumpf aus dem Amazonas-Regenwald demonstriert Greenpeace gegen die Brandrodung der Urwälder

BUND für eine umweltschonende Milchwirtschaft

Minister Seehofer blockiert Agrarreformen zulasten der Milchbauern. BUND fordert die Verbraucher auf, Milchstreik zu unterstützen

2a Lesen Sie den Zeitungsbericht über einen Greenpeace-Protest in Wien.

Mit Plakaten „Keinen Urwald in den Tank" demonstrierten in Wien etwa 25 Greenpeace-Aktivisten vor einer Tankstelle gegen den Verkauf von Agrodiesel. Die Demonstranten, die Orang-Utan-Kostüme trugen, wollten darauf aufmerksam machen, dass durch Agrodiesel der Urwald in Südamerika und Südostasien zerstört wird. Agrodiesel wird aus Palm- oder Sojaöl hergestellt. Um Palm- oder Sojaölplantagen zu errichten, muss der Urwald gerodet werden.

Dieselproben von OMV*-Tankstellen, die von Greenpeace durchgeführt wurden, ergaben einen Anteil von zwischen fünf und fünfzehn Prozent Palm- oder Sojaöl. Da diese Rohstoffe aus Südamerika und Südostasien stammen und ihr Anbau zur Urwaldzerstörung beiträgt, wollten die Aktivisten eine Garantie, dass der OMV- Autosprit in Zukunft frei von diesen Rohstoffen ist. Gefordert wurde vor allem, dass erstens keine tropischen Pflanzenöle zur Produktion von Agrardiesel und zweitens keine Rohstoffe aus gentechnisch manipulierten Pflanzen verwendet werden.

Greenpeace kritisierte aber nicht nur die OMV-Tankstellen und ihre Lieferanten, sondern auch die Agrartreibstoff-Politik des österreichischen Umweltministers Josef Pröll, der für das Jahr 2010 eine Agrotreibstoff-Beimischung von 10 Prozent im Vergleich zu den jetzigen 4,3 Prozent vorgesehen hat. Der einheimische Rohstoff für Agrodiesel, Rapsöl, wird zwar immer noch verwendet, aber durch die erhöhte Nachfrage nach Biodiesel entstand eine Lücke im Lebensmittel- und Kosmetikbereich. Diese Lücke wird durch die Einfuhr von Palmöl gefüllt. Der Palmölimport nach Österreich ist seit 2003 um das Dreifache gestiegen. „Wenn wir nichts tun, werden wir auch den letzten wild lebenden Orang-Utans die Chance zum Überleben nehmen, da wir ihr Habitat zerstören", meinte ein Greenpeace-Aktivist.

* *Die OMV Aktiengesellschaft ist das größte börsenorientierte Industrieunternehmen Österreichs. Die Abkürzung steht für Österreichische Mineralölverwaltung Aktiengesellschaft.*

2b Welche Ausdrücke passen zusammen?

a	auf etwas aufmerksam machen	1	eine Ladung bringen
b	roden	2	etwas planen
c	der Anbau	3	abholzen
d	der Lieferant	4	anpflanzen
e	vorsehen	5	über etwas informieren

2c Ergänzen Sie die Sätze mit den Satzteilen, die mit dem Sinn des Textes übereinstimmen.

a Der Urwald wird wegen … gerodet.

   1 den OMV-Tankstellen
   2 der Herstellung von Biodiesel
   3 dem Palm- oder Sojaöl

b Der Anteil an Sojaöl in Proben des Agrotreibstoffs von OMV-Tankstellen beträgt …

   1 mehr als fünf Prozent.
   2 fünf bis fünfzehn Prozent.
   3 fünfzehn Prozent

c Die Aktivisten stellten die Forderung, für die Herstellung von Agrosprit … zu verwenden.

   1 keine Pflanzenöle
   2 keine genmanipulierten Rohstoffe
   3 tropische Pflanzenöle

d Die Greenpeace-Aktion richtete sich … gegen die Regierung.

   1 besonders
   2 aber nicht
   3 ebenso

e Rapsöl wird jetzt … für Lebensmittel- und Kosmetikartikel verwendet.

   1 weniger
   2 nur noch
   3 verstärkt

3 Übersetzen Sie den ersten Abschnitt des Textes auf Seite 18. Lesen Sie zuvor den Tipp.

4a Hören Sie sich ein Interview mit Mitgliedern des Umweltverbandes BUND an. Welche Projekte werden erwähnt?

4b Welche Aussagen sind richtig (R), falsch (F) oder nicht angegeben (N)?

a Die Umweltorganisation beschäftigt sich mit drei Umweltaktionen.

b Der Bundeswirtschaftsminister steht der Kfz-Steuer-Reform skeptisch gegenüber.

c Frau Probst findet, dass die Besitzer von umweltfreundlichen Autos keine Kfz-Steuer zahlen sollten.

Tipp

Translating from German into English

- Read the whole text at least once to get the general gist. Don't start translating straightaway.
- If there is a word you don't know, try to guess the meaning by looking at the **context**. Find these words in the Greenpeace-Protest text and guess from the context what they might mean:

   ergeben   Nachfrage   errichten

- Once you start, find the verb of the sentence you are translating. The verb ending will help you find the **subject** and determine if it is singular or plural. It will also tell you the tense. In the following extract, find the verb and decide if the subject is singular or plural. What is the subject?

   … aber durch die erhöhte Nachfrage nach Biodiesel entstand eine Lücke im Lebensmittel- und Kosmetikbereich.

   The subject has to be *Lücke*, although *erhöhte Nachfrage* and *Lebensmittel- und Kosmetikbereich* are also in the singular, but they are preceded by a preposition. This tells you that they are not in the nominative or subject case.

- Don't forget words such as *doch* or *schon*.
- Often, phrases cannot be translated literally – if it does not sound right, think about its general meaning and try to find a better English equivalent.
- The golden rule: translate as closely to the original as possible, but it should still sound natural in English.

d Herr Berger meint, Nanomaterialien seien gefährlicher als genmanipulierte Nahrungsmittel.

e Die Wissenschaftler können noch nicht beweisen, dass Nanopartikel nicht gefährlich sind.

f In Deutschland sind vor allem die Wälder gefährdet.

g In Deutschland sind mehr Pflanzen- als Tierarten bedroht.

5 Welche dieser erwähnten Projekte im Hörtext würden Sie unterstützen und warum? Diskutieren Sie in der Klasse.

6 Schreiben Sie eine Zusammenfassung zum Thema „Was halten Sie von der Arbeit der Umweltorganisationen? Wie effektiv sind sie und würden Sie sie unterstützen?" Begründen Sie Ihre Meinung.

Globale Verantwortung

❚ *Dem Begriff Nachhaltigkeit liegen drei Prinzipien zu Grunde: wirtschaftlicher Wohlstand für alle, sozialer Ausgleich und die Erhaltung der natürlichen Lebensgrundlagen für zukünftige Generationen.*

1 Schauen Sie sich die Bilder an. Wie kann man die Prinzipien oben in unserer heutigen Gesellschaft verwirklichen? Diskutieren Sie in der Klasse.

2a Lesen Sie diesen Text über „Globale Verantwortung".

Die Wirtschaftsmodelle der reichen, westlichen Industrienationen haben das Ziel, möglichst viel Reichtum zu schaffen. Die Konsequenzen bedenkt man erst, wenn es zu Krisen oder Problemen kommt. In solch einer Situation befinden wir uns heute. Unser gedankenloser Ressourcenverbrauch hat Umweltprobleme wie Klimawandel, Ausbreitung von Wüsten, Rodung des tropischen Regenwaldes, Luft- und Gewässerverschmutzung und das Aussterben von Tier- und Pflanzenarten verursacht, deren negative Auswirkungen jedoch nicht nur im reichen Westen, sondern auf der ganzen Welt zu spüren sind. Daher ist unsere derzeitige Wirtschaftsführung nicht nachhaltig.

Extreme Wetterbedingungen sind nur eine Folge des Klimawandels, und zunehmende Dürren, extremer Niederschlag und Überschwemmungen sind heutzutage in Europa und den USA keine Seltenheit mehr. Außerdem führt die Ausbeutung von Naturressourcen vor allem zu einer Gefährdung der Lebensbedingungen der Menschen in der Dritten Welt. Denn wenn wir im reichen Westen unseren bisherigen Lebensstil beibehalten wollen, geht das nur auf Kosten der armen Länder.

Statistiken von SERI, dem Sustainable Europe Research Institute zufolge, verhindert unsere materialistische Lebensweise, dass die Bevölkerung der armen Länder ihren eigenen materiellen Verbrauch erhöhen und ihre Lebensbedingungen verbessern kann.

Wir müssen erkennen, dass unsere Erde Umweltbelastungen nicht unbegrenzt hinnehmen kann. Wir müssen unseren Ressourcenverbrauch drastisch reduzieren und unseren Lebensstil fundamental ändern, um zu vermeiden, dass unsere globalen Ökosysteme zusammenbrechen und dass unsere Kinder und Enkelkinder in einem ökologischen Katastrophengebiet aufwachsen.

Leider aber ist es eher unwahrscheinlich, dass sich unsere politischen und wirtschaftlichen Institutionen grundlegend und langfristig ändern werden. Man hofft vielmehr darauf, dass die Ressourcenknappheit durch technische Innovationen ersetzt werden kann.

2b Finden Sie die deutsche Bedeutung dieser Wörter oder Ausdrücke im Text.

a thoughtless   e exploitation

b desert   f at the expense of

c to feel, to sense   g essentials for one's living

d droughts   h to realize

2c Lesen Sie den Text noch einmal und beantworten Sie die Fragen.

a Was ist bei den heutigen westlichen Wirtschaftsmodellen problematisch?

b Auf wen wirkt sich unser Ressourcenverbrauch aus?

c Warum kann man unseren westlichen Lebensstil als egoistisch bezeichnen?

d Was für eine Lösung wird hier vorgeschlagen?

e Für wie realistisch halten Sie diese Lösung?

f Glauben Sie, dass technische Innovationen unsere Probleme lösen werden? Begründen Sie Ihre Antwort.

2d Erarbeiten Sie mit einem Partner/einer Partnerin die Hauptargumente dieses Textes. Versuchen Sie dann, mögliche Gegenargumente dazu zu finden. Vergleichen Sie diese mit dem Rest der Klasse.

3a Hören Sie sich einige Beispiele an, die zeigen sollen, warum ein radikaler Wandel unserer Denk-, Lebens- und Wirtschaftsweise erforderlich ist.

3b Ergänzen Sie die fehlenden Zahlen in diesen Sätzen.

a Eine Reduktion der Emissionen um ____ % könnte unser Klima möglicherweise retten.

b Ein nachhaltiges Niveau würde bedeuten, dass jeder Erdbewohner nicht mehr als ____ Tonnen CO_2 produziert.

c Ein europäischer Bürger, der heute etwa ____ Tonnen produziert, müsste seine Emissionen also um ____ Tonnen reduzieren.

d Ein US-Bürger müsste seine Emissionen sogar um ____ Tonnen reduzieren.

nachhaltiges Niveau – *sustainable level*

4a Hören Sie sich einen Text über die Entwicklung der internationalen Umweltpolitik an.

betreffen – *to concern*
Stellung nehmen zu … – *to state one's view*
das Abkommen/Übereinkommen – *agreement*

4b Welche der folgenden Sätze sind richtig (R) und welche sind falsch (F)? Verbessern Sie die falschen Sätze.

a Auf der Konferenz der Vereinten Nationen im Jahr 1973 in Stockholm trafen sich die Industrie- und Entwicklungsländer zum ersten Mal, um über das Thema „Umwelt" zu diskutieren.

b In den 70er Jahren gab es eine Reihe von regionalen Umweltabkommen, beispielsweise das Abkommen zum Schutz der Ostsee im Jahr 1972.

c Zwischen 1979, dem Jahr des Genfer Übereinkommens, in dem es um Luftverschmutzung in Europa durch ‚sauren Regen' ging, und 2005 wurde eine ganze Menge verschiedener regionaler Umweltabkommen getroffen.

d Seit Mitte der 80er Jahre wird eine Globalisierung der internationalen Umweltpolitik deutlich.

e Die Globale Umweltfazilität wurde gegründet, um globale Umweltprobleme weltweit zu finanzieren.

5 Was halten Sie von der Forderung, dass die reichen Industrienationen ihren Lebensstil fundamental ändern sollten? Und wie sollten sie dies tun? Arbeiten Sie zuerst mit einem Partner/einer Partnerin zusammen und diskutieren Sie dann in der Klasse.

6 Fassen Sie nun Ihre persönliche Meinung zu diesem Thema in ca. 150–200 Wörtern zusammen.

Grammatik ➡140–142 ➡W84

The passive

The passive is formed by using the appropriate form of *werden* and the past participle of the verb.

Ⓐ Which sentences are in the passive and what tense are they?

a Recycling wird auf jeden Fall zum Prinzip „Nachhaltigkeit" beitragen.

b In Recyclingsanlagen werden Metall und Plastik per Fließband sortiert.

c Der technische Fortschritt wird unsere Zukunft garantieren.

d Die neue Recyclingsanlage wurde erst letzten Monat eröffnet.

e Das Thema „Wiederverwertung" ist in unserer Schule in allen Klassen diskutiert worden.

f Ein Sprecher der Umweltorganisation Greenpeace wurde eingeladen, und morgen werden einige interessante Projekte zu diesem Thema beginnen.

Modal verbs and the passive

All modal verbs can be used in passive sentences, using the past participle and adding *werden*.

> modal verb   past participle
> Es ⃞muss⃞ mehr für die Umwelt ⃞getan⃞ werden.
> *More must be done for the environment.*

Ⓑ Translate the following sentences into German.

a Nowadays almost everything can be recycled.

b The empty bottles had to be taken to the recycling centre by my brother.

c Endangered species should be protected.

d More nature reserves shall be set up.

e The tropical rainforests must not be felled.

f Our situation can be improved, if everyone contributes to the protection of the environment.

1 Lesen Sie den Text und ergänzen Sie die Lücken mit dem Passiv, indem Sie die Verben in Klammern benutzen. Es gibt ein Beispiel.

> Sind moderne Geräte wirklich sparsamer im Energieverbrauch als die alten? Diese Frage *wird* oft von Verbrauchern *gestellt*. (stellen) Nun ____ durch die ‚Öko-Design-Richtlinie' dafür ____ ____ (sollen, sorgen), dass es tatsächlich so sein wird. So ____ für Fernseher, Waschmaschinen und andere elektrische Geräte ____ (festlegen), wie viel Energie ____ ____ ____ (dürfen, verbrauchen), wenn sie in Betrieb sind und wenn sie im Standby-Modus sind. Diese Information ____ den Kunden zur Verfügung ____ ____ (sollen, stellen), wenn sie ein neues Gerät kaufen wollen. Es ____ auch ____ ____ (müssen, erwähnen), wie viel Strom man sparen kann, wenn der Fernseher zum Beispiel ganz ____ (ausschalten) und nicht im Standby ____ ____ (lassen).

2 Put these active sentences into the passive. Make sure you use the correct tense.

a Im Jahr 1979 haben die europäischen Länder das Genfer Übereinkommen zur Bekämpfung der grenzüberschreitenden Luftverschmutzung in Europa unterzeichnet.

b 1991 gründete man die Globale Umweltfazilität.

c Auf den Umweltkonferenzen diskutieren die teilnehmenden Länder über globale Umweltprobleme.

d Man muss auch entscheiden, welche Länder besonders für die Luftverschmutzung verantwortlich sind.

e Heutzutage informiert man bereits Grundschüler über Umweltprobleme.

Tipp

Translating from German into English

Lesen Sie zuerst noch einmal den Tipp auf Seite 19.

3a Lesen Sie diesen Text.

Hundertprozentige Verwertung

Das Land Rheinland-Pfalz hat ehrgeizige Pläne zum Thema „Abfallbeseitigung", denn das Land will eine so genannte Kreislaufwirtschaft einführen, wie die Umweltministerin ankündigte. Das Ziel ist die hundertprozentige Verwertung, das heißt, alle Abfälle wiederzuverwerten, so dass Mülldeponien überflüssig werden. In einer Broschüre werden Vorschläge für die Verwertung von Altmetall und Elektroschrott sowie Altpapier und Bauschuttrecycling vorgestellt. Bei der Produktion und beim Konsum sollen so wenig Ressourcen wie möglich verbraucht werden oder zumindest sollen sie so effizient wie möglich eingesetzt werden.

Rheinland-Pfalz arbeitet auch mit anderen Ländern im Bereich Abfallverwertung zusammen. In Ruanda wurde mit dem ruandischen Umweltminister ein Plan für die Abfallwirtschaft des Landes erarbeitet, und auch in Chile gibt es inzwischen die Möglichkeit, das Abfallwirtschaftssystem des Landes in Zusammenarbeit mit einer Firma aus Rheinland-Pfalz zu erneuern.

3b  Look at these nouns from the text and discuss with a partner what they might mean.

- Some are compound nouns, so look at each noun individually. This might help you find their meaning.
- Remember also to think about the context.

a Kreislaufwirtschaft
b Bauschutt
c Elektroschrott
d Bereich
e Abfallwirtschaftssystem

3c Read the text again and write out all verbs in the passive. Check what tense the passive forms are in and check if the subject is singular or plural. Find the subjects, then translate them into English.

3d Which translation fits best? Look at the following phrases and find the best answer.

a Abfallbeseitigung

rubbish sites   waste disposal
rubbish disposal

b ehrgeizige Pläne

honest plans   ambitious plans
honourable plans

c überflüssig

superfluous   overflowing   empty

d sollen … eingesetzt werden

shall be put in place   shall be used
shall be installed

e Abfallwirtschaft

rubbish economy   waste economy
refuse industry

3e Read the first sentence again and look up the conjunctions *denn* and *wie* in a dictionary. Read all definitions given and find the most suitable translation for this first sentence.

3f Translate the whole text. Compare with others in the class to find the best possible translation.

Zur Auswahl

1a Lesen Sie den Text.

> **Ein ökologisches Büro! Ist so etwas überhaupt möglich?**
>
> Wussten Sie, dass sich der moderne Mensch mehr als 75% seines Lebens in geschlossenen Räumen aufhält? Das beginnt bereits im Kindergarten und endet nicht selten in einem Büro, ganz abgesehen von den eigenen vier Wänden. Haben Sie sich schon einmal bewusst in verschiedenen Büros umgesehen? Was fällt zuerst auf? Nun, zum einen, Bürogeräte verschiedener Arten, teilweise ausgemustert und erneuerungsbedürftig, teilweise hochmodern. Die Luft im Raum ist voll von Emissionen aus Kopiergeräten und Druckern. Ein stetiger Energieverbrauch durch Arbeits- und Schreibtischlampen, die den ganzen Tag angeschaltet sind, sowie durch Computer im Standby-Modus wird als selbstverständlich angesehen. Auf hochweißem Papier werden Bilanzen gezogen und Dokumente gedruckt. Der ständige Lärm überflüssiger Klimaanlagen nervt den Büromenschen, der auf einem unbequemen Bürostuhl sitzt und acht Stunden lang auf einen Bildschirm starrt, so dass er abends mit geröteten Augen nach Hause kommt.

1b Ergänzen Sie die Lücken mit der richtigen Form der Wörter im Kasten.

a Der moderne Mensch _____ weniger als 25% seines Lebens im Freien.

b Einige Bürogeräte müssen _____ _____; bei anderen handelt es sich um die neuesten _____.

c Emissionen _____ von Kopiergeräten und Druckern _____.

d Durch Bürogeräte im Standby-Modus _____ man viel Energie.

e Die _____ durch Klimaanlagen kann zu _____ führen.

> verschwenden sparen verbringen Stress
> Angst erneuern Maschinen freisetzen
> Lärmbelastung Modelle reparieren

1c Könnten Sie sich vorstellen, tagein, tagaus in solch einem Umfeld zu arbeiten? Verwandeln Sie dieses Büro in ein ökologisches Büro. Schauen Sie sich dazu die Webseite des Naturschutzbunds Deutschland www.nabu.de an. Präsentieren Sie Ihre Vorschläge.

2a Hören Sie sich einen Kurzbericht an über ein bundesweites Projekt des Naturschutzbunds Deutschland zum Flächensparen.

2b Lesen Sie diese Aussagen. Welche sind richtig (R), falsch (F) oder nicht angegeben (N)? Verbessern Sie die falschen Aussagen.

a 2006 wurde die Landesfläche täglich um 61 Hektar reduziert.

b Man braucht die Fläche, um neue Wohngebiete und Straßen zu bauen.

c Die Folgen für die Menschen sind nicht so schlimm wie für die Tiere und Pflanzen.

d Die Bundesrepublik steht mit ihrer Nachhaltigkeitsstrategie in Europa an der Spitze.

e In der Zukunft werden Tiere nur noch auf Inseln leben.

f NABU will mit den Bürgern und den Kommunalpolitikern kooperieren.

g Das Projekt soll bis 2009 beendet sein.

3 Übersetzen Sie die folgenden Sätze ins Englische. Lesen Sie zuerst noch einmal den Tipp auf Seite 19.

a Jedes Jahr gehen in der Bundesrepublik pro Tag mehr als 100 Hektar Landesfläche durch den Bau von neuen Siedlungen und den Ausbau des Verkehrsnetzes verloren.

b Der Naturschutzbund Deutschland bietet den Gemeinden die Möglichkeit, gemeinsam an diesem Projekt zu arbeiten.

c Der ununterbrochene Lärm der Klimaanlagen kann sich negativ auf die Gesundheit von Büroangestellten auswirken.

4 Lesen Sie die folgende Liste der unterschiedlichen Umweltprobleme. Welche sind Ihrer Meinung nach am bedeutendsten? Ordnen Sie die Probleme nach Ihren Prioritäten und begründen Sie Ihre Rangliste.

- Müllberge
- Energieverschwendung
- Verkehrschaos
- Klimawandel
- Aussterben von Tier- und Pflanzenarten

Wiederholung Einheit 1-2

1a Lesen Sie diesen Text über die Entwicklung der Solarenergie.

> **Die Kraft der Sonne**
>
> Man kann die Sonne mit einem riesigen Kraftwerk vergleichen, denn sie produziert in einer Stunde mehr Energie, als zur Zeit in der ganzen Welt in einem Jahr verbraucht wird. Der Solarstrom wird also in Zukunft vor allem in Südeuropa ein bedeutender Faktor sein. Nach einer Studie von Greenpeace und dem Europäischen Verband der Photovoltaik-Industrie werden bis zum Jahr 2030 mehr als sechs Millionen Menschen in der Solarbranche beschäftigt sein.
>
> In Deutschland wird die Solarindustrie besonders auch durch das Erneuerbare Energiengesetz (EEG) finanziell gefördert, was sich an ihrem starken Wachstum zeigt. Die Umsätze betragen heute bereits über 4 Milliarden Euro, während es vor wenigen Jahren erst Millionenbeträge waren. Bei der Stromgewinnung mit photovoltaischen Zellen steht Deutschland sogar nach Japan an zweiter Stelle. Derzeit arbeiten mehr als 50 000 Arbeitnehmer in der Solarbranche.
>
> Mit Photovoltaik (Sonnenenergie also, die durch Photovoltaikanlagen in Strom umgewandelt wird) können Milliarden Tonnen CO_2 eingespart werden. Auf diese Weise werden nicht nur Millionen neuer Arbeitsplätze geschaffen, sondern Haushalte in der ganzen Welt können mit Solarstrom versorgt werden. Das bedeutet, dass auch Menschen in der Dritten Welt, die bis jetzt noch nicht an ein Stromnetz angeschlossen sind, in der Zukunft Solarstrom bekommen können.
>
> Man erwartet, dass man bis 2030 durch Solarenergie ungefähr 6,6 Milliarden Tonnen CO_2 einsparen wird. Wenn nun die Regierungen diese Entwicklung weiterhin fördern und unterstützen, sollte es bald möglich sein, in einigen Regionen Solarstrom preisgünstig anzubieten. In Deutschland gab es im Jahr 2006 rund 800 000 Solarkollektoren an Privathäusern, die diese Häuser mit Solarenergie beheizten oder das Wasser erwärmten.

1b Lesen Sie die folgenden Aussagen und wählen Sie jeweils die Ergänzung, die mit dem Sinn des Textes übereinstimmt.

a Die Sonne ist eine der ... Energiequellen.

    1 bedeutendsten   2 zukünftigen

    3 effizientesten

b Die Zahl der Arbeitnehmer wird sich bis 2030 stark ... .

    1 erhöhen   2 steigen   3 wachsen

c An den Umsätzen der Solarindustrie sieht man, ...

    1 dass Deutschland an zweiter Stelle steht
    2 wie erfolgreich sie ist
    3 dass sie gefördert wird

d Mit Hilfe der Photovoltaik wird die Energie der Sonne in ... umgewandelt.

    1 elektrische Energie   2 Wärme
    3 Kollektoren

e In Gebieten, die bis jetzt noch keinen ... zu Strom haben, wird die Solarenergie das Leben der Bevölkerung in einigen Jahrzehnten verbessern.

    1 Anschluss   2 Zugang   3 Bedarf

f Mit zunehmender Erweiterung und Förderung der Solarindustrie wird der Preis für Solarstrom ... .

    1 billig   2 fallen   3 steigen

2 Versuchen Sie, die folgenden Fragen mündlich zu beantworten.

a Welche alternativen Energiequellen kennen Sie?

b Welche Vor- und Nachteile haben erneuerbare Energiequellen?

c Was halten Sie von Atomenergie?

d Inwiefern kann jeder Einzelne etwas für unsere Umwelt tun?

e „Die Politiker sind für den Umweltschutz verantwortlich." Stimmen Sie dieser Aussage zu? Begründen Sie Ihre Antwort.

f Inwiefern haben Umweltgruppen wie Greenpeace oder BUND einen Einfluss auf die Umweltpolitik?

g Wie wichtig ist Wiederverwertung? Begründen Sie Ihre Antwort.

3a Hören Sie sich den Bericht zum Thema „Auto der Zukunft" an und ordnen Sie die folgenden Begriffe in der Reihenfolge, in der Sie sie hören.

a subventioniert   **e** Benzinschlucker
b Ölkrise   **f** Batterien
c Holzvergaser   **g** Umweltminister
d Wasserstoff

3b Hören Sie sich den Bericht noch einmal an und wählen Sie jeweils die Ergänzung, die am besten passt.

a Vor 50 Jahren hat man den Holzvergaser _____.

    1 eingeführt   2 entwickelt   3 verboten

b Fossile Energiequellen werden bald _____ sein.

    1 ausgenutzt   2 zu Ende   3 vorrätig

c Seit der Energiekrise hat man mehr Benzin _____.

    1 gespart   2 verbraucht   3 umgewandelt

d Wasserstoff wird von _____ wiederverwertet.

    1 den Pflanzen   2 den Menschen
    3 den Autos

e Die Großproduktion soll _____ auf vollen Touren laufen.

    1 in fünf Monaten   2 2050
    3 in fünf Jahren

f Der Liter Benzin soll _____ kosten.

    1 sechzehn Cent   2 sechzig Euro
    3 sechzig Cent

g Man arbeitet an der Herstellung von _____.

    1 Kleinwagen
    2 Prestigewagen mit 5-Liter–Verbrauch
    3 neuen Energieformen

4 Übersetzen Sie den folgenden Abschnitt ins Englische.

Nicht nur zahlreiche ungelöste Probleme, sondern auch viele offene Fragen erwarten die Teilnehmer der UN-Naturschutzkonferenz 2008 in Bonn. Die Themen reichen vom Besorgnis erregenden Wachstum der Weltbevölkerung, das natürlich große Ernährungsprobleme mit sich bringt, bis zu einer nachhaltigen, globalen Energieversorgung.

Durch den Boom, nachwachsende Rohstoffe als Energiequelle zu benutzen, wie zum Beispiel in Brasilien, wo Zuckerrohr zur Herstellung von Biosprit angebaut wird, wächst der Druck, bestehende Schutzgebiete weiter zu roden. Dadurch kann jedoch die Artenvielfalt in diesen Gebieten gefährdet werden.

5a Diskutieren Sie das Thema „Zuckerrohrplantagen für Biosprit oder Erhaltung des tropischen Regenwaldes?". Was halten Sie für wichtiger und warum?

5b Fassen Sie Ihre Meinung schriftlich zusammen (150–200 Wörter).

3 Ausländer

Seite | **Thema**
28 | Wer sind die Ausländer?
30 | Ausländer bei uns
32 | Rassismus
34 | Prüfungstraining
36 | Zur Auswahl

By the end of this unit you will be able to:

- talk about the different groups of immigrants in Germany and their problems
- discuss the problems of second- and third-generation immigrants
- discuss the reasons for racism and its effects
- discuss the integration of foreigners

- use the subjunctive with indirect speech
- translate into German

1   Schauen Sie sich die Bilder an und diskutieren Sie diese Fragen.

   a   Wer sind die Leute auf den Bildern?

   b   Woher kommen sie?

   c   Warum sind sie in Deutschland?

   d   Warum sind sie glücklich/unglücklich?

Wer sind die Ausländer?

▌ *Welche Gruppen von Ausländern gibt es in Deutschland?*

1 Gibt es viele Einwanderer in Ihrer Gegend? Aus welchen Ländern kommen sie? Warum sind sie ausgewandert? Diskutieren Sie in Ihrer Klasse.

2a Lesen Sie die Texte.

Die Gastarbeiter

In den fünfziger Jahren kamen die so genannten Gastarbeiter nach Deutschland. Damals, in der Zeit des deutschen Wirtschaftswunders, brauchte die Bundesrepublik viele neue Arbeitskräfte. Von 1955 bis zum Anwerbestopp im Jahr 1973 kamen rund 14 Millionen Ausländer nach Deutschland, hauptsächlich aus Italien, Spanien, Griechenland und der Türkei. Sie arbeiteten überwiegend in der Gastronomie, in Fabriken und bei der Müllabfuhr. Die meisten hatten nicht vor, in Deutschland zu bleiben. Sie wollten Geld verdienen und dann nach einigen Jahren in die Heimat zurückkehren. Elf Millionen sind tatsächlich gegangen, drei Millionen sind aber geblieben und haben ihre Familien nachgeholt. Ihre Kinder sind in den meisten Fällen in Deutschland geboren.

Die Aussiedler

Die Aussiedler kommen aus den ehemaligen deutschen Gebieten in Osteuropa, z. B. aus Russland und Polen. Aussiedler sind also Menschen deutscher Herkunft, deren Familien oft die deutsche Kultur und Sprache beibehielten. Sie haben das Recht, in Deutschland zu leben, so lange sie bestimmte Bedingungen erfüllen. Sie müssen die deutsche Staatsangehörigkeit oder deutsche Volkszugehörigkeit beweisen. Seit dem Fall des Kommunismus sind viele Aussiedler nach Deutschland gekommen.

Die Asylbewerber

„Politisch Verfolgte genießen Asylrecht." Dieser Satz aus dem deutschen Grundgesetz verspricht jedem, der in seiner Heimat aus politischen und religiösen Gründen verfolgt wird, Zuflucht in Deutschland. Jedes Jahr nimmt Deutschland etwa die Hälfte der Flüchtlinge auf, die in Westeuropa Asyl suchen. Wer als Asylbewerber nach Deutschland kommt, muss zuerst einen Asylantrag stellen. Bis der Antrag anerkannt wird, darf man nicht arbeiten und lebt auf Kosten des Staats, oft in einem Wohnheim. Wenn der Antrag anerkannt wird, darf man arbeiten. Es werden jedoch wenige Anträge anerkannt. Viele Flüchtlinge kommen nicht, weil sie in Lebensgefahr sind, sondern aus wirtschaftlichen Gründen.

EU-Wanderarbeiter

Die EU bedeutet Mobilität auf dem Arbeitsmarkt, und die Erweiterung der EU hat diesen Markt für Arbeitnehmer aus den ärmeren osteuropäischen Ländern geöffnet. Deutschland hat Beschränkungen für Osteuropäer in den ersten Jahren nach dem Zutritt ihrer Heimatländer auferlegt – aus Angst, dass sie den Arbeitsmarkt überschwemmen. Allerdings sind viele Polen und Rumänen in Deutschland beschäftigt. Wie die Gastarbeiter vor ihnen, wollen die meisten nicht in Deutschland bleiben, sondern ein paar Jahre arbeiten und mit ihrem gesparten Geld in die Heimat zurückkehren. Wanderarbeiter sind vor allem auf Baustellen und in Handwerksberufen zu finden. Es kommen aber auch viele Saisonarbeiter, die bei der Ernte helfen – laut ihrer Arbeitgeber sind sie fleißiger und zuverlässiger als die Deutschen, die solche Arbeit nicht machen wollen.

2b Was passt zusammen?

a	Gastarbeiter	1	das Gesetz über politisches Asyl
b	Aussiedler	2	eine ausländische Arbeitskraft
c	Volkszugehörigkeit	3	eine Person, die nur für eine begrenzte Zeit arbeitet
d	Asylrecht	4	eine Person, die aus politischen Gründen ihre Heimat verlassen hat
e	Asylbewerber	5	Jemand, der den deutschen Minderheiten in Osteuropa angehört und nach Deutschland zieht
f	Asylantrag		
g	Flüchtling	6	eine Person, die um Asyl bittet
h	Saisonarbeiter	7	das Bekenntnis zum Deutschtum
		8	eine schriftliche Bitte um Asyl

2c Welche Satzhälften passen zusammen?

a Deutschland hat die Gastarbeiter geholt, …

b Die Gastarbeiter hatten …

c Die Mehrheit der Gastarbeiter …

d Die deutschen Aussiedler …

e Viele dieser Aussiedler …

f Um in Deutschland leben zu dürfen, …

g Menschen, die in ihrer Heimat aus politischen oder religiösen Gründen verfolgt werden, …

h Alle Asylbewerber müssen …

i Die meisten Anträge …

j Die meisten Osteuropäer wollen …

k Die Osteuropäer machen manche Jobs, …

1 schlecht bezahlte Jobs.

2 haben die deutsche Sprache und Kultur bewahrt.

3 haben das Recht auf Asyl in Deutschland.

4 nur kurzfristig in Deutschland arbeiten.

5 einen Asylantrag stellen.

6 weil es in der Bundesrepublik einen Mangel an Arbeitskräften gab.

7 stammen aus deutschen Siedlungen in Osteuropa.

8 die die Deutschen ablehnen.

9 werden abgelehnt.

10 ist nach einigen Jahre in die Heimat zurückgekehrt.

11 müssen die Aussiedler die deutsche Staatsangehörigkeit oder Volkszugehörigkeit nachweisen.

3 Brigitte Nolde arbeitet beim Ausländeramt. Hier gibt sie Auskunft über Statistiken zum Thema Ausländer. Hören Sie zu und notieren Sie diese Informationen.

a Zahl der Ausländer in Deutschland

b Zahl der in Deutschland geborenen Ausländer

c Prozentsatz an Ausländern ohne Schulabschluss

d Prozentsatz der ersten Generation, die höhere Angestellte sind

e Prozentsatz der zweiten Generation, die höhere Angestellte sind

f Zahl der Menschen deutscher Abstammung in Osteuropa

g Zahl der Aussiedler letztes Jahr

h Größte Zahl an Asylbewerber, die in einem Jahr nach Deutschland gekommen sind

i Zahl der Asylbewerber, die 2006 nach Deutschland gekommen sind

j Prozentsatz der Asylanträge, die anerkannt werden

Hilfe

Es gibt vier Gruppen von Ausländern in Deutschland.

… kommen aus …

Die … sind nach Deutschland gekommen, weil …

Sie haben das Recht …

Sie dürfen/dürfen nicht …

Ausländer bei uns

❚ *Mit welchen Problemen werden Ausländer konfrontiert?*

1 Lesen Sie diese Aussagen. Welche Aussagen betreffen Aussiedler, welche Asylanten und welche Wanderarbeiter? Diskutieren Sie in der Klasse.

a Sie sprechen ein veraltetes Deutsch.

b Sie sprechen oft kein Deutsch.

c Sie sind in ihrer Heimat vefolgt worden.

d Sie dürfen zuerst nicht arbeiten.

e Sie kommen nur wegen der Arbeit.

f Sie werden besser bezahlt als zu Hause.

g Sie wohnen bei ihrer Ankunft oft in Sammelunterkünften.

h Manche haben Verwandte in Deutschland.

i Sie fühlen sich als Deutsche.

j Sie sind in Lebensgefahr.

2a Lesen Sie die Texte unten.

Guljan *Tochter eines Gastarbeiters*

Ich bin in Berlin geboren und aufgewachsen, habe aber die türkische Staatsangehörigkeit. Meine Familie ist streng religiös und legt viel Wert auf unsere Kultur und Tradition, aber ich gehe auf ein Gymnasium, wo es sehr wenig Türken gibt und so habe ich viel Kontakt zu deutschen Mädchen und Jungen. In Vergleich zu ihnen habe ich sehr wenig Freiheit. Ich darf immer nur für ein oder zwei Stunden auf Feten. Ich bin immer die Erste, die heimgeht. Ich habe jetzt einen Freund aus meiner Klasse, aber das dürfen meine Eltern nicht wissen. Ich will nach dem Abi studieren, aber ich weiß nicht, ob mein Vater mir das erlauben wird. Ich wohne eigentlich zwischen zwei Welten und keiner fragt, wie ich damit fertig werde.

Fatima *Asylantin*

Als Fatima zehn Jahre alt war, ist sie mit ihrer Familie vom Iran nach Deutschland gezogen. Ihr Vater hatte im Iran gegen die Regierung protestiert und war in Gefahr. In Berlin kam die Familie zuerst in eine Lager. „Das war eine schwierige Zeit", erinnert sie sich. „Wir warteten auf die Entscheidung über unseren Asylantrag, und mein Vater durfte nicht arbeiten. Meine Geschwister und ich konnten aber auf die Schule gehen und Deutsch lernen." Endlich wurde der Asylantrag der Familie anerkannt und sie konnte in eine Wohnung in der Innenstadt ziehen. Ist Fatima jetzt integriert? „Ja, aber es hat eine Weile gedauert. Natürlich war die Sprache ein Problem am Anfang. Und die Kultur hier ist ganz anders. Meine Familie ist sehr liberal, aber ich wurde trotzdem viel strenger erzogen als die meisten hier. Für meine Eltern war es schwieriger. Meine Mutter spricht immer noch kein gutes Deutsch, und mein Vater war drei Jahre arbeitslos, obwohl er Ingenieur ist. Ich habe außerdem erfahren, dass manche Leute Vorurteile gegen Asylanten haben, aber zum Glück ist das nur eine Minderheit."

Marek *Polnischer Wanderarbeiter*

Marek Krol ist vor einem Jahr nach Deutschland gezogen. Er ist ausgebildeter Handwerker und kann in Deutschland fünfmal so viel verdienen wie zu Hause. Doch der Umzug ist nicht für immer. Marek wohnt jetzt in Brandenburg, nicht weit von der Grenze, und fährt regelmäßig nach Hause, um seine Familie zu besuchen. Im Sommer kommt sein Bruder Jan. Jan ist Physiklehrer in Warschau. Die Sommerferien verbringt er aber auf deutschen Feldern, wo er bei der Erdbeerernte aushilft. „Polen sind fleißig", sagt Marek. „Dank der EU-Erweiterung können wir jetzt überall in Europa arbeiten und Geld verdienen. Ich will in Polen ein Haus auf dem Land kaufen, aber um mir das zu leisten, muss ich ein paar Jahre hier arbeiten. Ich habe Deutsch in der Schule gelernt, und das hilft. Ein paar sagen, dass wir Jobs wegnehmen, aber die meisten sind froh, einen guten Handwerker zu haben." Jan hat denselben Traum. „Ich bin nicht zu stolz, diese Arbeit auf den Feldern zu machen", sagt er. „Ich bin nur froh, dass ich die Chance habe, mehr Geld für meine Familie zu verdienen."

2b Ergänzen Sie die folgenden Sätze mit den Wörtern im Kasten. Sie brauchen nicht alle der Wörter zu benutzen.

a Fatimas Familie musste aus dem Iran _____ .

b Bis der Asylantrag _____ wurde, lebte die Familie in _____ .

c Den Eltern fiel es schwerer als den Kindern, sich in Deutschland _____ .

d Fatima hat leider _____ erlebt.

e Guljans Vater hält Tradition und Kultur für sehr _____ .

f Im Vergleich zu ihren Freunden ist Guljans Freiheit sehr _____ .

g Guljan hat es ihrer Familie _____ , dass sie einen Freund hat.

h Marek ist aus _____ Gründen nach Deutschland gezogen.

i Die EU-Erweiterung hat es ihm _____ , in Deutschland zu arbeiten.

j Jan ist auch sehr _____ , dass er einen besseren _____ verdienen kann.

> beschränkt   wirtschaftlichen   dankbar
> fliehen   einzuleben   verheimlicht
> erpresst   wichtig   anerkannt
> ermöglicht   persönlichen
> Ausländerfeindlichkeit   Geld   erklärt
> Unsicherheit   Lohn

2c Beantworten Sie die folgenden Fragen auf Deutsch.

a Warum durfte Fatimas Vater bei seiner Ankunft in Deutschland nicht arbeiten?

b Warum sagt Guljan, dass sie zwischen zwei Welten lebt?

c Warum will Marek nicht für immer in Deutschland bleiben?

3a Hören Sie sich einen Bericht über einen Aussiedler an. Bringen Sie die folgenden Sätze in die richtige Reihenfolge.

a Thomas' Familie ist nach Deutschland gezogen.

b Thomas' Vorfahren sind in die Ukraine gezogen.

c Die deutsche Minderheit wurde verfolgt.

d Thomas' Großeltern wurden deportiert.

e Mehr als dreißig Jahre später hat Thomas' Familie die Ausreiseerlaubnis bekommen.

f Die Familie wohnte in einem Übergangslager.

g Die Familie ist nach Bayern gezogen.

3b Welche Satzhälften passen zusammen?

a Thomas' Familie wohnte …

b Nach dem Krieg wollten seine Großeltern …

c Seine Großeltern mussten über 30 Jahre …

d Die Familie hatte Personalakten …

e Die Familie hat finanzielle Unterstützung …

f Thomas' Eltern konnten wegen mangelnder Qualifikationen …

g Deutschland war ganz anders …

h Die Aussiedler werden nicht …

1 nach Deutschland zurückkehren.

2 von der deutschen Regierung bekommen.

3 nur mit Schwierigkeiten Arbeit finden.

4 bis Ende des Zweiten Weltkriegs in der Ukraine.

5 als die Familie es sich vorgestellt hatte.

6 von allen Deutschen akzeptiert.

7 auf die Ausreiseerlaubnis warten.

8 die ihre deutsche Staatsangehörigkeit nachwiesen.

4 Schreiben Sie 250 Wörter zum Thema „Warum kommen Ausländer nach Deutschland? Welche Probleme erleben sie?"

5 Machen Sie zu viert eine Gruppendiskussion. Nehmen Sie jeweils die Rolle eines Wanderarbeiters, eines Asylanten, eines Aussiedlers oder eines Gastarbeiters zweiter Generation an. Interviewen Sie sich gegenseitig. Schreiben Sie zuerst eine Liste von Fragen, z. B.: Warum sind Sie nach Deutschland gekommen?

> der Asylant/die Asylantin – *person granted political asylum*

Rassismus

▌*Wie groß ist das Problem von Rassismus in Deutschland?*

1a Hier sind einige Vorurteile gegen Ausländer. Welche Vorurteile sind Ihrer Meinung nach am stärksten?

  a Die Ausländer nehmen die Arbeitsplätze weg.

  b Die Ausländer kosten viel Geld.

  c Die Ausländer nehmen Wohnungen weg.

  d Ausländer sind krimineller als Deutsche.

  e Die Ausländer tragen nichts zur Gesellschaft bei.

  f Wir brauchen die Ausländer nicht.

1b Und so sieht es in Wirklichkeit aus … Welche Antwort passt zu welchem Vorurteil in Übung 1a?

  1 Die Ausländer wohnen oft in veralteten Wohnungen, die die Deutschen gar nicht wollen.

  2 Die Ausländer machen oft schmutzige Arbeit, die die Deutschen nicht wollen.

  3 Es stimmt, dass die Regierung viel Geld für die Lebenskosten von Asylanten ausgibt. Aber die ausländische Bevölkerung zahlt pro Jahr 15 Milliarden Euro an Steuern.

  4 Teilweise richtig – aber nur, weil Asylanten gegen das Einwanderungsgesetz verstießen; solche Verbrechen können deutsche Staatsbürger gar nicht begehen. Was Gewalttaten und Schwerverbrechen betrifft, sind die Ausländer keineswegs krimineller.

  5 In Deutschland gibt es fast 200 000 ausländische Unternehmen. Die größte Gruppe sind die 33 000 türkischen Firmen mit einem Umsatz von 13 Milliarden Euro pro Jahr.

  6 In München sind 50% der Arbeiter in Metallberufen und 70% der Arbeiter bei der Straßenreinigung Ausländer. Die Ausländer sind ein wichtiger Bestandteil der Wirtschaft.

Aufmarsch der Rechten

Xaver liegt mit einer Stichwunde im Auge und gebrochenem Handgelenk im Krankenhaus in Halle. Die Behörden ermitteln gegen mehrere Jugendliche wegen gefährlicher Körperverletzung und gehen dabei von einem ausländerfeindlichen Hintergrund aus. Xaver ist Mosambikaner, weswegen sich seine Angreifer, ausgestattet mit Bomberjacken und Springerstiefeln, so provoziert fühlten, dass sie ihn von der Straßenbahnhaltestelle durch die Stadt jagten. Aber Xaver hat Glück gehabt. Er lebt noch. Er gehört nicht zu den 130 Todesopfern rechtsradikaler Gewalt in Deutschland seit der Wende.

Vor allem in den neuen Bundesländern können Ausländer derzeit nur ein eingeschränktes Leben führen. Eingeschränkt leben heißt öffentliche Verkehrsmittel zu bestimmten Zeiten meiden, vor allem abends. Tankstellen, Jugendklubs und Kneipen sind tabu. Besitzer von Dönerbuden brauchen eine gute Brandschutzversicherung und nach Feierabend eigenen Begleitschutz. Die meisten von ihnen haben sich notgedrungen an diese Zustände gewöhnt. Die Gesellschaft, in der sie leben, auch.

Einen Punkt sollte man klarstellen: Rechtsextreme Gewalt gibt es auch im Westen. Doch im Gegensatz zu den neuen Bundesländern ist sie nicht eingebettet in eine rechtsextreme Alltagskultur. Rechts, national und ausländerfeindlich zu sein ist für viele ostdeutsche Jugendliche heute normal. Unterschiedliche Thesen werden aufgestellt, die den verstärkten Auftritt von Rechtsradikalismus im Osten erklären sollen: Die häufigste ist die These vom sozial benachteiligten Jugendlichen. Die Massenarbeitslosigkeit, die seit der Wende im Osten herrscht. Auch, dass die ehemaligen DDR-Bürger fast keine Erfahrung im Zusammenleben mit Ausländern hatten. Eine Tatsache widerspricht: Fast zwei Drittel der DVU-Wähler, die der rechtspopulistischen Partei zu Sitzen in den Landtagen von Sachsen-Anhalt und Brandenburg verholfen haben, haben eine feste Tätigkeit.

Die Organisationen der DDR werden teilweise durch Neonazigruppen ersetzt. Die Mitgliedschaft in der NPD steigt. Die Skinheads organisieren sich in Gruppen – meistens Jungen, meistens zwischen 18 und 30 Jahre alt. Axel gehört einer Neonazigruppe in Zittau an. Er erzählt stolz von Angriffen auf Ausländer, die er selbst verübt hat. Vor einigen Monaten wurde ein türkischer Imbissbudenbesitzer von Skins schwer verletzt: „Irgendjemand muss denen doch mal zeigen, dass sie unerwünscht sind. Sie haben hier nichts zu suchen." Er zeigt Verständnis für Brandanschläge gegen Asylantenheime. „Das ist der Frust, die Jugend sitzt auf der Straße. Wenn die Ausländer daheim geblieben wären, wären sie nicht gestorben."

Axel gehört immerhin zu einer Minderheit, da die meisten Rechtswähler keineswegs Skins oder Gewalttäter sind. Sie sind nicht mehr eine marginalisierbare und identifizierbare Randgruppe. Rechtsextremismus gedeiht an Gymnasien und in intakten Familien. Und eben darin liegt die Gefahr.

2a Lesen Sie den Text „Aufmarsch der Rechten". Welche Überschrift passt zu welchem Abschnitt?

a Rassismus – im Osten ein Normalzustand

b Nicht nur die Meinung einer Minderheit

c Glück gehabt, dass er noch lebt

d Organisierte Ausländerfeindlichkeit

e Einschränkungen für Ausländer

2b Finden Sie im Text die Wörter oder Ausdrücke mit diesen Bedeutungen.

a verfolgten

b begrenzt

c verboten

d weil man keine Alternative hat

e den Platz von etwas anderem einnehmen

f einfach zu erkennen

2c Richtig (R), falsch (F) oder nicht angegeben (N)?

a Xaver hat den Angriff mit leichten Verletzungen überstanden.

b Die Polizei hat die Angreifer schon verhaftet.

c Die Täter haben schon mehrere Angriffe auf Ausländer verübt.

d Wegen des Rechtsradikalismus sind manche alltägliche Aktivitäten für Ausländer unmöglich geworden.

e Politisch rechts zu stehen ist unter der Jugend kein Ausnahmezustand.

f Rechtsradikalismus ist auch im Westen tief verwurzelt.

g Die Mehrzahl an Todesfällen durch rechtsextreme Gewalttäter fanden in den alten Bundesländern statt.

h Es gibt verschiedene Thesen zu den Ursachen des steigenden Rassismus.

i Die DVU hat wegen der Stimmen von Arbeitslosen politische Macht gewonnen.

j Axel ist seit dem Verlust seines Arbeitsplatzes Mitglied einer Neonazigruppe.

k Er hat geholfen, ein Asylantenheim in Brand zu stecken.

l Rechtsradikale Meinungen werden nicht nur von einer gewalttätigen Minderheit vertreten.

2d Fassen Sie den Text auf Deutsch in 100 Wörtern zusammen.

3 Hören Sie sich das Interview mit Heiko, Mitglied einer Neonazigruppe, an und beantworten Sie die Fragen.

a Wie kam Heiko in die rechtsextreme Szene?

b Welche Vorurteile hat er gegen Ausländer?

c Welchen Sachfehler macht er?

d An welcher ausländerfeindlichen Aktion hat er teilgenommen? Nennen Sie Details.

e Warum hat er mit der Freundin seiner Schwester gesprochen?

f Was hat sie anschließend gemacht und warum?

g Zu welchen Extremen würde Heiko gehen?

h Welche Probleme sieht er dabei für sich?

4 Sie haben die Radiosendung mit Heiko gehört. Schreiben Sie jetzt einen Brief an Heiko, in dem Sie versuchen, ihn davon zu überzeugen, dass seine Ansichten falsch sind. Beziehen Sie sich dabei auf Ihre Antworten von Übung 3.

5 Diskutieren Sie mit einem Partner/einer Partnerin:

a Wie erklären Sie den Anstieg an rechtsradikaler Gewalt im Osten?

b Was sind die Gefahren von Rassismus?

c Wie reagieren Sie auf die Tatsache, dass rechtsradikale Parteien an Popularität gewinnen?

d Wie sollte man rechtsextreme Gewalttäter bestrafen?

e Was sollte die Regierung unternehmen?

The activities on this page will help you to:

▎ Use indirect speech more accurately

▎ Translate into German more effectively

1 Lesen Sie den Text rechts. Welche Satzhälften passen zusammen?

a Vor drei Jahren hat Markus …

b Sein Zweck war, …

c Das Projekt spezialisiert sich …

d Die meisten Schulen fanden das Projekt …

e Es gibt eine Minderheit, die bereit ist, …

f Die meisten Schüler wollen …

g Das größte Vorurteil gegen Ausländer …

h In einer durchschnittlichen Klasse …

i Schüler werden überall …

j Das Projekt hat bis jetzt …

k Markus möchte jetzt …

1 irgendetwas gegen den steigenden Rassismus in der Gegend zu unternehmen.

2 Ausländerfeindlichkeit zu dulden.

3 ist, dass sie Arbeitslosigkeit unter den Deutschen verursachen.

4 das Oranienburger Forum gegen Rassismus gegründet.

5 ziemlich viel Erfolg gehabt.

6 eine gute Idee.

7 auf Schulen.

8 mit rechtsextremer Propaganda konfrontiert.

9 gegen Rassismus kämpfen.

10 vertreten drei oder vier Schüler rechtsextreme Ansichten.

11 größere Veranstaltungen organisieren.

Vor drei Jahren entschied sich Markus Kemper, etwas gegen den steigenden Rechtsextremismus in seiner Gegend zu unternehmen, und wurde somit Mitbegründer des Oranienburger Forums gegen Rassismus. Die Initiative unterscheidet sich von anderen Initiativen gegen Rassismus dadurch, dass sie sich auf Schulen spezialisiert hat. Die Initiative lebe laut Markus von dem Engagement der Schüler im Landkreis.

„Das Forum arbeitet primär mit drei Gymnasien zusammen. Wir versuchen gemeinsam mit den Schülern, neue Ideen in die Schulen zu bringen. Asylbewerber werden mit in die Klassen genommen. Wir halten Vorträge, zeigen Videos und diskutieren mit Schülern."

Das Forum kam schon bei der Gründungsveranstaltung auf die Idee, sich der Schulen anzunehmen. Jugendliche haben gesagt, die Schule sei der wichtigste Bereich, da passiere zu wenig.

Markus berichtet, die Schulen hätten im Großen und Ganzen positiv auf das Forum reagiert. Zwar gebe es Gruppen, die gleichgültig seien und Fremdenfeindlichkeit tolerieren, aber immerhin wolle sich ein bedeutender Teil der Schüler engagieren. Vor der Gründung des Forums hätten sie aber keine Möglichkeiten gehabt, positiv zu wirken. Für sie sei das Forum eine Stütze.

Markus meint, Fremdenfeindlichkeit sitze unterschiedlich tief bei den Schülern. Wenn man Themen wie Arbeitslosigkeit anschneide, dann käme man auf Vorurteile oder sogar auf knallharte nationalsozialistische Sprüche. Die Jugendlichen behaupteten, es seien die Ausländer, die ihnen die Arbeitsplätze wegnähmen.

Laut Markus habe sich der Rechtsradikalismus bei drei oder vier Schülern in einer Klasse von 25 in den Köpfen verfestigt. Das größte Problem sei jedoch die Gleichgültigkeit. Jugendliche erzählten ihm, Flugblätter von der NPD seien an der Schule aufgetaucht. Und vor der Schule, in der S-Bahn und im Bus sei rechtsextreme Propaganda zu sehen.

Markus bewertet die Initiative als erfolgreich. Er sagt, das Forum habe Schüler mit anderen Meinungen konfrontiert und sie hätten Kontakt zu Menschen gehabt, die von Flucht und Asyl betroffen seien. Das sei der Zweck des Forums – Vorurteile abzubauen und einen Denkprozess anzuregen.

Der Landkreis hat sich für das Projekt interessiert und unterstützt jetzt die Initiative. Das Forum bekommt finanzielle und organisatorische Hilfe, die größere Initiativen, wie zum Beispiel die Rockkonzerte gegen Rechts anlässlich des Anti-Rassismus-Tages, ermöglichen. Das Forum hofft, dass sich durch solche Initiativen noch mehr Schüler sich für das Projekt engagieren.

Grammatik ➡ 139 ➡ W82

Indirect speech and the subjunctive

● Indirect speech reports what someone said (or thought). In German, the verbs in reported speech are in the subjunctive.

A Note all the examples of the subjunctive you can find in the text on the left.

B Make a list of the expressions used to introduce indirect speech, *e.g. er sagt.*

● In German, the tense of the subjunctive is usually the same as the tense in which the words were originally said.

„Ich kenne viele Ausländer." (*present*)

Er sagte, er kenne viele Ausländer. (*present*)

● Often the subjunctive form and the normal (indicative) form are the same – then the reported speech moves back a tense to show the subjunctive.

Markus: Viele Schüler haben nichts gegen Ausländer. (*present in original speech*)

Markus sagte, viele Schüler haben nichts gegen Ausländer. (*present subjunctive – no difference, so not used*)

Markus sagte, viele Schüler hätten nichts gegen Ausländer. (*imperfect subjunctive – correct form*)

C Decide which of the subjunctives you noted in Activity A have changed tense to show that they are in the subjunctive. (It is most common with verbs in the plural.)

D Put these sentences into the subjunctive, beginning with „Markus sagte …".

Markus: „Der Landkreis hat sich für das Forum interessiert."

Markus sagte, der Landkreis habe sich für das Forum interessiert.

a Das Forum will Rockkonzerte veranstalten.

b Markus hat das Forum vor drei Jahren gegründet.

c Drei Schulen haben bis jetzt an dem Projekt teilgenommen.

d Das Forum unterscheidet sich von anderen Initiativen.

Tipp

Translating into German

As part of the examination you will be asked to translate into German.

● You will often find some of the vocabulary you need in the passage, albeit in a slightly different context.

A Look at the text to find the vocabulary you need to translate the following sentence:

The Oranienburg Forum specializes in discussing racism with school pupils.

● Take care with grammar. Often sentences contain a grammar point which is different from English: a tense, a preposition or a particular phrase.

B What could trip you up in these sentences?

a Markus has been working at the Forum for three years.

b Videos are shown in the schools.

c Pupils who are interested in the problem …

● Work through these steps in order:

1 Read the passage through carefully.

2 In the English, underline any vocabulary you do not know and look for it in the passage.

3 Look for particular grammar points, e.g. passive, subjunctive. Annotate the text in pencil to remind yourself.

4 Begin to translate the text.

5 Check through your work thoroughly (e.g. check verb agreements, tenses and endings).

C Use the steps above to translate the following passage:

The Oranienburg Forum against racism specializes in initiatives against right-wing extremism in schools. The forum confronts pupils with the problem of racism by bringing asylum seekers into schools and discussing prejudices. Videos are also shown. One aim of the project is to break down indifference and to support pupils who wish to be actively involved. Markus Kemper, a co-founder, believes that the project has been successful. Larger initiatives such as rock concerts are now being made possible through financial assistance from the local council.

1a Lesen Sie diese zwei Berichte.

Elisabeth, 17, macht mit ausländischen Kindern Hausaufgaben.

„Mit einer Freundin zusammen betreue ich zweimal in der Woche Grundschüler in einem Asylantenheim. Die Nachfrage ist sehr groß – kein Wunder. Für Kinder, die kaum Deutsch sprechen, ist es sehr schwierig, Hausaufgaben zu machen. Zuerst helfen wir bei den Hausaufgaben und dann singen oder spielen wir. Das macht am meisten Spaß. Es ist toll, wie fröhlich Kinder sein können, die gerade die Flucht hinter sich haben. Das gibt echt Hoffnung."

Miriam, 18, organisiert mit Freunden zusammen ein internationales Café.

„Vor zwei Jahren habe ich eine Führung durch ein Asylantenheim mitgemacht. Da habe ich beschlossen, mit ein paar Freunden und interessierten Leuten einen ‚Entspannungspunkt' für Asylanten zu organisieren. Jetzt kommen jeden Donnerstag Ausländer und Deutsche im ‚Café International' in einem Schülertreff zusammen. Es macht total viel Spaß, miteinander zu kochen, Musik zu machen oder einfach zu erzählen. Teilweise haben sich auch schon richtige Freundschaften entwickelt."

1b Ergänzen Sie die Sätze.

a Miriam ist auf die Idee gekommen, das Café zu ____ , nachdem sie ein ____ besucht hat.

b Das Café ____ Kontakte zwischen Asylanten und Deutschen.

c Das Café bietet eine gelassene ____ , wo sich Freundschaften entwickeln können.

d Elisabeth ____ ____ um ausländische Kinder, die in einem Asylantenheim wohnen.

e Wegen mangelnder ____ ist es schwierig für die Kinder, ihre Hausaufgaben zu machen.

f Elisabeth ____ die Kinder, weil sie trotz ihrer schlechten ____ so fröhlich sind.

g Michael ____ ____ in der Kirche gegen Ausländerfeindlichkeit.

h Er will das ____ der Öffentlichkeit auf das Thema Fremdenhass lenken.

i Seine Gruppe ____ auch im Kino für Toleranz.

kümmert sich   Asylantenheim   wirbt
engagiert sich   Interesse
Sprachkenntnissen   gründen   Atmosphäre
bewundert   ermöglicht   Erfahrungen

2 Sehen Sie sich die Bilder unten an und diskutieren Sie die folgenden Fragen mit einem Partner/einer Partnerin.

- Wie verstehen Sie die Bilder?
- Welche Einstellungen Ausländern gegenüber werden hier vertreten?
- Warum sind manche Deutsche gegen Ausländer?
- Was unternehmen die Deutschen gegen Ausländerfeindlichkeit?

3 Hören Sie zu und beantworten Sie die Fragen für Herrn Bellanca und Herrn Jeronimidis.

a Woher kommt er?

b Seit wann wohnt er in Deutschland?

c Warum ist er ausgewandert?

d Was ist er von Beruf?

e Beschreiben Sie seine Familie.

f Was ist seine Einstellung Deutschland gegenüber?

g Hat er schon Ausländerfeindlichkeit erlebt?

4 Armut und Reichtum

By the end of this unit you will be able to:

- compare poverty in Germany and in the Third World
- discuss the problems of the homeless
- talk about problems in the Third World and possible solutions

- use adjective endings
- use cases
- give opinions

Seite	Thema
38	Armut in Deutschland
40	Die Dritte Welt
42	Kampf gegen Armut
44	Prüfungstraining
46	Zur Auswahl
47	Wiederholung Einheit 3–4

1 Welche Überschrift passt zu welchem Bild?

  a Kinder verhungern in der Dritten Welt

  b Immer mehr junge Obdachlose

  c Herr Feyl wird Millionär

  d Die Börse erreicht ein neues Hoch

  e Arbeitslosigkeit steigt schon wieder

2a Was zeigen die Bilder? Wie reagieren Sie persönlich darauf?

  a Warum feiert der Geschäftsmann?

  b Was wissen Sie über die Länder der Dritten Welt?

  c Warum werden junge Leute obdachlos?

  d Was sind die Gründe für Arbeitslosigkeit?

2b Machen Sie ein Brainstorming und vergleichen Sie Ihre Antworten mit denen von anderen Studenten aus Ihrer Klasse. Benutzen Sie dabei ein Wörterbuch.

3 Bauen Sie in kleinen Gruppen Wortfelder zu den Themen Armut und Reichtum.

37

Armut in Deutschland

▌ *Wie schlimm ist das Problem von Armut in Deutschland?*

1 „Im Jahr 1965 war jedes siebte Kind in Deutschland auf Sozialhilfe angewiesen. 2007 war es jedes sechste."
Wie reagieren Sie auf diese Tatsache? Warum sind so viele Kinder in Deutschland heutzutage auf Sozialhilfe angewiesen, verglichen mit den sechziger Jahren? Diskutieren Sie das in der Klasse.

2a Lesen Sie den Text.

13,5% der deutschen Bevölkerung leben unter der Armutsschwelle. Tendenz steigend. Vor fünf Jahren waren es noch 12,7%. Und alle 10 Jahre verdoppelt sich die Anzahl an Kindern, die in Armut leben. In den westlichen Industrieländern ist das Wohlhaben ungleich verteilt. In einem Jahr ist die Anzahl von Millionären in Deutschland um 31 000 gestiegen.

Warum hat sich so eine Kluft zwischen Arm und Reich in den letzten Jahren aufgetan? Und warum werden vor allem Kinder davon betroffen? „Familienverhältnisse haben sich in den letzten 40 Jahren dramatisch verändert", erklärt Sozialarbeiterin Susanne Wolf. „Es gibt jetzt viel mehr Alleinerziehende, besonders Frauen, die Probleme haben, gleichzeitig zu arbeiten und ihre Kinder großzuziehen. Gut ausgebildete Frauen sind oft auf Sozialhilfe angewiesen, weil es sich nicht lohnt, eine Tagesmutter zu bezahlen. Damit ist das ganze Gehalt weg."

Damit hat Elke Schmidt persönlich Erfahrung. Die ausgebildete Krankenschwester wurde von ihrem Mann verlassen und wohnt jetzt mit ihren drei Kindern in einer Zweizimmerwohnung in Düsseldorf. Die Miete bezahlt das Sozialamt; das Geld, das sie für ihre Lebenskosten bekommt, muss sie sorgfältig einteilen.

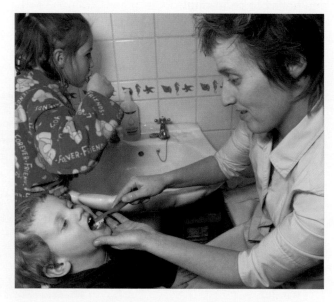

Sie spürt deutliche Missbilligung. „Mit drei Kindern und keiner Arbeit bist du asozial, aber ohne einen Kindergartenplatz kann ich überhaupt nicht an eine regelmäßige Beschäftigung denken." Elke möchte wieder arbeiten, sobald die Kinder in die Schule kommen. „Nicht nur wegen des Geldes, sondern auch, weil ich wieder ein Teil der Gesellschaft sein möchte."

Für Gabi ist das Leben noch schlimmer – Krach mit ihrer Mutter und ihrem Stiefvater hat sie gezwungen, ihr Elternhaus zu verlassen. Jetzt wohnt sie auf der Straße. Dort hat sie Christoph kennengelernt. Er hat eine ähnliche Geschichte – sein Vater hat ihn geprügelt, bis er es nicht mehr aushalten konnte. „Ich wollte eine Stelle hier in München finden", sagt er, „aber ich habe die Hoffnung darauf längst aufgegeben. Wir stecken in einem Teufelskreis. Wer keine feste Adresse hat, bekommt keinen Job. Ohne Job kann man keine Unterkunft bezahlen. Niemand scheint sich groß um uns zu kümmern. Klar gibt es Heime, besonders im Winter, aber niemand versucht, uns aus dieser Situation rauszuholen. Das Schlimmste ist weder die Kälte noch der Dreck. Es ist, dass du wie ein Tier behandelt wirst. Die Leute, die vorbeigehen, gucken dich gar nicht an."

2b Finden Sie im Text Wörter oder Ausdrücke, die zu den folgenden Definitionen passen:

a es ist es nicht wert

b Arbeitsplatz

c Streit

d schlagen

e eine Situation, aus der man sich nicht befreien kann

2c Wählen Sie jedes Mal die Aussage, die mit dem Sinn des Textes am besten übereinstimmt.

a 1 Immer mehr Kinder wohnen in Armut.

2 Die Anzahl an Kindern, die in Armut wohnen, steigt langsam.

3 Armut unter Erwachsenen ist noch schneller gestiegen als unter Kindern.

b 1 Allein erziehende Frauen bekommen finanzielle Unterstützung für eine Tagesmutter.

2 Für allein erziehende Frauen macht es oft keinen finanziellen Sinn, zu arbeiten.

3 Das Gehalt von allein erziehenden Frauen ist oft sehr niedrig.

c 1 Elke fühlt sich als Außenseiterin in der Gesellschaft.

2 Elke bekommt einen Kindergartenplatz von der Sozialhilfe bezahlt.

3 Selbst wenn sie mehr Geld hätte, würde sie nicht an Vollzeitarbeit denken.

d 1 Gabi wurde von ihren Eltern rausgeworfen.

2 Gabi will zu ihren Eltern zurückkehren.

3 Gabi hat sich mit ihren Eltern gestritten.

e 1 Christoph ist sicher, dass sich seine Situation bald bessern wird.

2 Christoph verlässt sich auf die Arbeit des Sozialamts.

3 Christoph hat keine Aussicht auf eine bessere Zukunft.

f 1 Christoph meint, es sei schwierig, einen Platz in einem Heim für Obdachlose zu finden.

2 Christoph meint, es sei schwierig, Kontakt mit dem Sozialamt aufzunehmen.

3 Christoph meint, es sei schwierig, eine langfristige Lösung zu finden.

g 1 Was Christoph am meisten stört ist die mangelnde Hygiene.

2 Womit er nicht fertig wird, ist, dass Passanten ihn beleidigen.

3 Was er vor allem erniedrigend findet, ist, dass Passanten ihn nicht wahrnehmen wollen.

2d Übersetzen Sie den letzten Abschnitt „Für Gabi ist das Leben noch schlimmer ..." ins Englische.

3 „Bürger in sozialen Schwierigkeiten" geben eine Zeitung heraus, um Obdachlose zu unterstützen. Hören Sie sich den Bericht darüber an und beantworten Sie die Fragen.

a Was ist BISS?

b Wer ist Klaus Honigschnabel?

c Was sind die zwei Hauptziele des Projekts?

d Was für finanzielle Unterstützung hatte BISS am Anfang?

e Nennen Sie zwei Fakten, die den Erfolg des Projekts belegen.

f Welche Regeln gelten für Verkäufer?

g Was hat die Zeitung für Hermann Merkl bedeutet?

h Was hat sich bei Merkl verbessert, seitdem er die Zeitung verkauft?

4 A ist Journalist(in), B ist Obdachlose(r). Machen Sie ein Interview. Die folgenden Punkte sollten erwähnt werden:

- wie/warum B obdachlos geworden ist
- wovon B lebt
- ein typischer Tag
- Hilfe
- Zukunftsperspektiven

5 Stellen Sie sich vor, Sie sind obdachlos. Schreiben Sie einen Artikel für BISS, in dem Sie erklären, wie Sie obdachlos geworden sind und wie Ihr Alltag aussieht. Schreiben Sie ungefähr 150 Wörter.

Die Dritte Welt

▌ *Welche Probleme gibt es in der Dritten Welt?*

1 Welche Länder gehören zur Dritten Welt? Welche Probleme gibt es dort? Diskutieren Sie mit einem Partner/einer Partnerin und vergleichen Sie Ihre Ideen mit anderen Studenten in Ihrer Klasse.

2a Lesen Sie den Text „Die Dritte Welt" und finden Sie darin Wörter oder Ausdrücke mit der folgenden Bedeutung.

   a der Zustand, wenn man kein Geld oder keine Wertsachen hat

   b für das Leben absolut nötig

   c jemand, der weder lesen noch schreiben kann

   d wenn die Bewohner eines Landes gegeneinander kämpfen

   e wenn es kein Wasser gibt

   f wenn es nichts zu essen gibt

2b Schreiben Sie eine Liste der Hauptprobleme der Entwicklungsländer.

2c Schreiben Sie diese Sätze zu Ende.

   a Wenn man in absoluter Armut lebt, …

   b Der Durchschnittsbürger in Äthiopien kann erwarten, …

   c In Bangladesch können 70% der Bevölkerung weder …

   d Wegen des Mangels an sauberem Wasser …

   e Wegen politischer Instabilität …

   f Entwicklungsländer sind oft hilflos, wenn …

   g Manche Entwicklungsländer haben weitere finanzielle Schwierigkeiten, weil …

   h In Afrika war Aids schon die Todesursache von …

Die Dritte Welt

Zwei Drittel der Menschheit lebt heute in den Entwicklungsländern, in der so genannten Dritten Welt. Von diesen rund 300 Milliarden Menschen leben 800 Millionen in absoluter Armut. Es fehlt ihnen selbst an den lebensnotwendigsten Dingen. Ihr Einkommen ist zu gering, um sich ernähren zu können.

Der Unterschied zwischen den Lebensbedingungen in der Ersten und der Dritten Welt ist drastisch. In der Bundesrepublik liegt die Lebenserwartung eines Menschen bei rund 74 Jahren – in Äthiopien liegt sie bei 40 Jahren. In Deutschland gibt es einen Arzt pro 490 Einwohner, in Burkina Faso hat ein Arzt über 49 000 Patienten zu betreuen. In der Bundesrepublik liegt die Analphabetenrate bei 2%, in Bangladesch bei 70%.

Die Entwicklungsländer unterscheiden sich in vielem, aber einige Probleme haben sie gemeinsam: mangelnde Hygiene, geringe Bodenschätze, Überbevölkerung, unzureichende Nahrungsmittel, einen hohen Prozentsatz an Analphabetentum, wenige Schulen und Krankenhäuser. Krankheiten breiten sich schnell aus, weil die Menschen oft keinen Zugang zu sauberem Wasser haben. In manchen Ländern herrscht auch Bürgerkrieg, und finanzielle Mittel, mit deren Hilfe man das Volk ernähren könnte, werden in Waffen gesteckt. Wenn Naturkatastrophen wie Dürren oder Hungersnöte eintreten, ist das Land auf internationale Hilfsorganisationen angewiesen, um die Ernährung und das Überleben der Bevölkerung zu sichern. Dazu kommt, dass viele Entwicklungsländer den Industrieländern Geld schulden, das sie nicht zurückzahlen können.

Was in der Ersten Welt als tragisch empfunden wird, gehört in den Entwicklungsländern zum Alltag. Mohammed Barkale lebt in Äthiopien. Er hat schon seine Frau und seine drei Kinder begraben müssen. Seine Herde ist nach einer Dürreperiode eingegangen. Es gab nichts mehr zu essen. Er selbst ist an Aids erkrankt – dem neuesten Problem der Entwicklungsländer. Kein Kontinent ist so stark von der Ausbreitung des Virus betroffen wie Afrika. Über 20 Millionen sind mit dem Virus infiziert, etwa 14 Millionen sind bereits daran gestorben.

Grammatik ➡ 125–126 ➡ W22–6

Adjective endings

A Identify the adjectives in the text on page 40 and explain their endings.

> mangelnde Hygiene = *feminine*
>
> *singular, no article, accusative case*

B Now fill the gaps below with the correct adjective ending.

a Häufig__ Dürren verursachen viel Leid in der Dritten Welt.

b Die Zahl der schwanger__ Frauen, die Aids haben, hat sich in den letzten Jahren verdreifacht.

c In den nächst__ zehn Jahren werden in Namibia voraussichtlich 20 000 Kinder ihre Mütter durch Aids verloren haben.

d Die schwer__ Unwetter in Mosambik haben zu weitflächig__ Überschwemmungen geführt.

e Drei Viertel der Bewohner von arm__ Ländern haben keine richtig__ Sanitäranlage.

3 Hören Sie sich jetzt den Bericht über Kinderarbeit in der Dritten Welt an und beantworten Sie die Fragen.

a Nennen Sie drei typische Arten von Kinderarbeit.

b Warum sind Kinder attraktiv für Arbeitgeber?

c Wie hoch ist der Prozentsatz aller Kinder, die weltweit arbeiten müssen?

d Warum verkaufen manche Eltern ihre Töchter?

e Warum können Eltern auf die Arbeit ihrer Kinder nicht verzichten?

f Welche Arbeit erledigen manche Kinder zu Hause?

g Was für eine Arbeit macht Omar?

h Warum kann man diese Arbeit eigentlich nicht als Ausbeutung bezeichnen?

i Welche dauerhafte Folge hat Kinderarbeit?

4 Recherchieren Sie ein Land der Dritten Welt und halten Sie einen Vortrag darüber in Ihrer Klasse. Sie können unter anderem die folgenden Punkte beachten:

- Lage
- Bevölkerung
- Bodenschätze
- Industrie
- Gesundheit
- Analphabetismus
- Naturkatastrophen
- Lebenserwartung

Hilfe

Das Land liegt …

Die Gesamtbevölkerung beträgt …

Die Bodenschätze bestehen aus …

Industrielle Entwicklung ist …

Im Vergleich zu Europa …

Der Prozentsatz an Analphabetismus liegt bei …

Extra!

Schreiben Sie einen Bericht über das Land Ihrer Wahl.

Extra!

Wie sind die Probleme der Dritten Welt am besten zu lösen? Hören Sie zu und machen Sie Übung 1 auf Arbeitsblatt 16.

Kampf gegen Armut

■ *Wie sind die Probleme in der Dritten Welt am besten zu lösen?*

1 Diskutieren Sie mit einem Partner oder einer Partnerin.

• **Was verstehen Sie unter Fairtrade?**

• **Welche Fairtrade-Produkte kennen Sie?**

• **Haben Sie schon Fairtrade-Produkte gekauft?**

• **Warum brauchen viele Entwicklungsländer Hilfe bei der Ausbildung?**

• **Was verstehen Sie unter ‚nachhaltiger Entwicklung'?**

2a Lesen Sie den Text.

Die Bilder kennen wir alle vom Fernsehen – Menschen verhungern und sterben. Wohlfahrtsorganisationen teilen Nahrungsmittel, Medikamente und Kleidung aus. Die Entwicklungsländer in Afrika können Naturkatastrophen wie Hungersnot und Dürre schlecht überstehen. Obwohl Hilfe vom Ausland in solchen Situationen dankbar angenommen wird, kann sie die langfristigen Probleme Afrikas nicht lösen. Dazu braucht man nachhaltige Entwicklungsprojekte, die die Armutsprobleme auf lange Sicht lindern können.

Hier spielt Fairtrade eine Rolle. Die weltweite Organisation setzt sich für den fairen Handel ein. Importorganisationen, die den Prinzipien des fairen Handelns folgen, kaufen von Kleinbauern-Zusammenschlüssen oder Unternehmern mit sozialer oder ökologischer Verantwortung. Die Bauern können dann direkt mit den Importorganisationen verhandeln und einen besseren Preis für ihre Produkte bekommen. Diese Preise sichern ein ausreichendes Einkommen für die Erzeuger und tragen zur Verbesserung ihrer Lebensbedingungen bei. Alle Fairtrade-Organisationen bekommen auch eine Prämie, die sie für die Verbesserung der allgemeinen Lebensbedingungen in ihrem Dorf ausgeben müssen.

Lucy Mansa erntet Kakao auf ihrem kleinen Bauernhof in Ghana. Sie ist Mitglied des Kleinbauern-Zusammenschlusses Kuapa Kookoo. „In dieser Region von Ghana leben wir ausschließlich von der Kakao-Ernte", erzählt sie. „Bevor ich Mitglied von Kuapa Kookoo wurde, war es

schwierig, einen fairen Preis für meine Ernte zu bekommen. Ich musste die Bohnen an einen Händler verkaufen, der sie dann weiterverkaufte, aber so viel Gewinn wie möglich für sich behielt. Nun bekomme ich einen besseren Preis und kann es mir leisten, meine Tochter auf die Schule zu schicken. Und wir haben die Prämie dafür ausgegeben, das Dorf mit sauberem Wasser zu versorgen. Vorher mussten wir Wasser vom Fluss holen, das oft dreckig war und Krankheiten verursachte."

Da die Bauern mehr für ihre Produkte bekommen, sind die Fairtrade-Produkte, die wir im Supermarkt finden, dementsprechend teurer. Doch der Marktanteil an Fairtrade-Produkten ist Jahr um Jahr gestiegen und beträgt nun 1,6 Milliarden Euro weltweit. „Europäische Verbraucher interessieren sich jetzt viel mehr dafür, wo Produkte herkommen und wie sie hergestellt werden", erklärt Thomas Meyer, Besitzer eines Weltladens in Hamburg. „Sie sind bereit, ein paar Cent mehr für ethisch hergestellte Produkte auszugeben."

2b Finden Sie diese Vokabeln auf Deutsch im Text.

a charities

b long-term

c sustainable development

d to relieve

e to trade

f harvest

g accordingly

2c Sind die folgenden Aussagen richtig (R), falsch (F) oder nicht angegeben (N)?

a Nothilfe von Wohlfahrtsorganisationen bieten nur eine kurzfristige Lösung für Probleme in der Dritten Welt.

b Mitglieder von Fairtrade-Zusammenschlüssen bekommen bessere Preise für ihre Produkte.

c Bauern, die Fairtrade-Mitglieder werden wollen, müssen Mindestquoten für die Produktion erfüllen.

d Fairtrade-Bauern bekommen eine Prämie für sich.

e Das Wohlergehen von allen in Lucys Region hängt von der Kakao-Ernte ab.

f Lucys finanzielle Situation hat sich durch Fairtrade gebessert.

g Das Dorf spart jetzt für eine Trinkwasseranlage.

h Die relativ hohen Preise von Fairtrade-Produkten haben ihren Erfolg bei den Verbrauchern beeinträchtigt.

3 Entwerfen Sie einen Werbespot für Fairtrade-Produkte. Sie können dabei die Hilfe-Vokabeln benutzen.

Hilfe

die Dritte Welt unterstützen

zur nachhaltigen Entwicklung beitragen

bessere Lebensbedingungen verschaffen

fairen Handel versichern

langfristige Probleme lösen

4 Hören Sie sich diesen Bericht von Erich Breinig an, der als freiwilliger Lehrer in Äthiopien gearbeitet hat. Beantworten Sie die Fragen auf Deutsch.

a Was war Erichs Situation, als er nach Afrika fuhr?

b Warum ist er in Afrika geblieben?

c Warum sind ausländische Lehrkräfte in Äthiopien nötig?

d Welche Aufgaben hat er als Beratungslehrer erfüllt?

e Warum ist eine gute Ausbildung so wichtig für die Äthiopier?

f Was hat ihm am meisten imponiert?

g Welche Vergleiche zieht er zwischen Schülern in Afrika und Deutschland?

h Wie fühlt er sich, wenn er an den Unterschied denkt?

5 Informieren Sie sich über eine Wohlfahrtsorganisation und schreiben Sie einen Bericht über ihre Arbeit. Sie können die folgenden Websites benutzen: www.kinderschutzbund.de, www.rotkreuz.de, www.tdh.de

6 Diskutieren Sie die folgenden Fragen mit Ihrem Partner/Ihrer Partnerin.

- Welche Fairtrade-Produkte kennen Sie?

- Wären Sie bereit, Fairtrade-Produkte zu kaufen, obwohl sie teuerer sind?

- Welche Vorteile bietet Fairtrade, Ihrer Meinung nach?

- Was halten Sie von der Fairtrade–Organisation im Allgemeinen?

The activities on this page will help you to:

▌ revise adjective endings and cases

▌ give your opinions

1 Lesen Sie den Text und füllen Sie die Lücken mit den richtigen Adjektivendungen und Artikeln.

Chirurgin im Busch

Seit anderthalb Jahren ist Gabi Kortmann mit ihr__ Kollegen Karl Eiter für d__ deutsch__ Gesellschaft für technisch__ Zusammenarbeit in Malawi im Einsatz. Ihr__ Aufgabe: d__ Gesundheitsdienst im Bezirk Chipita zu unterstützen. Im ganz__ Bezirk leben 135 000 Leute, und für all__ dies__ Menschen gibt es nur ein__ einzig__ Krankenhaus mit 120 Betten. Gabi und Karl sind d___ einzig__ Ärzte.

Ein__ malawisch__ Arzt hat noch nie hier gearbeitet. Kein__ will dies__ Job. D__ Land ist arm, d__ Gehalt miserabel, d__ Lebens- und Arbeitszustände sind katastrophal. Bei Regen ist d__ Verbindungsstraße zum Rest d__ Welt unbefahrbar. Strom, Benzin und Paraffin sind Glückssache. Im Krankenhaus mangelt es an all__ : an Hygiene, heiß__ Wasser, Medikamenten und Personal.

Nur eines gibt es im Überfluss: Patienten. In Malawi stirbt jede__ 10. Kind bei d__ Geburt. D__ durchschnittlich__ Lebenserwartung liegt bei 38 Jahren. Jed__ Dritt__ hat Aids. Warum will d__ ehemalig__ Oberärztin hier arbeiten? „Im Urlaub haben Karl und ich wiederholt in d__ Dritt__ Welt gearbeitet," erklärt sie. „Hier habe ich halb verhungert__ Kinder gesehen und in ein__ Flüchtlingslager gearbeitet. D__ Probleme in Deutschland schienen wie nichts dagegen." Schließlich wurde d__ Entschluss gefasst, Deutschland zu verlassen und Nothilfe im Ausland zu leisten. D__ beid__ kündigten.

2a Lesen Sie den Text „Chirurgin im Busch" und finden Sie darin diese Vokabeln:

a in action

b working conditions

c there is a shortage of everything

d surplus

e repeatedly

2b Sind die folgenden Aussagen richtig (R), falsch (F) oder nicht angegeben (N)?

a Gabi hat den Auftrag, dem Gesundheitsdienst Beistand zu leisten.

b Der Gesundheits-Service in Chipita hat ausländische Ärzte angeworben.

c Die malawischen Ärzte weigern sich, in Chipita zu arbeiten.

d Bei schwierigen Wetterbedingungen ist es unmöglich, das Gebiet zu erreichen.

e Es gibt genügend Vorräte an den wichtigsten Arzneimitteln.

f Es gibt überflüssige Betten für die Patienten.

g Vor ihrem Einsatz in Malawi hatten Gabi und Karl schon Erfahrung in der Dritten Welt gesammelt.

h Es fiel Gabi schwer, die Lebensbedingungen in dem Flüchtlingslager zu akzeptieren.

i Die beiden entschlossen sich, nach Afrika zu gehen, nachdem ihnen zu Hause gekündigt worden war.

2c Stellen Sie sich vor, Sie sind Gabi Kortmann. Schreiben Sie einen kurzen Bericht über Ihr Leben und Ihre Arbeit in Afrika. Sie können dabei die folgenden Satzanfänge benutzen.

• Ich heiße Gabi Kortmann und ich arbeite seit ...

• Vor meiner Ankunft in Malawi hatte ich ...

• Ich habe den Entschluss gefasst nach Malawi zu kommen, weil ...

• Im Vergleich zu Deutschland ...

• Meine Arbeit besteht darin ...

• Die Lebensbedingungen sind ...

Grammatik ➡ 123–4 ➡ W17–19

Cases

Make sure you are confident in using the different cases in German as well as their corresponding adjective endings.

A Test yourself:

- What are all the different forms of the definite article?
- What are all the different forms of the indefinite article?
- Which set of endings is used for possessive pronouns?
- Which set of endings is used for demonstrative pronouns?
- Identify the case and gender of the following – there may be more than one possible answer:

  dem   meiner   diesen   meine   ein

- Which case (or cases) do these prepositions take:

  mit   bei   in   auf   nach   für   wegen   seit   neben

B Now use each of these prepositions in a sentence related to the theme of poverty.

Tipp

Giving opinions

Rather than using phrases such as *meiner Meinung nach, ich finde, ich meine* all the time, you can improve your written style and your spoken language by using a variety of expressions. Choose from the following:

Ich bin der Auffassung, dass ...
I am of the opinion that ...

Wenn es nach mir ginge, ...
If it were up to me ...

Das mag schon sein, aber ...
That may well be, but ...

Es kommt darauf an, einerseits ... andererseits ...
It depends, on the one hand ... on the other hand ...

Ich bin damit einverstanden.
I agree with that.

Das ist doch kein Argument!
But that's no argument!

Ich gebe ja zu, dass ..., aber ...
I admit that ..., but ...

3 Im Text meint Gabi Kortmann, die Probleme in Deutschland seien nichts im Vergleich zu den Problemen in der Dritten Welt. Was meinen Sie dazu? Diskutieren Sie mit einem Partner/einer Partnerin. Benutzen Sie die Ausdrücke vom Tipp.

4 „Wir sollten weniger Geld für die Dritte Welt spenden – es gibt zu Hause schon genug Probleme." Führen Sie eine Debatte zu diesem Thema in Ihrer Klasse. Benutzen Sie die Ausdrücke vom Tipp.

1 🎧 Hören Sie sich den Bericht über die Arbeit des deutschen Kinderschutzbunds an und wählen Sie jeweils die Ergänzung, die am besten passt.

a Der Kinderschutzbund will die Rechte von Kindern ____.

   1 vertreten   2 vermindern   3 leugnen

b Johanna wurde von ihren Eltern ____.

   1 ertränkt   2 erstochen   3 geschlagen

c Die Eltern fühlen sich ____.

   1 gerechtfertigt   2 überfordert
   3 gleichgültig

d Nicole wird ____ mit solchen Fällen konfrontiert.

   1 ausnahmsweise   2 regelmäßig
   3 selten

e Der Kinderschutzbund will gewalttätige Eltern ____.

   1 bestrafen   2 unterstützen
   3 subventionieren

f Die meisten Anrufer bei der Nummer ohne Kummer sprechen über ____.

   1 sexuellen Missbrauch
   2 gewalttätige Eltern   3 Beziehungen

g Der Kinderschutzbund ____.

   1 ist politisch neutral
   2 hält sich aus der Politik heraus
   3 setzt sich politisch ein

2 👤 Diskutieren Sie die folgenden Fragen mit einem Partner/einer Partnerin.

a Was verstehen Sie unter Armut?

b Welche Probleme haben die Entwicklungsländer und warum?

c Welches Problem finden Sie am dringendsten und warum?

d Wie sollte Ihrer Meinung nach die Erste Welt in Bezug auf die Schulden der Dritten Welt handeln?

e Glauben Sie, dass Armut in der Ersten Welt auch ein großes Problem ist?

f Wie ist dieses Problem zu lösen?

g Welche Wohlfahrtsorganisation würden Sie am liebsten unterstützen und warum?

h Haben Sie schon etwas unternommen, um Geld für eine Wohlfahrtsorganisation aufzubringen?

3 Wählen Sie drei von den Fragen aus Übung 2 und notieren Sie Ihre Ideen.

4 Übersetzen Sie diese Sätze ins Englische.

a Der deutsche Kinderschutzbund setzt sich für die Interessen von Kindern in der Bundesrepublik ein. Die Grundlage für alle Aktivitäten der Organisation ist die UN-Grundlage über die Rechte des Kindes. Die zwei zentralen Arbeitsbereiche des Bunds betreffen Kinder, die in Armut leben, und Kinder, die Opfer von Gewalt sind.

b Das Anliegen war, sowohl Obdachlosen konkret zu helfen, als auch mehr Aufmerksamkeit auf die Schattenseiten einer reichen Industriegesellschaft zu lenken.

c Was in der Ersten Welt als tragisch empfunden wird, gehört in den Entwicklungsländern zum Alltag.

Wiederholung Einheit 3–4

1 Lesen Sie diesen Text über Staatsbürgerschaft und übersetzen Sie ihn ins Englische.

> Manche Gastarbeiter und ihre Familien wohnen seit zwanzig Jahren in Deutschland. Die Kinder sind oft hier geboren. Sie arbeiten hier, zahlen Steuern – sie dürfen aber nicht wählen, weil sie immer noch ausländische Staatsbürger sind. Ausländer, die länger in Deutschland wohnen und bestimmte Voraussetzungen erfüllen, können sich um die deutsche Staatsangehörigkeit bewerben. Das haben immerhin nur 1,1% der ausländischen Bevölkerung gemacht. Der Grund: Man muss die alte Staatsbürgerschaft aufgeben. Für die ältere Generation kommt das oft nicht in Frage. Und die zweite Generation will oft die Eltern nicht beleidigen, indem sie auf die alte Heimat verzichtet. Ist die doppelte Staatsbürgerschaft also die einzige Lösung?

2a Hören Sie sich jetzt die Meinung dieser vier Jugendlichen zum Thema „Doppelte Staatsbürgerschaft"an

2b Wer sagt was? Marianne, Peter, Cornelius oder Karin?

a Die Ausländer haben viel für Deutschland getan.

b Die doppelte Staatsbürgerschaft wird die Probleme der Ausländer nicht lösen.

c Man sollte nur Bürger eines Staates sein.

d Die doppelte Staatsbürgerschaft könnte zur Integration der Ausländer beitragen.

e Die Gastarbeiter sollten das Recht haben, das politische Leben in Deutschland zu beeinflussen.

f Die doppelte Staatsbürgerschaft könnte bedeuten, dass Menschen bestimmte Pflichten in zwei Ländern erfüllen müssten.

3 Glauben Sie, dass die Ausländer die doppelte Staatsbürgerschaft haben sollten? Führen Sie eine Debatte in Ihrer Klasse.

4 Diskutieren Sie die folgenden Fragen mit einem Partner/einer Partnerin.

a Was wissen Sie über Rassismus in Deutschland während des Zweiten Weltkriegs?

b Welche Ausländer sind nach dem Krieg nach Deutschland gekommen?

c Welche anderen Ausländer wohnen in Deutschland?

d Was wissen Sie über Rassismus in Deutschland heutzutage?

e Warum ist das Problem besonders schlimm in den neuen Bundesländern?

f Was sind Ihrer Meinung nach die Ursachen von Rassismus?

g Geben Sie Beispiele von Projekten oder Veranstaltungen, die versuchen, Rassismus zu bekämpfen.

h In welchen anderen Ländern gibt es Probleme mit Rassismus?

i Was wissen Sie über rechte Parteien in Europa?

j In welchen Ländern sind diese Parteien besonders stark gewesen?

5 Hören Sie sich den Bericht über rumänische Kinderheime an und beantworten Sie die Fragen.

a Wo wohnten André und Attila bis vor drei Jahren?

b Wer wohnt auf jedem Bauernhof?

c Wie waren die Kinder, als sie auf dem Bauernhof ankamen?

d Welche Vorteile bietet der Hof im Vergleich zu einem Kinderheim?

e Was für finanzielle Schwierigkeiten haben die Höfe?

f Was brauchen die Heime, um überhaupt funktionieren zu können?

g Was für Hilfsgüter bekommen sie?

h Warum können die Heime sich nicht um die psychischen Probleme der Kinder kümmern?

6a Lesen Sie diesen Artikel.

Tragisch ist, dass in einem reichen Land wie Deutschland Kinder noch in Armut leben. Klar sind die Probleme keineswegs mit denen der Dritten Welt vergleichbar, aber die finanzielle Not einer Familie kann schlimme Folgen für die Kinder haben. Kinder leiden sozial, wenn sie es sich nicht leisten können, eine Klassenfahrt mitzumachen oder mit Freunden ins Eiscafé zu gehen. Wegen mangelnder finanzieller Mittel verpassen sie Erfahrungen, die viel zu ihrer Entwicklung beitragen können. Sie fühlen sich minderwertig und wollen nur mit Kindern aus ähnlichen Familien zusammen sein. Dazu kann auch Neid kommen – und vielleicht sogar Kriminalität. Der Prozentsatz Jugendlicher, deren Familien an der Armutsgrenze leben, die in die Drogenszene abrutschen oder andere Verbrechen begehen, ist deutlich höher als der Durchschnitt.

6b Lesen Sie diese acht Aussagen. Welche Aussagen sind richtig (R), welche sind falsch (F), und welche sind nicht angegeben (N)?

a Trotz des deutschen Wohlstands leben Kinder noch unter der Armutsgrenze.

b Die Situation in Deutschland hat viele Ähnlichkeiten mit der Dritten Welt.

c Armut kann eine sehr negative Auswirkung auf Kinder haben.

d Es kann Kindern aus armen Familien an wichtigen gesellschaftlichen Kontakten fehlen.

e Es steht fest, dass arme Kinder oft unterernährt sind.

f Arme Kinder sind selten eifersüchtig auf den Besitz anderer Kinder.

g Die meisten Drogentoten sind Jugendliche aus armen Familien.

h Kriminalität kommt häufiger unter Jugendlichen vor, die in Familien mit finanziellen Schwierigkeiten aufwachsen.

7 Übersetzen Sie diese Sätze ins Deutsche.

a Although the situation in Germany cannot be compared with the Third World, poverty remains an urgent problem.

b Poverty also has negative consequences for children's social development.

c Children who grow up below the poverty line often suffer feelings of inferiority.

d It is more likely that children from poor families will get involved in crime.

Rechtswesen und Verbrechen

By the end of this unit you will be able to:

- discuss reasons for youth crime and antisocial behaviour
- discuss the problems of Internet crime
- discuss the importance and the effect of media coverage on crime
- discuss measures to reduce crime and express an opinion about their effectiveness

- use modal verbs and *lassen*
- use verbs of perception
- defend a point of view

Seite	Thema
50	Jugendkriminalität
52	Internetkriminalität
54	Bewährungshilfe, Gefängnis oder gar Todesstrafe?
56	Prüfungstraining
58	Zur Auswahl

1a Schauen Sie sich die Bilder an und überlegen Sie, warum Jugendliche Verbrechen begehen. Gibt es noch weitere Gründe?

1b Was für Verbrechen werden hier dargestellt? Benutzen Sie ein Wörterbuch, um die genaue Bezeichnung des Verbrechens herauszufinden.

Jugendkriminalität

Was führt Jugendliche zu einem kriminellen Leben und wer begeht die meisten Verbrechen? Was bedeutet die Kriminalstatistik?

1 Schauen Sie sich das Schaubild unten an. Wie hat sich die Zahl der Straftaten zwischen 1998 und 2006 verändert? Welche Altersgruppe begeht die meisten Verbrechen?

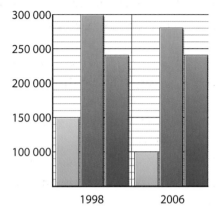

unter 14
14 – 18
18 – 21

2a Lesen Sie diesen Text.

2b Suchen Sie die deutschen Ausdrücke im Text, die den englischen entsprechen.

a suspect
b offence
c to record
d convicted
e damage to property
f victim
g to seem to
h crime of violence
i report (to the police)
j legal proceedings

2c Suchen Sie die Synonyme der folgenden Wörter im Text.

a schaut man ... an
b Delikte
c so alt wie
d etwas herausfinden
e Verbrecher (2)

Begehen Jugendliche immer mehr Straftaten?

Betrachtet man die polizeiliche Kriminalstatistik, so sieht man, dass das nicht der Fall ist, denn im Jahr 2006 ist die Zahl der tatverdächtigen Jugendlichen gesunken. Ungefähr 12 Prozent aller Tatverdächtigen sind Jugendliche. Jugendliche im Alter von 17 und 18 Jahren begehen die meisten Delikte. Ab 20 geht die Zahl der Tatverdächtigen wieder zurück. Die Kriminalstatistik erfasst also hauptsächlich Tatverdächtige, nicht verurteilte Straftäter.

Die Straftaten in diesen Altersgruppen sind zumeist leichte Delikte wie Ladendiebstahl, Sachbeschädigung oder Schwarzfahren. Bei 25 Prozent der Straftaten handelt es sich um Körperverletzung. Die Opfer der meisten Straftaten sind Gleichaltrige, wie eine Analyse der Kriminalstatistik in Baden-Württemberg zeigte. Positiv ist jedoch, dass die Bereitschaft, Gewalt anzuwenden, zu sinken scheint, wie Studien in den Städten Greifswald, Duisburg, München und Stuttgart im Jahr 2006 im Vergleich zu 1998 zeigen. Dennoch ist die Zahl der Tatverdächtigen bei Gewalttaten wie Körperverletzung gestiegen. Das liegt wohl daran, dass mehr Anzeigen erfolgten und die Polizei häufiger benachrichtigt wurde. Die Behörden und die Öffentlichkeit sind aufmerksamer und daher kommen mehr Straftaten ans Tageslicht.

Wer begeht nun mehr Verbrechen, Jungen oder Mädchen? Es kommt bei dieser Frage auf die Altersgruppe und das Verbrechen an. Bei Diebstahl gibt es genauso viele Mädchen wie Jungen als Täter. Mit zunehmendem Alter und bei Gewalttaten handelt es sich bei den Tätern dann immer häufiger um männliche Jugendliche.

Was passiert nun mit diesen jugendlichen Delinquenten? Für 14-18-jährige gilt das Jugendstrafrecht und die Gerichtsverfahren werden von einem Jugendrichter geführt. Kinder unter 14 Jahren können nicht gerichtlich bestraft werden.

2d Lesen Sie den Text noch einmal und beantworten Sie die Fragen.

- **a** Ab welchem Alter nimmt die Zahl der Tatverdächtigen ab?
- **b** Was sagt uns die Kriminalstatistik nicht?
- **c** Welche Straftaten kommen am häufigsten vor?
- **d** Gegen wen richten sich die meisten Delikte?
- **e** Aus welchen Gründen ist die Zahl der Tatverdächtigen bei Gewalttaten gestiegen, obwohl es insgesamt weniger Gewalttaten gibt?

3 Übersetzen Sie diese Sätze ins Deutsche. Beachten Sie dazu den Tipp auf Seite 35.

- **a** Young offenders mainly seem to commit less serious crimes.
- **b** A quarter of all youth crimes are to do with bodily harm.
- **c** Studies in several German cities have shown that the number of violent crimes has gone down.
- **d** The public is more vigilant and more offences are reported to the police.

4a Welche Ausdrücke passen zusammen?

- **a** Heranwachsende
- **b** eine hohe Kriminalitätsbelastung
- **c** benachteiligt
- **d** das soziale Umfeld
- **e** Ehre
- **f** Voraussetzung

1 honour
2 adolescents
3 pre-condition
4 a high level of crime
5 disadvantaged
6 milieu or social environment

4b Hören Sie sich einen Bericht über Jugendkriminalität an. Welche Sätze sind richtig (R) und welche falsch (F)? Verbessern Sie die falschen Sätze.

- **a** Eine Zukunftsperspektive hilft jungen Menschen, keine Verbrechen begehen zu wollen.
- **b** Gewalttätige Eltern haben immer gewalttätige Kinder.
- **c** Der Sicherheitsbericht der Bundesregierung sagt, dass die Regierung zugewanderte Jugendliche nicht akzeptiert.
- **d** Zugewanderte Familien haben eine andere Einstellung zu Kriminalität.
- **e** Der Aufenthaltsstatus spielt oft keine Rolle.
- **f** Jugendliche am Rande der Gesellschaft sollen integriert werden.

4c Hören Sie sich den Bericht noch einmal an und machen Sie Notizen zu den folgenden Punkten:

- Gründe für Jugendkriminalität
- Situation bei zugewanderten Jugendlichen
- Was man dagegen tun kann

5 Machen Sie ein Rollenspiel mit einem Partner/einer Partnerin. Jeder überlegt sich einige relevante Fragen zum Thema Jugendkriminalität und erarbeitet die Antworten. Benutzen Sie den Text auf Seite 50 – „Begehen Jugendliche immer mehr Straftaten?" – sowie Informationen aus dem Hörtext für Übung 4b. Tauschen Sie anschließend die Rollen.

Partner A ist der Interviewer/die Interviewerin. Partner B übernimmt die Rolle des Experten im Bereich Jugendkriminalität.
Beispiel: A: Welche Verbrechen begehen Jugendliche?

6 Machen Sie einen PowerPoint-Vortrag zum Thema „Jugendkriminalität". Erwähnen Sie dabei folgende Punkte:

- Gründe für Jugendkriminalität
- Welche Verbrechen?
- Beispiele aus Ihrer Erfahrung, zum Beispiel aus Ihrer Stadt
- Vorschläge zur Reduzierung der Jugendkriminalität

Internetkriminalität

Deutschland entwickelt sich schnell zu einer modernen Informationsgesellschaft mit all ihren Licht- und Schattenseiten.

1 Was verstehen Sie unter Internetkriminalität? Nennen Sie einige Beispiele.

2a Welche Definition oder welches Synonym passt zu welchem Ausdruck?

 a sich etwas stellen

 b Betrug

 c Betäubungsmittel

 d Strafverfolgungsbehörde

 e erforderlich

 f verführen

 1 eine Droge, nach der man keine Schmerzen hat oder sich besser fühlt

 2 notwendig; unbedingt wichtig

 3 jemanden dazu bringen etwas zu tun, was man vielleicht gar nicht tun wollte

 4 jemandem etwas Illegales verkaufen

 5 die Polizei

 6 nicht weglaufen; versuchen, ein Problem zu lösen

2b Lesen Sie dieses Interview mit einer Expertin über Internetkriminalität.

Wie fängt man virtuelle Verbrecher?

Int.: Frau Kleiser, Sie arbeiten im Landeskriminalamt des Bundeslands Hessen. Inwiefern ist Internetkriminalität in Deutschland ein Problem?

Fr. K.: Wie jede andere Informationsgesellschaft muss sich auch Deutschland der Bedrohung durch die Internetkriminalität stellen. Internetdelikte reichen von der Verbreitung extremistischer Propaganda über Kinderpornographie und Kreditkartenbetrug bis hin zu verbotenen Glücksspielen und dem illegalen Verkauf von Waffen, Medikamenten und Betäubungsmitteln.

Int.: Können Sie unseren Zuhörern vielleicht ein konkretes Beispiel geben?

Fr. K.: Wie Sie ja wissen, wird das Internet leider zunehmend von Betrügern dazu benutzt, Passwörter für Bankkonten abzugreifen. Im Jahr 2006 ist die Zahl der Betrugsfälle um 1,3 Prozent gestiegen, während der Betrug mit gefälschten Waren und der Kreditbetrug um 7,3 Prozent stieg. Man darf auch nicht die Verbreitung von Extremismus und Terrorismus vergessen.

Int.: Was kann man denn gegen diese Bedrohung tun?

Fr. K.: Zuerst müssen sich die Strafverfolgungsbehörden auf diese neuen Straftaten und Täterstrategien einstellen. So ist es zum Beispiel unheimlich wichtig, dass die Polizei mit den immer neuen technischen Entwicklungen Schritt hält. Um effektiv etwas gegen die Internetkriminalität zu unternehmen, ist es unbedingt erforderlich, dass rechtliche, administrative, finanzielle und organisatorische Maßnahmen ergriffen werden.

Int.: Und was genau tut das Bundesland Hessen?

Fr. K.: Hessen hat als erstes Bundesland spezielle Kommissariate eingerichtet, wo die Experten nicht nur die Straftaten aufklären, sondern auch nach den Tätern fahnden. Um dies zu erreichen, sollen Internet-Spezialisten mit speziell ausgebildeten Polizisten zusammenarbeiten und mit Hilfe von Suchprogrammen das Internet nach Anbietern von verbotenen Waren durchsuchen.

Int.: Wie kann sich der Einzelne gegen diese Betrüger schützen?

Fr. K.: Alle Bürger sollten viel vorsichtiger und misstrauischer sein und nur auf Anzeigen oder E-Mails reagieren, die ihnen bekannt sind. Man sollte sich auf keinen Fall von verlockenden Angeboten verführen lassen.

Int.: Vielen Dank für dieses aufschlussreiche Gespräch, Frau Kleiser.

2c Ergänzen Sie die Sätze mit der Aussage, die am besten passt.

a Alle Informationsgesellschaften müssen etwas gegen Internetkriminalität ... .

   1 erreichen **2** erarbeiten
   3 unternehmen

b Internetdelikte ... unter anderem extreme Propaganda, Kinderpornographie und Kreditkartenbetrug.

   1 umfassen **2** verbreiten
   3 verfassen

c Im Jahr 2006 stieg die Zahl der Betrugsfälle ... .

   1 um 1,3 Prozent **2** weniger
   3 um 7,3 Prozent

d Es ist wichtig, dass die Polizei die neuesten technischen Entwicklungen ... .

   1 weiß **2** kennt **3** diskutiert

e Ziel der Kommissariate ist es vor allem, die ... zu finden.

   1 verbotenen Waren **2** Betrüger
   3 Straftaten

3 Lesen Sie die folgenden Zeitungs-überschriften. Schlagen Sie zuerst die unbekannten Wörter in einem Wörterbuch nach. Was halten Sie von der Berichterstattung der Medien über Verbrechen und Kriminalität? Diskutieren Sie in einem Klassengespräch.

4a Hören Sie sich eine Diskussion zwischen vier Jugendlichen zum Thema „Kriminalität und Medien–Berichterstattung" an. Welche der folgenden Meinungen werden in der Diskussion erwähnt und um wessen Meinung (Katrin, Olli, Lutz oder Susi) handelt es sich?

a Zeitungsreporter haben die Aufgabe, über alle wichtigen Themen zu berichten.

b Die Medien haben einen zu großen Einfluss und sie sind zu mächtig.

c Den Berichterstattern geht es vor allem um den Verkauf von Zeitungen.

d Es kommt besonders darauf an, dass die Artikel gern gelesen werden.

e Oft verzerren die Berichte die Wahrheit.

f Manchen Reportern geht es nur um Sensationsmache.

g Zeitungen mit sensationellen Artikeln und Überschriften verkaufen mehr Exemplare.

h Die Reporter sollen selbst entscheiden, wie sie ihre Berichte schreiben.

4b Hören Sie sich die Diskussion noch einmal an und notieren Sie sich genau, was diese jungen Leute sagen, um ihre eigene Meinung auszudrücken. Es gibt sechs verschiedene Ausdrücke.
Beispiel: Ich kann es einfach nicht ausstehen ...

4c Schreiben Sie eine Zusammenfassung zum Thema „Kriminalität und Medien-Berichterstattung" und geben Sie auch Ihre Meinung dazu (ca. 200 Wörter). Benutzen Sie einige Ausdrücke von Übung 4a, sowie die Hilfe-Ausdrücke auf Seite 55.

U-Bahn-Schläger: Anklage wegen versuchten Mordes

Ein Toter bei neuen Gefechten

Massenpanik nach Razzia – 12 Tote

Motorraddiebstahl mit Verkehrsunfallflucht

Bewährungshilfe, Gefängnis oder gar Todesstrafe?

❚ *Was verstehen Sie unter wirksamer Verbrechensbekämpfung?*

1a Schauen Sie sich die Bilder an. Um welche verschiedenen Strafen handelt es sich hier? Machen Sie eine Liste mit Verbrechen und Straftaten, die bisher in dieser Einheit erwähnt wurden. Arbeiten Sie mit einem Partner/einer Partnerin und überlegen Sie, welche Strafe Ihrer Meinung nach für welches Verbrechen angemessen ist.

1b Lesen Sie diese Aussagen und überlegen Sie, mit welchen Aussagen Sie übereinstimmen und warum. Diskutieren Sie dann in einem Klassengespräch.

a Gefängnisstrafen sind wirkungslos, sonst wäre die Rückfallrate nicht so hoch.

b Erziehungscamps für gewalttätige, jugendliche Straftäter sollte es in allen Großstädten geben. Nur mit strengen Regeln und Verhaltenstraining kann man diesen jungen Menschen helfen.

c Die Regierung sollte mehr in vorbeugende Methoden der Verbrechensbekämpfung investieren, zum Beispiel mehr Überwachungskameras einrichten, besonders in Großstädten und sozialen Brennpunkten.

d Wenn die Bedingungen in unseren Gefängnissen besser und die einzelnen Gefängnisse nicht so überfüllt wären, hätten Haftstrafen mehr Erfolg.

e Die meisten Strafen heutzutage sind einfach nicht abschreckend genug. Gefängnisstrafen stellen keine Abschreckung mehr dar, deshalb bin ich für die Wiedereinführung der Todesstrafe.

f Wenn jeder Straftäter im Gefängnis eine Lehre oder eine Art Ausbildung machen könnte und gleichzeitig auch die Möglichkeit hätte, an einer Gesprächstherapie teilzunehmen, gäbe es bestimmt viel weniger oder vielleicht sogar keine rückfälligen Kriminellen.

g Überwachungskameras sind nutzlos, weil die Verbrecher sich andere, nicht überwachte Plätze aussuchen werden. Außerdem sind sie eine Beschränkung der persönlichen Freiheit. Wer möchte sich schon gern Tag und Nacht überwachen lassen?

h Die Todesstrafe ist weder eine Abschreckung noch eine gerechte Strafe, denn nach der allgemeinen Erklärung der Menschenrechte der Vereinten Nationen hat jeder Bürger das Recht auf Leben, Freiheit und Sicherheit der Person. Die Todesstrafe ist also auch wieder Mord.

1c Wählen Sie die Aussagen, die Ihrer Meinung am wenigsten entsprechen, und erarbeiten Sie die Gegenargumente dazu. Diskutieren Sie dann in der Klasse oder zu zweit.

1d Lesen Sie die folgenden Meinungen. Mit welchen Aussagen in Übung 1b stimmen sie überein?

Frauke: „Es gibt bessere Methoden als Gefängnisstrafen, die potentiellen Straftäter sollten davon abgehalten werden, überhaupt Verbrechen zu begehen. Sie sollten sich beobachtet fühlen."

Sam: „Es gibt heute einfach nicht mehr genug Disziplin."

Marie: „Wir brauchen härtere Strafen. Die Straftäter werden nicht lange genug eingesperrt, man hätte die Todesstrafe nicht abschaffen sollen."

Stefan: „Strafen bewirken wenig. Man müsste sich mehr um die gefährdeten Jugendlichen kümmern und mit Ihnen arbeiten, um ihr Selbstwertgefühl zu verbessern."

2a Hören Sie sich einen Bericht zum Thema „Erziehungscamps gegen Jugendkriminalität?" an.

2b Lesen Sie die folgenden Aussagen und entscheiden Sie, ob sie richtig (R), falsch (F) oder nicht angegeben (N) sind.

a In Nordrhein-Westfalen wurde vor einem Monat das erste Erziehungscamp des Bundeslands eingerichtet.

b Ziel ist es, zu verhindern, dass Jugendliche straffällig werden.

c Man will diese Einrichtung auch in anderen Bundesländern einführen.

d Bei diesem Projekt handelt es sich um die Reintegration der Jugendlichen.

e Man will den Jugendlichen durch Sport, Disziplin, Arbeit und strenge Regeln helfen.

f Die Einrichtung wird bald auch für ältere jugendliche Straftäter ausgebaut werden.

2c Hören Sie sich den Bericht noch einmal an und ergänzen Sie diese Lücken.

a Das erste nordrhein-westfälische Erziehungscamp ist für … Kinder im Alter zwischen … und … Jahren.

b Bei der Betreuung ist neben Sport, Arbeit und … auch Verhaltenstraining wichtig.

c Man will den Jugendlichen beibringen, … ohne … zu lösen.

d Die Landesregierung will auch andere ergänzende … einführen.

e Man hofft, dadurch die … zu reduzieren.

f Straftäter zwischen … und … Jahren werden nicht mehr nach dem Jugendstrafrecht bestraft.

3a Was halten Sie von Erziehungscamps? Erarbeiten Sie Vor- und Nachteile mit einem Partner/einer Partnerin. Diskutieren Sie anschließend in der Klasse.

3b Versuchen Sie, Ihren Standpunkt zum Thema Erziehungscamps in einer Klassendebatte zu verteidigen.

4 Fassen Sie Ihre Meinung zum Thema „Wirksame Verbrechensbekämpfung" schriftlich zusammen und benutzen Sie die Hilfe-Ausdrücke sowie den Tipp auf Seite 57.

Hilfe

Es gibt sowohl … als auch … .

Betrachtet man zuerst die Vorteile, so sieht man, dass … .

Die Vorteile sind offensichtlich/eindeutig.

Es gibt überwiegend …

Es hängt davon ab, … (ob, inwieweit) … .

Es kommt auf … an.

Es kommt darauf an, … (ob, inwieweit) … .

Man darf auch nicht vergessen, dass … .

Prüfungstraining

The activities on this page will help you to:

▌ use modal verbs, the verb *lassen* and verbs of perception in the perfect tense   ▌ defend a point of view

Grammatik   ➡ 132 ➡ W46

Modal verbs

A Read the short text and note down the modal verbs.

> In einem Erziehungscamp sollen junge Straftäter umerzogen werden. Sie sollen lernen, ohne Aggressionen in einer Gemeinschaft zu leben. Sie müssen sich genau an die Regeln halten und dürfen nicht einfach das tun, wozu sie gerade Lust haben. Das kann natürlich zu Konfliktsituationen führen und es ist die Aufgabe der Betreuer, den jungen Menschen neue Verhaltensweisen zu zeigen, sodass sie Lösungen ohne Anwendung von Gewalt finden können.

B Look at the following sentences in the perfect tense and translate them into English.

a Die jungen Straftäter **haben** lernen **sollen**, wie man ohne Aggressionen in einer Gemeinschaft lebt.

b Sie **haben** sich genau an die Regeln halten **müssen**.

c Sie **haben** nicht einfach das tun **dürfen**, wozu sie gerade Lust hatten.

d Der achtjährige Junge war froh, dass er noch nie in ein richtiges Gefängnis **gemusst hat**.

> Used on their own, modal verbs have a normal past participle in the perfect tense, as in d. When used with another verb in the infinitive – as is normally the case – the perfect tense of the modal verb is formed with its infinitive rather than the past participle, as in a, b and c.

C Choose the correct verb in the following sentences.

a Der Täter hat die Tat nicht gestehen … (gewollt/wollen).

b Das Opfer hat nach dem Prozess nach Hause …(gedurft/dürfen).

c Der Richter hat nicht gerecht urteilen …(gekonnt/können).

d Man hätte die Todesstrafe nicht abschaffen …(gesollt/sollen).

e Im Gefängnis hat sie sofort in ihre Zelle …(gemusst/müssen).

lassen

The verb *lassen* is always followed by the infinitive and can mean:
- to let, allow
- to cause, make (someone do something)

It is usually obvious from the context which meaning applies.

D Read these sentences and translate them into English. Which of the different meanings of *lassen* is used in each of the sentences? Note in sentences c and d that the active infinitive has a passive meaning.

a Er lässt den Verbrecher einsperren.

b Der Mörder ließ die Waffe fallen.

c Mit der Belohnung lässt sie sich ein Haus bauen.

d Die Strafe lässt sich nicht so leicht ändern.

Verbs of perception in the perfect tense

The verb *lassen* and verbs of perception such as *hören*, *sehen* and *fühlen* follow the same pattern as modal verbs in the perfect tense.

E Match up the following sentences.

a Wir haben diese Strafe kommen sehen.

b Der Verbrecher hat die Strafe akzeptieren müssen.

c Das Opfer hat den Mörder nicht kommen hören.

d Der Täter hat sein Opfer einfach im Wald liegen lassen.

1 The victim did not hear the murderer coming.

2 We saw the sentence coming.

3 The culprit simply left his victim lying in the woods.

4 The criminal has had to accept the sentence.

Tipp

Defend a point of view

● Rather than constantly using phrases such as *meiner Meinung nach, ich finde, ich meine,* you can improve both your written style and your spoken language by using a variety of expressions. Choose from the following:

> Ich bin der Auffassung, dass ...
>   *I am of the opinion that ...*
>
> Wenn es nach mir ginge ... *If it were up to me ...*
>
> Das mag schon sein, aber ...
>   *That may well be, but ...*
>
> Man kann das aber auch anders sehen ...
>   *You can also look at this differently ...*
>
> Das sehe ich auf keinen Fall so ...
>   *I don't see it like that at all ...*
>
> Es kommt natürlich darauf an. Einerseits ...
>   *It depends, of course. On the one hand ...*
>
> Andererseits ... *On the other hand ...*
>
> Ich stimme dir bis zu einem gewissen Grad zu ...
>   *I agree with you to a certain extent ...*
>
> Das ist doch kein Argument!
>   *But that's no argument!*
>
> Ich gebe ja zu, dass ..., aber ...
>   *I admit that, ... but ...*
>
> Das ist doch ganz eindeutig!
>   *That's absolutely clear/obvious!*

● Remember those particles that are used for contrast and emphasis, such as *ja* and *doch*.

Ⓐ Match these German and English phrases.

a ganz und gar nicht	1 simply, just
b überhaupt nicht	2 totally (exaggerated)
c total (übertrieben)	3 well
d vollkommen (falsch)	4 not at all (x 2)
e einfach	5 completely (wrong)
f ja also	

1a Lesen Sie den Text und diskutieren Sie den Fall mit einem Partner/einer Partnerin. Finden Sie diese Strafe gerecht? Wie würden Sie urteilen? Bereiten Sie Ihre Begründung vor und benutzen Sie die Ausdrücke aus dem Tipp.

Wie würden Sie entscheiden?

Reinhard M. war ein erfolgreicher, 55-jähriger Familienvater, bis er eines Tages grundlos von einem jungen Mann angefallen wurde. Der 28-jährige Gewalttäter schlug auf ihn ein, Reinhard lag wehrlos auf dem Boden. Da trat der Täter mit seinen Stiefeln auf ihn ein und schlug ihm mit der Spitze des Stiefels ein Auge aus.

Jetzt hat Reinhard M. panische Angst davor, dass er sein zweites Auge auch noch verlieren und blind werden könnte. Diese Angst bleibt Reinhard M. wahrscheinlich lebenslang. Der Täter wurde vom Gericht zu zwei Jahren Gefängnisstrafe verurteilt. Er hat aber gute Chancen, nach einem Jahr und vier Monaten auf Bewährung entlassen zu werden.

1b Teilen Sie Ihre Klasse in eine Gruppe, die diese Strafe gerecht findet, und in eine zweite Gruppe, die eine härtere Strafe verhängen würde, ein. Führen Sie eine Diskussion und benützen Sie möglichst viele Ausdrücke aus dem Tipp.

1 Hören Sie sich die Nachrichtenmeldung an und beantworten Sie die Fragen.

a Wo fand der Überfall statt?

b Womit sind die Täter losgegangen?

c Auf welche Weise erfuhr die Polizei von dem Überfall?

d Wie waren die Opfer?

2 Schauen Sie sich das Bild und die beiden Sprechblasen an. Teilen Sie Ihre Klasse in zwei Gruppen ein: die Befürworter des Standpunkts A und die Befürworter des Standpunkts B. Erarbeiten Sie die entsprechenden Argumente und versuchen Sie, die andere Gruppe zu überzeugen. Benutzen Sie möglichst viele Ausdrücke aus dem Tipp auf Seite 57.

A *Jugendliche sind heutzutage so gewalttätig, weil es zu wenig Disziplin gibt. Weder im Elternhaus noch in der Schule lernen die jungen Menschen, wie wichtig es ist, Regeln einzuhalten und andere Personen und ihr Eigentum zu respektieren. Jugendliche wissen nicht, wo ihre Grenzen sind, weil sie zu viel Freiheit haben.*

B *Jugendliche müssen lernen, dass sie für ihr Leben verantwortlich sind. Disziplin und Regeln sind nicht so wichtig wie die individuelle Freiheit. Man muss lernen, eigene Entscheidungen zu treffen, und sich nicht von Freunden oder einer Gruppe beeinflussen zu lassen. Dann würde es bestimmt weniger gewalttätige Jugendliche geben.*

3 Übersetzen Sie die folgenden Sätze ins Deutsche.

a CCTV cameras are an effective method as they can reduce crime in cities.

b Young people who are not integrated into society are more at risk.

c On 31 May 2008, demonstrations against electronic surveillance took place in several German cities.

d If every young person had a job, there would be less violence and crime.

4a Lesen Sie den Text über die Proteste gegen elektronische Überwachung.

Proteste gegen elektronische Überwachung

Am 31. Mai 2008 gab es in mehr als 30 Städten Demonstrationen, Informationsveranstaltungen, Workshops und Kunstaktionen gegen den vermehrten Einsatz von Überwachungskameras. So zeigten in Berlin Aktivisten Protestkunstwerke, während in Nürnberg ein Wohnzimmer mitten in einer Fußgängerzone aufgestellt wurde. Man wollte damit deutlich machen, dass die elektronische Überwachung ein Eingriff in die Privatsphäre der Bürger sei. In Jena wurden riesige Überwachungskameras aufgestellt und in Hamburg, Frankfurt am Main und München kam es auch zu Demonstrationen. Ziel der Organisatoren war es, durch die verschiedenen Aktionen in ganz Deutschland die Bundesbürger über mögliche Gefahren und Auswirkungen der elektronischen Überwachung aufzuklären und sie zu informieren. Wie groß das Interesse der Bevölkerung war und wie viele Aktivisten teilnahmen, wurde nicht bekannt.

4b Ergänzen Sie die Sätze.

a In über 30 Städten wurden Demonstrationen abgehalten, um … zu protestieren.

b Außer Demonstrationen gab es auch … .

c Man protestierte in Nürnberg, indem man … .

d Mit den Aktionen wurden die Bürger über … .

Technik und die Zukunft

By the end of this unit you will be able to:

- discuss the use of gene technology
- talk about the role of technology in the work place
- discuss progress made in medicine

- use the imperfect subjunctive
- use the future perfect
- use the conditional perfect
- improve your listening comprehension

Seite	Thema
60	Das Essen der Zukunft
62	Genforschung
64	Die Technikrevolution
66	Prüfungstraining
68	Zur Auswahl
69	Wiederholung Einheit 4–6

1a Wie wird die Welt in 50 Jahren aussehen? Was meinen Sie?

	realistisch	unrealistisch
a Man wird Babys geklont haben.		
b Die Erde wird eine Umweltkatastrophe überstanden haben.		
c Man wird Urlaub auf dem Mond machen können.		
d Astronauten werden auf dem Mars gelandet sein.		
e Jeder wird ein Bildtelefon besitzen.		
f Alle Häuser werden mit Solarenergie beheizt werden.		
g Roboter werden Menschen in vielen Arbeitssphären ersetzen.		
h Alle Lebensmittel werden gentechnisch verändert werden.		
i Es wird eine Impfung gegen Krebs und Aids geben.		

1b Welche von diesen Visionen sind wünschenswert und welche nicht? Diskutieren Sie in Ihrer Klasse.

Das Essen der Zukunft

■ *Was halten Sie von gentechnisch veränderten Lebensmitteln?*

1 Sehen Sie sich das Poster über Gentechnik an. Worum geht es? Welche Produkte werden häufig gentechnisch manipuliert? Warum?

2a Lesen Sie den Text „Wie möchten Sie Ihre Tomaten?" und finden Sie die Vokabeln mit den folgenden Definitionen:

a verderben

b verneinen

c testen

d produzieren

e sinnvoll

f misstrauisch

Wie möchten Sie Ihre Tomaten?

Wassermelonen ohne Kerne, Getreide in der Wüste – sind das die Ziele der Gentechnik? Vor allem mit Obst und Gemüse forschen die Wissenschaftler und schon 1996 waren genmanipulierte Tomaten in den USA zu kaufen. Die Früchte wurden gentechnisch verändert, so dass sie nicht mehr so schnell faulten. Dennoch äußern viele in Deutschland nach wie vor Bedenken über die neuen Technologie. Bei einer Umfrage gaben rund 95% der Befragten an, dass sie solche Lebensmittel nicht kaufen wollten.

Warum also so viel Angst? „Mit der Gentechnik mischt man sich zu sehr in die Natur ein", meinte ein Befragter. „Der BSE-Skandal hat uns bereits gezeigt, wie gefährlich das sein kann. Wer weiß, welche Folgen der Konsum von genmanipulierten Lebensmitteln haben könnte – neue Allergien zum Beispiel." Das Problem bestreitet Dr. Klaus-Dieter Jany von der Bundesforschungsanstalt für Ernährung. „Diese Produkte werden genau geprüft", behauptet er. „Ich habe fast alle gentechnisch veränderten Lebensmittel schon einmal gegessen."

Zu wessen Nutzen werden genmanipulierte Lebensmittel überhaupt hergestellt? Es besteht die Hoffnung, dass genmanipulierte Nahrungsmittel in der Zukunft Krebs vorbeugen und Krankheiten heilen können. Professor Hans-Stefan Jenke hofft, dass die Technik den Welthunger stillen wird: „Wenn man hitzeresistente Getreidesorten in südlicheren Breitengraden anbauen kann, so ist dies doch sehr vorteilhaft." Andere, wie Professor Christa Hanneforth, sind skeptisch. „Im Moment verfolgen gentechnische Anstrengungen landwirtschaftliche Ziele, wie die Resistenz gegen ein Schadinsekt. Die Technik wird aus finanziellen Gründen eingesetzt, damit die Hersteller mehr Produkte schneller erzeugen können. Warum sollte ich meine Gesundheit riskieren?"

2b Sind die folgenden Aussagen richtig oder falsch?

a In den Vereinigten Staaten können Verbraucher Tomaten mit längerer Haltbarkeit kaufen.

b Die Mehrheit der Deutschen lehnt genmanipulierte Lebensmittel ab.

c Die Hauptangst der Deutschen ist, dass man sich durch den Konsum von Gen-Food mit BSE anstecken kann.

d Man hofft, dass der Konsum von Gen-Food in der Zukunft den Ausbruch von manchen Krankheiten verhindern wird.

e Die Gentechnik könnte auch Hungersnöte hervorrufen.

f Christa Hanneforth setzt sich für die Verbreitung der Gentechnik ein.

g Sie meint, die Hersteller von genmanipulierten Lebensmitteln interessieren sich hauptsächlich für finanziellen Gewinn.

2c Lesen Sie den Text noch einmal und machen Sie eine Liste von den Vor-und Nachteilen von genmanipulierten Lebensmitteln.

3a Hören Sie sich die Meinungen dieser zwei Jugendlichen zum Thema Gentechnik an und wählen Sie für jede Person die Aussage, die ihre Meinung am besten zusammenfasst.

Dieter

a Gentechnisch veränderte Lebensmittel sind eine gute Quelle von Nährstoffen.

b Gentechnisch veränderte Lebensmittel könnten das Problem des Welthungers lösen.

c Neue Technik ist immer etwas Positives.

Natalie

d Greenpeace ist gegen gentechnisch veränderte Lebensmittel.

e Gentechnisch veränderte Lebensmittel stellen ein Gesundheitsrisiko dar.

f Es ist sehr teuer, gentechnisch veränderte Lebensmittel zu produzieren.

3b Hören Sie noch einmal zu und füllen Sie die Lücken mit einem Wort aus der Liste unten aus.

a Dieter findet gentechnisch veränderte Lebensmittel eine _____ Entwicklung.

b Man könnte damit Ernährungsprobleme in den _____ lösen.

c Man könnte auch Lebensmittel verändern, so dass sie mehr _____ enthalten.

d Kühe könnten auch dazu gebracht werden, mehr _____ zu produzieren.

e Natalie ist Mitglied einer _____ .

f Sie ist gerade dabei, einen _____ gegen Gentechnik zu entwerfen.

g Sie meint, gentechnisch veränderte Lebensmittel können neue _____ verursachen.

h Es könnte auch dazu kommen, dass Antibiotika nicht mehr richtig _____ .

i Der Behauptung, Gentechnik könnte den Welthunger stillen, steht sie _____ gegenüber.

j Sie findet es positiv, dass Verbraucher durch die _____ von gentechnisch manipulierten Produkten besser informiert sind.

Entwicklungsländern   Handzettel
positive   Allergien   skeptisch
fragwürdig   glaubhaft   Kennzeichnung
Umweltorganisation   Milch   wirken
Nährstoffe   Verpackung   Zeitung
Krankheiten   stillen

4 Sind Sie für oder gegen gentechnisch veränderte Lebensmittel? Veranstalten Sie eine Debatte in Ihrer Klasse.

5 Gen-Food – Lebensmittel der Zukunft. Wie stehen Sie zu dieser Aussage? Schreiben Sie ungefähr 250 Wörter.

Genforschung

▌ *Welche Bedeutung haben Genforschung und Klonen für die Menschen?*

1 Schauen Sie sich das Bild an und beantworten Sie die folgenden Fragen:

a Wer sind die zwei Personen auf dem Bild?

b Wie sind sie in der Lage, die Augenfarbe des Babys zu bestimmen?

c Was halten Sie von dieser Idee?

2a Lesen Sie diesen Text über Genforschung.

Fortschritt im Reagenzglas

Eine verlockende Vision: Alzheimer und Parkinson sind vergessen, Infarkte und Diabetes haben ihren Schrecken verloren. Falls ein Organ versagt, sprießen individuelle Herzen und Nieren im Reagenzglas. Blinde können wieder sehen, Lahme wieder gehen. Möglich werden alle diese Wunder dank embryonaler Stammzellen – so hat man es sich wenigstens ausgemalt.

Bei der Stammzellenforschung scheiden sich noch heftig die Geister: Auf der einen Seite sehen manche Wissenschaftler darin neue Chancen im Kampf gegen Krankheiten, auf der anderen Seite stellen sich ethische Fragen über die Nutzung von Embryos zu experimentellen Zwecken. Und dann wäre da noch die abschreckende Perspektive des menschlichen Klonens, wobei man ein verstorbenes Kind auf Wunsch seiner Eltern als Klon zu einem neuen Leben erweckt.

Laut Genforscher Jochen Renz ist die Anwendung der Forschung der Hauptpunkt bei dem Thema. „Was man regeln muss, ist, wie man die Ergebnisse der Forschung in die Praxis umsetzen kann. Wenn man durch Stammzellenforschung den Kampf gegen Krankheiten wie Parkinson gewinnen kann, sollten wir ohne Bedenken weitermachen", meint er. „Schließlich wollen wir Leben retten. Aber ich wäre auch dagegen, die Technik so einzusetzen, dass Eltern bestimmen können, welches Geschlecht oder welche Augenfarbe ihr Kind hat."

In Deutschland ist die Erzeugung menschlicher Embryos zu Forschungszwecken noch untersagt – alle Zellen müssen importiert werden, was Jochen frustriert. „Bei der künstlichen Befruchtung werden oft mehr Embryos erzeugt als benutzt. In anderen Ländern können die Eltern die Embryos zu Forschungszwecken freigeben – warum auch nicht hier?" Seine pragmatische Ansicht wird aber nicht von jedem geteilt. „Ein Embryo ist ein menschliches Lebewesen, und damit sollte nicht experimentiert werden. Ein Embryo hat auch Rechte", findet Gisela Wolf von der Gruppe Aktion Leben. „Die Vorteile der Forschung verstehe ich schon, aber die Gefahren stellen ein zu großes Risiko dar – wie ist es zu verhindern, dass skrupellose Einzelgänger Menschen klonen? Letzlich wird es die Macht des Geldes sein, die über alle moralischen Bedenken siegen wird."

2b Stellen Sie ein Wortfeld zum Thema „Genforschung" zusammen.

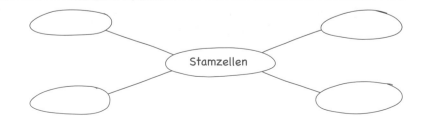

2c Sind diese Aussagen richtig (R), falsch (F) oder nicht angegeben (N)?

a Durch Forschung an Stammzellen haben Wissenschaftler Heilmittel gegen Krankheiten wie Parkinson entdeckt.

b Die meisten Wissenschaftler unterstützen Forschung an Stammzellen.

c Es besteht die Gefahr, dass man die Technik zum Klonen von Menschen gebrauchen könnte.

d Jochen Renz findet, dass die Möglichkeit, neue Heilmittel zu entdecken, die Forschung gerechtfertigt.

e Jochen hat nichts dagegen einzuwenden, wenn man die Technik bei der Familienplanung einsetzt.

f In manchen Ländern ist es bereits gestattet, mit embryonalen Stammzellen zu experimentieren.

g In Deutschland darf man nur mit Stammzellen experimentieren, die bei der künstlichen Befruchtung überdrüssig waren.

h In der Schweiz ist es schon erlaubt, an Embryos zu experimentieren.

i Gisela findet, dass die Forschung einen Verstoß gegen die Rechte des ungeborenen Kindes ist.

j Gisela zweifelt daran, dass man einen Missbrauch der Technik ausschließen kann.

2d Übersetzen Sie den Abschnitt im letzten Absatz – „Ein Embryo ist ein menschliches Lebewesen … moralische Bedenken siegen wird." – ins Englische.

3 Hören Sie sich den Bericht über Gentechnik an und beantworten Sie die Fragen auf Deutsch.

a Was hoffen Wissenschaftler künftig durch Gentechnik machen zu können?

b Welchen Fortschritt hat es bereits in Bezug auf zystische Fibrose gegeben?

c Wie kann die Genforschung helfen, neue Medikamente zu entwickeln?

d Was können die Wissenschaftler auch abschätzen?

e In welchem Bereich ist das Thema Genforschung besonders umstritten?

f Wie hat eine Frau in Amerika Genforschung genutzt?

g Welche zwei Meinungen zu diesem Ereignis werden erwähnt?

4 Gentechnik – sind Sie dafür oder dagegen? Sie haben eine Minute, um den Rest der Gruppe von Ihrer Meinung zu überzeugen! Am Ende soll die Klasse entscheiden, wer die besten Argumente vorgebracht hat.

5 Übernehmen Sie diese Rollen und spielen Sie eine Debatte in Gruppen zu viert zum Thema „Genforschung"…

A Sie sind Wissenschaftler und erforschen Gentechnik.

B Sie sind Mitglied einer Organisation, die gegen Genforschung kämpft.

C In Ihrer Familie gibt es eine Erbkrankheit, was bedeutet, dass Sie Angst davor haben, Kinder zu bekommen.

D Sie sind der Chef/die Chefin einer Firma, die geklonte Organe produzieren möchte.

6 Schreiben Sie einen Leserbrief (ca. 250 Wörter) an eine Zeitung, in dem Sie Ihre Meinung zum Thema Klonen äußern.

Die Technikrevolution

■ *Welche technischen Fortschritte können wir im Laufe der nächsten Jahre erwarten?*

1 Wie wird die Welt in 20, 50 und 100 Jahren aussehen? Diskutieren Sie in der Klasse. Denken Sie dabei an die Vorhersagen auf Seite 47.

Schöne neue Welt?

Welche wissenschaftlichen Erkenntnisse dürfen wir vom 21. Jahrhundert erwarten? Welche Chancen, aber auch welche Risiken bieten uns die Technologien der Zukunft? Vor allem von den neuen Informations- und Kommunikationstechnologien werden große Fortschritte erwartet. Brillen mit Internet-Zugang, eine Kreditkarte, auf der der vollständige Code des Inhabers gespeichert ist, und der Sieg von Heimshopping, wodurch 50 Prozent aller Lebensmittel die Verbraucher erreichen, ohne dass sie in den Supermarkt gehen mussten, das sind nur einige der Hypothesen. Die Befragten in der „Delphie-Studie zur globalen Entwicklung von Wissenschaft und Technik" halten diese Ideen jedoch für unwahrscheinlich. Für realistisch halten die Experten, dass Multimedia noch weiter in unseren Alltag eindringen wird. Für die großen Datenströme werden immer schnellere Internetanschlüsse benötigt, sowohl am Arbeitsplatz als auch in der Freizeit.

Diese Fortschritte sollen vor allem den Arbeitsplatz revolutionieren. Vielen Mitarbeitern wird der Weg ins Büro erspart bleiben. Experten schätzen, dass in den nächsten fünfzehn Jahren 20% aller Mitarbeiter an wenigstens zwei Tagen in der Woche zu Hause arbeiten werden. Wer noch ins Büro geht, wird auch Innovationen erleben. Durch elektronische Spracheingabe werden einfache Schreibarbeiten entfallen, und man hofft, auch automatische Übersetzungssysteme zu entwerfen.

Diese schöne neue Welt hat aber auch eine Kehrseite. Drei Viertel der Experten halten es für wahrscheinlich, dass der technische Fortschritt die Arbeitslosenquote in den meisten Industrieländern erhöhen wird. Zwar benötigt die Hightech–Industrie besser qualifizierte Arbeitskräfte, aber sicher ist, dass viele Arbeitsplätze im Bereich der niedrig qualifizierten Beschäftigungen wegfallen werden. Bauroboter werden Menschen sowohl an der Baustelle als auch in der Fabrik ersetzen. Fest steht: lebenslanges Lernen und ständige Weiterbildung werden in Zukunft die beste Versicherung gegen Arbeitslosigkeit sein.

2a Lesen Sie den Text und wählen Sie die Ergänzung, die mit dem Sinn des Textes am besten übereinstimmt.

a Es wird vermutet, …

  1 dass in zehn Jahren jeder Haushalt einen Internetanschluss haben wird.

  2 dass die Technik eine immer größere Rolle im Alltag spielen wird.

  3 dass der technische Fortschritt mehr Risiken als Vorteile mit sich bringt.

b Die Delphie-Studie …

  1 enthält eine Umfrage zum Thema technische Entwicklung.

  2 fördert Wissenschaft und Technik weltweit.

  3 wurde von Multimedia-Experten veranlasst.

c Laut der Studie …

  1 wird Heimshopping Supermärkte ersetzen.

  2 wird der Einfluss von Multimedia steigen.

  3 haben Befragte Angst vor technischer Entwicklung.

d Es wird nötig, …

  1 dass mehr Daten produziert werden.

  2 dass jeder Haushalt ein Bildtelefon besitzt.

  3 dass die Schnelligkeit von Internet-übertragungen verbessert wird.

e Die Arbeitswelt wird sich ändern, …

  1 indem mehr Menschen in Büros arbeiten werden.

  2 indem viele Menschen nur an drei Wochentagen arbeiten werden.

  3 weil Telearbeiten üblicher wird.

f Die neue Technik wird jedoch …

  1 die Arbeitslosenquote verringern.

  2 zum Verlust von vieler Arbeitsplätze führen.

  3 nie Menschen ersetzen.

2b Machen Sie eine Liste der technischen Fortschritte, die im Text erwähnt werden. Welche Vor- und Nachteile werden erwähnt?

Grammatik ➡137–8 ➡W59

The imperfect subjunctive

The imperfect subjunctive can often be used instead of the conditional to describe what would happen.

● Look at page 138 and at your previous work to remind yourself of the imperfect subjunctive.

A Now complete these sentences with the imperfect subjunctive form of the verb in brackets.

a Wenn das Internet schneller (sein), (können) man bewegte Bilder besser übertragen.

b Wegen Telearbeit (gehen) weniger Menschen ins Büro.

c Durch die Einführung von Baurobotern (kommen) es bestimmt zu höherer Arbeitslosigkeit.

d Die Gesellschaft (müssen) also versichern, dass diese Menschen die Möglichkeit (haben), neue Arbeitsplätze zu bekommen.

B Translate the sentences in activity A into English, thinking carefully about the meaning of each verb.

C Now write three sentences of your own describing what would happen if technology developed as described in the text on page 64.

3 Diskutieren Sie mit einem Partner/ einer Partnerin, welche dieser Fragen Sie für wünschenswert halten?

4 Hören Sie sich den Bericht über Roboter an und beantworten Sie die Fragen auf Deutsch.

a Was ist das Besondere an den Fußballspielern?

b Mit welchen technischen Geräten sind die Roboter ausgestattet?

c Welche Fähigkeiten haben die Roboter?

d Was können die Roboter nicht machen?

e Wozu kann man solche Roboter benutzen?

f Was ist das Entscheidende bei diesen Entwicklungen?

g Was ist die Aufgabe des größten Roboters, der bei der Veranstaltung zu sehen war?

5 Sehen Sie sich noch einmal Ihre Antworten zu Übung 2b und 4 an. In welchen Berufen könnten Roboter oder andere technische Geräte Menschen ersetzen? Machen Sie eine Liste, z. B.

Sekretär(in) – elektronische Spracheingabe

"Frau Lind, ich möchte Ihnen unseren neuen Mitarbeiter vorstellen."

6 Sehen Sie sich das Bild oben an und besprechen Sie die folgenden Fragen.

• Wie verstehen Sie das Bild? Ist es realistisch?
• Würden Sie gern mit einem Roboter zusammenarbeiten?
• Glauben Sie, dass Roboter wirklich Menschen ersetzen können?

7 Der Direktor Ihrer Firma möchte Arbeiter durch Roboter ersetzen. Schreiben Sie ihm einen Brief, in dem Sie dazu Stellung nehmen.

Extra!

Roboter im Weltraum. Hören Sie sich den Bericht über die Rolle von Robotern bei der Landung auf dem Mars an und machen Sie Übung 1 auf Arbeitsblatt 26.

The activities on this page will help you to:

▌ use the future perfect

▌ use the conditional perfect

▌ improve your listening comprehension by completing gap-fill activities

Grammatik ➡ 138–9 ➡ W81

The future perfect

To talk about what will have happened in the future, we use the **future perfect** tense. To form it, we use the present tense of *werden* + past participle + the infinitive of *haben* or *sein*.

Man **wird** Babys **geklont haben.** *Babies will have been cloned.*

1a Put these sentences into the future perfect.

   a Forscher finden Heilmittel gegen schwere Krankheiten.

   b Man pflanzt gentechnisch verändertes Obst und Gemüse in der Wüste an.

   c Die Arbeitslosenquote wird durch die Technikrevolution steigen.

   d Astronauten werden nach dem Mars fliegen.

   e Man wird die Schule durch Lernen im Internet ersetzen.

   f Wissenschaftler werden eine Impfung gegen Malaria erfinden.

1b Was werden Sie in 10 Jahren schon gemacht haben? Und Ihre Klassenkameraden? Schreiben Sie einige Sätze, z. B.

   Ich werde mein Studium abgeschlossen haben.

Grammatik ➡ 138 ➡ W61

The conditional perfect

● The conditional perfect is used to express an event that has not happened and is no longer possible.

● To form the conditional perfect, use the imperfect subjunctive of the auxiliary verb and the past participle of the main verb.

   Ich **hätte** das nicht **gemacht.** *I wouldn't have done it.*
   Wir **wären** nicht **gegangen.** *We wouldn't have gone.*

● In a sentence with a modal verb, use the imperfect subjunctive of the auxiliary verb with both the main and the modal verb in the infinitive.

   Er **hätte** das nicht **machen sollen.** *He should not have done that.*

2 Complete this text with the correct form of the verb given in brackets in the conditional perfect.

In Deutschland ist therapeutisches Klonen trotz Kampagnen mancher Politiker noch verboten. Wie _____ diese Jugendliche _____ (handelt), wenn sie _____ _____ _____ (bestimmen dürfen), wie es mit dem therapeutischem Klonen in Deutschland weitergehen soll?

Antonia: Ich bin für therapeutisches Klonen und finde, dass die Politiker nicht genug getan haben, um unsere Aufmerksamkeit auf die Vorteile zu lenken. An ihrer Stelle _____ ich eine große Werbekampagne _____ (führen) und _____ auch Flugblätter _____ (verteilen), damit das Volk besser über die Vorteile informiert _____ _____ (sein).

Hans: Ich finde Klonen in allen Formen unmenschlich und _____ auf alle Fälle dagegen _____ (stimmen). Ich _____ Bilder von kleinen Embryos _____ (zeigen), damit man versteht, dass es hier um Menschen und nicht um Zellen geht. Ich _____ auch den potentiellen Missbrauch dieser Technik _____ (betonen).

Tipp

Improving listening comprehension with gap-fill activities

- Read the sentences carefully to get an idea of the kind of text and vocabulary you will hear.
- The content and grammatical form of your answer must be correct. Use your knowledge of grammar to help you work out what to put in the gap:
  - Is the missing word a noun, a verb or an adjective?
  - If it is a noun, are there any clues to the gender?
  - If it is a verb, can you see which form it would be?
  - Which words might potentially make sense in the gap?

  Once you have done this, have a look at the list of potential answers if they are given – in most cases, you will be able to narrow it down to a choice of two or three possibilities for each question. This will make it much easier for you to identify the correct answer once you listen.
- Now listen to all of the text without writing anything down.
- Next, look again carefully at the text and the list of missing words and try to identify possible answers.
- Listen once more and try and pick out the correct answer each time.

3a Hören Sie sich diesen Bericht über das automatisierte Restaurant „'s Baggers" in Nürnberg an.

3b Füllen Sie die Lücken in diesem Text mit den Wörtern im Kasten unten aus.

> Gäste im Nürnberger Restaurant „'s Baggers" werden nicht mehr von Kellnern am Tisch ___(a)___. Stattdessen müssen sie ihre Bestellungen über Computer ___(b)___ . Ihre Mahlzeiten ___(c)___ dann auf Schienen von der Küche und werden direkt zu den Tischen ___(d)___. „'s Baggers" ist das erste deutsche Restaurant, das ohne Bedienungspersonal ___(e)___. Auch Bargeld wird nicht mehr ___(f)___. Das neue Restaurant ist seit seiner Eröffnung so populär geworden, dass man unbedingt ___(g)___ muss, wenn man einen Tisch bekommen will.
>
> Ohne Personal können Firmen ihre Dienste billiger ___(h)___. An Hotelautomaten wird man nicht mehr vom Empfangspersonal ___(i)___, in den Supermärkten kann man selbst ___(j)___. Für die Dienstunternehmen bedeutet es, dass sie ihre Kosten ___(k)___, aber es besteht die Gefahr, dass die Arbeitslosigkeit in diesen Branchen ___(l)___.

aufgeben   kassieren   reduzieren   geliefert
steigt   bedient   kommen   gebraucht
auskommt   einchecken   anbieten   reserviert
begrüßt   reservieren   bestellen   reduziert

Zur Auswahl

1 🌐 Hören Sie sich diesen Bericht über Smart-Wohnungen in Südkorea an und füllen Sie die Lücken mit den Wörtern im Kasten aus.

Seit ihrem ___(a)___ wohnt Mi Yung Kim in einer der modernsten Wohnungen in Seoul, Korea, die mit den allerneuesten ___(b)___ ausgestattet ist. Ein integriertes Computersystem kontrolliert die Qualität der ___(c)___ , informiert über ihren ___(d)___ von Strom und kümmert sich um die rechtzeitige ___(e)___ ihrer ___(f)___. Wenn Mi Yung nicht da ist, kann sie im Internet nachsehen, ob sie ___(g)___ bekommen hat.

Die Wohnungen werden mit ___(h)___ der Elektronikfirma LG gebaut. LG hat ___(i)___ für weitere Wohnungen in den nächsten Jahren. In der nächsten Version werden die Mieter alle Elektogeräte mit der ___(j)___ bedienen können. Die technische ___(k)___ mancher Geräte steht auf dem Plan: zum Beispiel ein Kühlschrank, der ___(l)___ auf verdorbene Lebensmittel gibt.

Verbrauch   Geräten   Besuch   Stimme
Aufträge   Bezahlung   Rechnungen
Entwicklung   Nachrichten   Luft
Umzug   Hinweise   Haushaltskosten
Technik   Fortschritt   Unterstützung

2a Lesen Sie den Text über den Tasmanischen Tiger.

Tasmanischer Tiger

DNA zum Leben erweckt

Zum ersten Mal ist es australischen und amerikanischen Wissenschaftlern gelungen, eine DNA-Probe des bereits Ende der 30er Jahre ausgestorbenen Tasmanischen Tigers zu isolieren, in Mäuseembryos zu verpflanzen und ihn so ,zum Leben zu erwecken'.

„Bisher konnten wir lediglich einzelne Gene eines ausgestorbenen Tiers unter die Lupe nehmen. Nun können wir beobachten, wie sich das Erbmaterial im Organismus einer anderen Art verhält", sagte Andrew Pask, Zoologe an der Universität Melbourne und Leiter des Forscherteams.

Laut Richard Behringer, einem Kollegen von Pask, sind die Forschungsergebnisse aber nicht nur hilfreich, um mehr über die biologischen Eigenschaften ausgestorbener Tiere zu erfahren:

„Wir werden neue Verfahren und praktische Anwendungsmöglichkeiten für die Biologie und die Medizin entwickeln können."

Man hatte bereits seit langem gehofft, den Tasmanischen Tiger durch Klonen wieder zum Leben zu erwecken. Davon redet das Melbourner Team jetzt nicht, obwohl es theoretisch nicht auszuschließen ist. Andere Wissenschaftler äußern sich skeptisch dazu: „Schafe zu klonen, das ist eine Sache, aber ausgestorbene Tiere zurückzuholen ist was ganz anderes. Wir sind doch hier nicht in der Welt des Jurassic Park", meinte ein Forscher.

2b Beantworten Sie die Fragen auf Deutsch.

a Was haben die Wissenschaftler gemacht?

b Worin sehen sie den Nutzen ihrer Forschung?

c Was könnte theoretisch passieren?

d Warum sind andere Wissenschaftler skeptisch über das Klonen ausgestorbener Tiere?

2c 👥 Diskutieren Sie die folgenden Fragen mit einem Partner/einer Partnerin.

• Finden Sie es vorteilhaft, ausgestorbene Tiere wieder ins Leben zurückzurufen?

• Welche anderen Tiere sind bereits geklont worden? Zu welchen Zwecken?

• Was ist Ihre Meinung dazu?

3 Schreiben Sie einen Bericht (etwa 200 Wörter) auf Deutsch über eines der folgenden Themen:

• Klonen
• Gentechnisch veränderte Lebensmittel
• Erneuerbare Energie

4 Übersetzen Sie die folgenden Sätze ins Deutsche.

a Foodstuffs can be modified through genetic engineering.

b All genetically modified foods must be labelled.

c The advantages of genetic engineering are disputed.

d Technical developments will revolutionize the workplace.

e It is possible that robots will replace humans.

f Alternative methods of energy production must be developed in order to meet the world's energy needs.

Wiederholung Einheit 5–6

1a Lesen Sie diesen Text über die Verantwortung der Presse.

Juliane ist Reporterin. Normalerweise ist sie unheimlich begeistert und findet ihren Beruf sagenhaft, aber manchmal gibt es Situationen, da hasst sie ihn. Vor kurzem hatte sie einen Bericht über ein kleines Mädchen, das von seinen Eltern geschlagen und misshandelt wurde, für die Lokalzeitung geschrieben.

Sie hatte natürlich die Namen der Angeklagten und des Mädchens geändert, aber da die Stadt ziemlich klein ist, wusste man, über wen da geschrieben wurde.

Am letzten Verhandlungstag wartete die Großmutter, bei der das Mädchen nun wohnte, auf Juliane und fragte sie mit ärgerlicher Stimme und Tränen in den Augen: „Warum haben Sie über diesen Fall in der Zeitung berichtet? Wissen Sie, was Sie meiner kleinen Rosi antun? Nun durchlebt sie die schrecklichen Ereignisse noch einmal. Warum tun Sie das? Weil Sie damit Geld verdienen? Damit mehr Zeitungen verkauft werden?"

Juliane hatte natürlich Verständnis für die Großmutter. Durch die Fürsorge der Großmutter, die sich liebevoll um Rosi kümmert und sie versorgt, soll das Mädchen die grausame Vergangenheit vergessen. Aber auch das Furchtbare ist Teil unserer Wirklichkeit und Juliane hat als Reporterin die Aufgabe, auch über unangenehme Dinge zu schreiben.

In ihrem Bericht über die Urteilsverkündung beschrieb Juliane auch die Angst der Großmutter davor, wie die Nachbarn, die Mitschüler von Rosi und die Lehrer reagieren werden. Rosis Eltern waren zu langen Haftstrafen verurteilt worden, denn das Mädchen hatte seelische und körperliche Schäden erlitten. Die Großmutter hatte jedoch kein Geld für eine teure kosmetische Operation.

Tags darauf lobten die Kollegen Juliane für die sensible Berichterstattung. Trotzdem hatte sie noch immer Schuldgefühle. Da läutete das Telefon: „Hallo, hören Sie, ich bin Chirurgin. Ich habe gerade Ihren Artikel über die kleine Rosi gelesen. Ich habe bereits mit meinem Chef gesprochen. Wir würden sie auch kostenlos operieren …" Es gibt Momente, da liebt Juliane ihren Beruf.

1b Entscheiden Sie welche Ergänzung sinngemäß am besten zu den folgenden Namen bzw. Bezeichnungen passt.

a Die Lokalzeitung …

1 hat heute einen kurzen Bericht über ein kleines Mädchen veröffentlicht.
2 hat gestern einen Bericht über ein kleines Mädchen veröffentlicht.
3 hat neulich einen Bericht über ein kleines Mädchen veröffentlicht.

b Juliane …

1 hasst ihren Beruf normalerweise unheimlich.
2 schreibt nicht gern über unangenehme Ereignisse.
3 muss mit den positiven und negativen Seiten ihres Berufs fertig werden.

c Die Großmutter …

1 verstand nicht, warum Reporter über diesen Fall schreiben mussten.
2 mochte Juliane nicht.
3 wusste, dass Zeitungen mit diesem Fall viel Geld verdienen würden.

d Julianes Bericht …

1 behandelte die Urteilsverkündung.
2 beschrieb sowohl die Urteilsverkündung, als auch die Situation der Großmutter.
3 beschrieb, dass das Furchtbare auch Teil unserer Wirklichkeit ist.

1c Beantworten Sie die Fragen auf Deutsch.

a Was kritisierte die Großmutter an Julianes Bericht?

b Warum wurde nach Meinung der Großmutter der Artikel geschrieben?

c Warum hatte Juliane Schuldgefühle?

d Was versucht Juliane in ihrem Bericht über die Urteilsverkündung?

e Wie sieht Juliane ihren Beruf?

2 👥 Lesen Sie die Meinungen in den Sprechblasen. Welcher Auffassung stimmen Sie zu? Erarbeiten Sie noch weitere Argumente, die Ihren Standpunkt festigen. Verteidigen Sie dann Ihren Standpunkt gegenüber einem Gegner/einer Gegnerin.

> **A** In England ist die vorgeburtliche Embryonenselektion unter gewissen Umständen möglich. Warum also sollten gehörlose Eltern nicht entscheiden können, dass auch ihr Kind gehörlos sein sollte? Das Erbgut jedes Embryos sollte getestet werden, und man sollte dann selbst entscheiden können, welcher Embryo eingesetzt werden sollte, denn wer will schon einen Embryo mit genetischem Schaden?

> **B** In Deutschland ist es verboten, an Embryonen vor der Implantation Gentests auszuführen. Das heißt, es gibt keine Wahlmöglichkeit. Wenn man sich für IVF entscheidet, muss man den eingesetzten Embryo wachsen lassen, ohne sich einzumischen. Und das ist auch richtig so, denn was passiert sonst mit Embryonen, die eine Erbkrankheit haben?

3a 🎧 Hören Sie einen Bericht über ‚Architektur für den Weltraum'.

3b Welche der folgenden Aussagen sind richtig (R), falsch (F) oder nicht angegeben (N)?

a Man kann schon jetzt Ferien auf dem Mars buchen.

b Ab 2030 können Touristen zwar nicht zum Mond, aber zum Mars fliegen.

c Alle Weltraumfähren sind bequem und komfortabel.

d An den neuen Weltraumbetten braucht man sich nicht mehr festzubinden.

e Der Druck der Bettdecke ist für die Astronauten zu groß.

f Man plant mindestens drei Raumstationen auf dem Mond.

g Man ist sich über den Standort der Raumstationen noch nicht sicher.

h Sowohl auf dem Mond als auch auf dem Mars gibt es hohe Windgeschwindigkeiten.

4 Übersetzen Sie den folgenden Abschnitt ins Englische.

> Teil des Projekts ‚Schöner Wohnen' im Weltraum sind auch die Pläne eines holländischen Architekten. Sein Hotel ‚Lunatic' besteht aus Türmen, die 160 Meter hoch sind. Solch eine Konstruktion ist natürlich nur möglich, weil auf dem Mond kein Wind weht und die Schwerkraft viel geringer als auf der Erde ist. Die Hotelzimmer sollen frei in der Konstruktion hängen, und um die Feriengäste zu unterhalten, wird man ihnen Fledermausflügel zum Fliegen anbieten.

5 🗣 Versuchen Sie die folgenden Fragen mündlich mit einem Partner/einer Partnerin zu beantworten. Benutzen Sie Ihre Notizen aus Einheit 5 und Einheit 6 und versuchen Sie so viel Fachvokabular wie möglich zu verwenden.

a Was können Eltern tun, damit ihre Kinder nicht kriminell werden?

b Was halten Sie für die effektivste Methode der Verbrechensbekämpfung? Begründen Sie Ihre Antwort.

c Würden Sie genmanipulierte Nahrungsmittel kaufen? Warum/Warum nicht?

d Glauben Sie, dass man mit genmanipulierten Nahrungsmitteln den Welthunger stillen kann? Begründen Sie Ihre Antwort.

e Welche technologische Entwicklung der letzten 50 Jahren halten Sie für die bedeutendste und warum?

6 „Unsere Gesellschaft ist für die hohe Jugendkriminalität verantwortlich." Inwiefern stimmen Sie dieser Aussage zu? Fassen Sie Ihre Meinung schriftlich zusammen und erwähnen Sie folgende Punkte:

• Gründe für Kriminalität

• Bestrafungsmethoden

• Rolle der Medien.

Literatur, Film, Musik und bildende Kunst

Was lesen, hören und sehen deutsche Jugendliche?

By the end of this unit you will be able to:

- discuss what makes a good read
- describe your favourite book and discuss your favourite author
- discuss the main characters and the plot of a German film of your choice
- express an opinion about the work of a painter or a musician of your choice
- discuss and compare musicians from German-speaking countries
- discuss the importance of literature and the arts in today's society

- use the subjunctive in other ways
- plan and develop ideas for an essay

Seite	Thema
72	Die Lust am Lesen
74	Geheimtipp: Der neue deutsche Film
76	Musik und Malerei
78	Prüfungstraining
80	Zur Auswahl

1 Wie gut kennen Sie sich aus? Schauen Sie sich die Bilder an und finden Sie den passenden Author bzw. Regisseur oder die passende Musikgruppe.

a Dies ist das aktuellste Album einer der bekanntesten deutschen Rockgruppen, die nach einer längeren Pause dieses Album mit eigenen Songs herausgegeben haben. ‚Die Ärzte' bestehen aus drei Musikern, die alle singen.

b In diesem Film von Hans-Christian Schmid geht es um das Erwachsenwerden eines 16-jährigen Jungen, der von seinen Eltern in ein Internat geschickt wird. Dort erleben er und die anderen Jungen zum Teil ziemlich verrückte Sachen.

c Dieser Film der deutschen Regisseurin Doris Dörrie wurde zum ersten Mal auf den Internationalen Filmfestspielen Berlin 2008 gezeigt. Es geht darin um die Themen Liebe und Tod, sowie um Familienbeziehungen, wobei das Land Japan eine wichtige Rolle spielt.

d Mit diesem Buch gelang Daniel Kehlmann ein Bestseller nicht nur in Deutschland, sondern auch in England. Mit Humor beschreibt er das Leben des berühmten Mathematikers Gauß, sowie das Leben des Genies und Forschers Alexander von Humboldt.

e Christine Eichel beschreibt in diesem Roman, der auf einem Film des bekannten Regisseurs Raoúl Ruiz basiert, das Leben eines weltbekannten österreichischen Künstlers, dessen wohl bekanntestes Bild ‚Der Kuss' ist.

f Wolfgang Becker ist der Regisseur dieses Films von 2003, in dem Alex für seine schwerkranke Mutter in ihrer Wohnung nach dem Fall der Mauer ein Stück der alten DDR wieder aufleben lässt.

g Dieses Buch von Bernhard Schlink war auch in England ein Erfolg. Schlink beschreibt darin auf emotionale, aber nie sentimentale Weise die Beziehung zwischen dem jungen Erzähler und einer älteren Frau und stellt eine Verbindung zwischen Deutschlands Vergangenheit und der Gegenwart her.

h Auch diese Band besteht aus drei Mitgliedern: einem Mädchen und zwei Jungen. Die Gruppe nennt sich ‚Im Glashaus', und ihre neueste CD enthält Songs und Stimmungssituationen über Trennung und Schmerz, aber auch über die große Liebe.

Die Lust am Lesen

Junge Erzähler auf der Bestsellerliste: die deutschsprachige Literatur scheint auch im Au... wieder erfolgreich zu sein – dank einer neuen Generation von Schriftstellern.

1 Welche dieser Schriftsteller kennen Sie? Hören Sie sich das Gespräch zwischen drei Jugendlichen an und füllen Sie die Tabelle aus.

Johann Wolfgang
von Goethe
1794–1832

Bertolt Brecht
1898–1956

Heinrich Böll
1917–1985

Name	Was für ein Schriftsteller	Hauptwerke

Die deutschsprachige Literatur ist zurzeit äußerst erfolgreich. Das liegt an einer jungen Generation von Schriftstellern, die Geschichten erzählen, die die Leser lesen wollen. Katharina Hacker und Julia Franck sind nur zwei dieser neuen Erzähler.

2a Lesen Sie die Texte über Julia Franck und Katharina Hacker.

Julia Franck

Für ihren Roman ‚Die Mittagsfrau' wurde Julia Franck (37) mit dem Deutschen Buchpreis 2007 ausgezeichnet. Das Buch steht in Deutschland ohne Unterbrechung seit Oktober 2007 auf der Bestsellerliste und Anfang 2008 waren bereits 350 000 Exemplare verkauft worden. In diesem Roman, einem so genannten Generationenepos, geht es um eine Frau, die am Ende des Zweiten Weltkriegs ihren achtjährigen Jungen allein auf einem Bahnhof zurücklässt. Die Mutter, auf der Flucht vor russischen Soldaten, bittet das Kind, einen Moment zu warten, aber sie kehrt nicht zurück. Im Buch wird nun das Leben der Mutter in einer Rückblende erzählt.

Diese Geschichte basiert auf einer wahren Begebenheit, denn Julia Francks eigener Vater wurde als Kind 1945 von seiner Mutter auf einem Bahnsteig ausgesetzt. Das Hauptthema des Romans ist die Frage, wie es dazu kommen kann, dass eine Mutter es fertig bringt, ihr Kind allein auf einem Bahnhof zurückzulassen. Was führt zu so einer emotionalen Kälte? Ein weiteres Thema, das in der Rückblende zum Ausdruck kommt, ist das politische Klima im Berlin der Weimarer Zeit und zu Beginn des Nationalsozialismus.

Katharina Hacker

Katharina Hacker (41) lebt seit 1996 als Schriftstellerin in Berlin. Bereits im Gymnasium zeigte sich ihr schriftstellerisches Talent. Im Jahr 2006 erhielt sie den Deutschen Buchpreis für ihren Roman ‚Die Habenichtse'. Das Buch erschien bereits auf Englisch und auf Italienisch und wird noch in 14 andere Sprachen übersetzt.

Der Roman spielt zur Zeit der Anschläge auf das World Trade Center im September 2001 sowie des Irak-Kriegs, der im März 2003 begann. Es geht um das Leben von Isabelle und ihre Beziehung zu Jakob, ihrem Partner. Jakob hat eine Stelle als Anwalt in einer angesehenen Anwaltskanzlei und da bleibt nicht viel Zeit für Isabelle. Beide sind Mitte dreißig, scheinen erfolgreich zu sein und alle Möglichkeiten zu haben. Was ihnen jedoch fehlt, ist die Fähigkeit zur Selbsterkenntnis, also zu erkennen, wer sie eigentlich sind, sowie die Fähigkeit, Entscheidungen zu treffen. Die Fragen der Protagonisten, wie man leben und wie man handeln sollte und nach welchen Werten, sind auch Fragen, die die Leser sich stellen.

2b Lesen Sie die Aussagen und wählen Sie die richtige Antwort.

a Der Roman ‚Die Mittagsfrau' handelt von

1 einem achtjährigen Jungen
2 russischen Soldaten auf der Flucht
3 dem Lebensweg einer jungen Frau.

b Im Mittelpunkt steht Folgendes:

1 warum das Kind auf dem Bahnhof bleiben sollte
2 wie die emotionale Bindung zwischen Eltern und ihren Kindern aussieht
3 Rückblenden über das Leben der Mutter des Kindes.

c Katharina Hacker

1 begann 1996 zu schreiben
2 begann bereits als Teenager mit dem Schreiben
3 schreibt seit 2006.

d Die Protagonisten des Romans

1 sind junge Paare in den 30ern
2 treffen die falschen Entscheidungen
3 haben Probleme mit der Frage des Daseins.

2c Beantworten Sie die Fragen auf Deutsch.

a Inwiefern kann man den Roman ‚Die Mittagsfrau' als Erfolg betrachten?

b Was versteht man unter dem Begriff ‚Rückblende'?

c Was kann Ihrer Meinung nach eine Mutter dazu bringen, ihr Kind zu verlassen?

d Inwiefern kann man sagen, dass es sich um einen zeitgenössischen Roman handelt?

e Was bedeutet Ihrer Meinung nach der Titel ‚Die Habenichtse'?

3 Hören Sie sich ein Interview an, in dem eine junge Abiturientin ihr Lieblingsbuch beschreibt. Welche dieser Aussagen sind richtig (R), falsch (F), oder nicht angegeben (N)?

a Heike fand das zweite Buch von Bernhard Schlink nicht so interessant wie das erste.

b Sie hat das ganze Buch auf einmal gelesen.

c Es geht um einen 15-jährigen Jungen und die 20-jährige Hanna Schmitz.

d Hanna Schmitz ist sehr hilfsbereit.

e Der Junge ist sehr dankbar und besucht sie jede Woche.

f Hanna hat es gern, dass sie durch Michael interessante Bücher kennen lernt.

g Michael und Hanna verlieren Kontakt und sehen sich erst in einem Gerichtssaal wieder.

h Erst im Gefängnis lernt Hanna schreiben.

i Der Roman ist besonders in Deutschland ein Erfolg.

4 Arbeiten Sie mit einem Partner/einer Partnerin und diskutieren Sie Ihr Lieblingsbuch. Beschreiben Sie:

• die Handlung
• die Hauptpersonen
• warum es Ihnen so gut gefällt.

5 Wählen Sie eine/n der in den Hör- oder Lesetexten erwähnten Schriftsteller/Schriftstellerinnen und bereiten Sie eine schriftliche Zusammenfassung vor. Lesen Sie sich vorher den Tipp auf Seite 79 durch. Erwähnen Sie:

• etwas über sein/ihr Leben
• etwas über seine/ihre Hauptwerke
• warum Sie diesen Schriftsteller/diese Schriftstellerin gewählt haben

Geheimtipp: Der neue deutsche Film

▌ *Nicht nur deutsche Bücher, auch deutsche Filme sind wieder gefragt. Woran liegt das? Was macht die neuen Filme so interessant?*

1 Diskutieren Sie die folgenden Fragen entweder in der Klasse oder mit einem Partner/einer Partnerin.

a Welche Rolle spielen Filme in Ihrem Leben?

b Was erwarten Sie von einem guten Film?

c Welche Art von Filmen ziehen Sie vor und warum?

d Erarbeiten Sie eine Liste mit den Ihrer Meinung nach fünf besten Filmen. Begründen Sie Ihre Wahl.

2a Lesen Sie die Information über den deutschen Film.

Die 70er Jahre …

Der Film ‚Die verlorene Ehre der Katharina Blum‘ (1975) war damals einer der wichtigsten Filme. Volker Schlöndorff führte Regie. Der Film, der auf dem gleichnamigen Roman von Heinrich Böll basiert, behandelt das Thema Terrorismus und die Hysterie, die sich in der deutschen Gesellschaft breit gemacht hatte, sowie die destruktive Rolle der Sensationspresse. Katharina Blum, eine ganz und gar unschuldige junge Frau, wird verdächtigt, Terroristin zu sein, und ihr Leben wird dadurch zerstört.

Einer der bekanntesten Regisseure war Rainer Werner Fassbinder (1945–1982), der in seinen Filmen oft unglückliche Liebesbeziehungen darstellte und die Gesellschaft wegen ihrer Vorurteile und repressiven Verhältnisse kritisierte. Seine bekanntesten Filme waren ‚Angst essen Seele auf‘ und ‚Die Ehe der Maria Braun‘. Andere wichtige Filmemacher dieser Zeit waren Wim Wenders und Werner Herzog.

Die 80er Jahre …

… waren durch so genannte Großproduktionen wie ‚Das Boot‘ von Wolfgang Petersen, ‚Berlin Alexanderplatz‘ von Rainer Werner Fassbinder und ‚Fitzcarraldo‘ von Werner Herzog bekannt. In den 80er Jahren gab es jedoch eine deutsche Kinokrise mit einem Rückgang der Besucherzahlen, und viele Kinos mussten schließen.

Die 90er Jahre …

… sahen eine Zunahme an Kinobesuchern, denn Kino war plötzlich wieder ‚in‘. Besonders deutsche Beziehungskomödien wie ‚Abgeschminkt‘ von Katja von Garnier oder ‚Stadtgespräch‘ von Rainer Kaufmann waren bei den deutschen Kinobesuchern beliebt. Auch die satirische Komödie ‚Wir können auch anders‘ von Detlev Buck, in der es um Probleme der deutschen Wiedervereinigung geht, war erfolgreich. Der auch im Ausland erfolgreichste deutsche Film der 90er Jahre war wohl ‚Lola rennt‘, bei dem Tom Tykwer Regie führte.

Das 21. Jahrhundert …

… begann recht erfolgreich für den deutschen Film, denn es gab international wieder mehr Anerkennung. So wurde der Film ‚Der Untergang‘ von Oliver Hirschbiegel, in dem es um Hitlers letzte Tage und den Untergang des deutschen Reichs geht, ein internationaler Erfolg, ebenso wie ‚Sophie Scholl – Die letzten Tage‘ (2006) und ‚Das Leben der Anderen‘ (2006) von Florian Henckel. Auch Wolfgang Beckers Komödie ‚Good Bye, Lenin‘ war nicht nur ein Kassenerfolg, sondern bekam auch gute Kritiken. Und Doris Dörries Film ‚Kirschblüten – Hanami‘ wurde bereits für den Deutschen Filmpreis 2008 und den Goldenen Bären der Berlinale 2008 nominiert.

2b Was verstehen Sie unter den folgenden Ausdrücken aus den Texten?

a die destruktive Rolle der Sensationspresse

b die Gesellschaft wegen ihrer Vorurteile und repressiven Verhältnisse kritisieren

c ein Rückgang der Besucherzahlen

d Beziehungskomödien

e ein Kassenerfolg

2c Lesen Sie die Texte noch einmal und ergänzen Sie die Sätze.

a In dem Film ‚Die verlorene Ehre der Katharina Blum' werden die Themen …

b In seinen Filmen ging es Rainer Werner Fassbinder um …

c Das Kino der 80er Jahre befand sich in einer Krise, weil …

d In den 90er Jahren waren …

e Der Erfolg des deutschen Films zu Beginn des 21. Jahrhunderts zeigt sich an …, … und …

3a Welche Ausdrücke passen zusammen?

a sich absetzen

b jemanden aufregen

c Auszeichnungen

d Anspielungen

e gerührt

f Eigentümlichkeiten

1 touched

2 to withdraw, to desert

3 peculiarities

4 to upset someone

5 allusions

6 honours awards

3b Hören Sie sich ein Telefongespräch zwischen zwei Jugendlichen an, die sich über Filme unterhalten.

3c Lesen Sie die Aussagen und finden Sie die fünf falschen Sätze.

a Franjo war am Tag zuvor im Kino.

b Er fand den Film ganz gut.

c Der Hauptdarsteller heißt Alex Brühl.

d Der Film spielt sowohl in den 70er als auch in den 80er Jahren.

e Die Mutter von Alex wird eine begeisterte Anhängerin der DDR.

f Ihr Sohn nimmt an einer Protestaktion teil und landet im Gefängnis.

g Als die Mutter wieder zu Bewusstsein kommt, findet sie es schwierig, die Veränderungen seit der Wende zu verstehen.

h Die Schwester von Alex arbeitet in einem Fastfood-Restaurant.

i Alex verliebt sich in eine westdeutsche Krankenschwester.

j Der Film gibt einen Einblick in das Leben in der DDR vor der Wende.

k Als die Mutter stirbt, glaubt sie immer noch an die Existenz der DDR.

3d Hören Sie sich das Gespräch noch einmal an und machen Sie sich Notizen zu den folgenden Punkten.

• Handlung
• Hauptdarsteller
• Warum es ein guter Film ist

4 Wählen Sie Ihren Lieblingsfilm und beschreiben Sie Ihrer Klasse die folgenden Punkte, ohne den Namen des Films und die Namen der Hauptdarsteller zu erwähnen. Ihre Klasse soll erraten, um welchen Film es sich handelt.

• Schauplatz
• Handlung
• Warum es Ihr Lieblingsfilm ist

5 Wählen Sie einen der Filme, die auf Seite 74 erwähnt werden. Versuchen Sie, möglichst viel über den Regisseur und die Hauptdarsteller herauszufinden, und fassen Sie Ihr Ergebnis schriftlich zusammen (200–250 Wörter).

Musik und Malerei

▌ *Von ‚Tokio Hotel' bis Klimt. Musik und Kunst sind ein wichtiger Teil der deutschsprachigen Kц*
und zwar nicht nur klassische Musik und Malerei, sondern auch Rockmusik und moderne Kuns

1a Schauen Sie sich die drei Bilder an. Welche assoziieren Sie mit deutscher Musik und warum? Diskutieren Sie in Ihrer Klasse.

1b Welche anderen deutschsprachigen Musiker oder Bands kennen Sie?

1c Kennen Sie einen dieser Künstler oder eines ihrer Werke? Welche deutschsprachigen Künstler kennen Sie? Diskutieren Sie in Ihrer Klasse.

2a Lesen Sie den Text über die deutsche Band ‚Tokio Hotel'.

Tokio Hotel ist eine der erfolgreichsten deutschen Bands und das nicht nur im deutschsprachigen Raum, sondern auch in Frankreich, Österreich, den USA, Kanada und Israel. Für ihr Album ‚Schrei' bekam die Band in Frankreich die ‚Goldene Schallplatte', und für ihr Konzert in Los Angeles wurden die Eintrittskarten auf dem Schwarzmarkt für bis zu 800 Dollar verkauft, so groß war die Nachfrage. ‚Tokio Hotel' singt ihre Songs auf Englisch und auf Deutsch. Trotzdem schrieb ein amerikanischer Fan auf der Internet-Fanseite der Band, dass er jetzt Deutsch lernen wolle, um die Texte besser zu verstehen. Im Jahr 2007 veranstaltete die Band ein Konzert in Tel Aviv, nachdem rund 5000 israelische Fans Unterschriften gesammelt hatten und ‚Tokio Hotel' baten, auch einmal in Tel Aviv aufzutreten.

Wer sind die Mitglieder dieser Band und was macht sie so erfolgreich? Die Band besteht aus vier Mitgliedern – Bill und Tom Kaulitz, Gustav Schäfer und Georg Listing. Sie hatten sich im Jahr 2001 kennen gelernt und die Band ‚Devilish' gegründet. Erst 2003 wurden sie von dem Musikproduzenten Peter Hoffmann entdeckt, und unter seiner Anleitung nahmen die Mitglieder der Band Gesangs- und Instrumentalunterricht. Der große Durchbruch kam dann 2005, als ihnen von der Universal Music Group ein Vertrag mit einem kompletten Marketingplan angeboten wurde. ‚Tokio Hotel' hat sogar ein eigenes Fanmagazin.

Was die Musik, die Texte und die Videos von ‚Tokio Hotel' betrifft, so könnte man sie als Rockband bezeichnen. Die vier Bandmitglieder sind noch sehr jung: Als sie 2003 entdeckt wurden, galten sie als ‚Boyband'. Ihre Liedtexte handeln von Themen, die man eher reiferen Musikern zuschreiben würde. Aber gerade dieser Kontrast ist es, der die Band bei ihren Fans so beliebt macht.

2b Beantworten Sie die Fragen zum Text.

a Was ist das Besondere am Erfolg der Band ‚Tokio Hotel'?

b In welchem Land ist die Band besonders beliebt und woran sieht man das?

c Wie kam es zu dem Konzert in Israel?

d Wer verhalf der Band zu ihrem Erfolg?

e Was verstehen Sie unter dem Ausdruck ‚Liedtexte, die man eher reiferen Musikern zuschreiben würde'?

2c Übersetzen Sie die folgenden Sätze ins Deutsche.

a Some tickets had been sold on the black market after no more tickets could be bought at the box office.

b If the fans in Israel had not collected so many signatures, the band would not have played in Tel Aviv.

c To produce their own magazine was part of the marketing plan which Universal Music Group had offered to the band.

2d Übersetzen Sie den letzten Abschnitt ins Englische.

3a Lesen Sie diesen Text über den österreichischen Maler Gustav Klimt.

Gustav Klimt zählt heute zu den bekanntesten Malern der Jahrhundertwende. Viele seiner Werke erscheinen auf Kalendern oder Grußkarten, und in Museumsläden kann man seine Motive auf Krawatten, Einkaufstaschen und Untersetzern bewundern. Zu Lebzeiten aber war Klimt eine umstrittene Figur. Während er in Paris gefeiert wurde, kritisierte man ihn in seiner Heimatstadt Wien als provokativ, ja sogar als pervers. Damals war die Wiener Gesellschaft sehr konservativ und seine Gemälde waren zu skandalös, denn sie zeigten deutlich seine Leidenschaft und Sinnlichkeit. Die Themen, die er in seinen Werken darstellte, handeln von Liebe, Hoffnung, dem Leben, aber auch dem Tod. Er war von Frauen umschwärmt und viele seiner Bewunderinnen standen Modell für ihn. So auch Adele Bloch-Bauer, deren Porträt sie als erotische Verführerin zeigt. Klimt soll angeblich auch zahlreiche Liebesaffären gehabt haben, heiratete aber nie. Seine Lebensgefährtin, mit der er allerdings nur eine rein platonische Beziehung hatte, war Emilie Flöge.

Gustav Klimt wurde 1862 in Baumgarten bei Wien geboren und starb am 6. Februar 1918 im Alter von 55 Jahren. Erst nach seinem Tod fanden sein Stil und seine Malerei allgemein Anerkennung.

3b Wählen Sie die Antwort, die am besten passt.

a Gustav Klimt

1 hat Kalender und Grußkarten gemalt
2 war einer der bekanntesten Maler um die Jahrhundertwende
3 malte um die Jahrhundertwende.

b In Wien

1 waren seine Gemälde verachtet
2 war die Gesellschaft skandalös
3 war er nicht bekannt.

c In Paris

1 wurde viel gefeiert
2 hatte er viele Liebesaffären
3 betrachtete man ihn als Künstler.

d Viele Frauen

1 wollten ihn heiraten
2 ließen sich von ihm malen
3 waren erotische Verführerinnen.

4a Hören Sie sich ein Gespräch zwischen zwei Jugendlichen an, die sich über deutsche Bands unterhalten.

im Gegenteil – on the contrary
im Gegensatz zu – in contrast to/with, unlike
überwiegend – mainly, predominantly

4b Ergänzen Sie die Lücken. Achten Sie darauf, dass die Grammatik stimmt.

Bei der Gruppe ‚Rammstein‘ gibt es __(a)__ Mitglieder, die alle aus __(b)__ Osten kommen. Obwohl sie auf __(c)__ singen, ist die Band sowohl im Inland als auch im __(d)__ beliebt. Dass sie in den USA bekannt sind, sieht man an den __(e)__ Konzerten.

Eine A-capella-Gruppe ist eine Band __(f)__ Instrumente. Das __(g)__ Lied der ‚Wise Guys‘ ist ‚Jetzt ist Sommer‘ und machte die Band im Jahr __(h)__ in Deutschland bekannt. Katja findet die __(i)__ und __(j)__ Texte besonders gut.

4c Welche Unterschiede gibt es zwischen den beiden Bands? Hören Sie noch einmal zu und machen Sie sich Notizen.

5 Wählen Sie eine deutschsprachige Band oder einen/eine deutschsprachige/n Musiker/Musikerin oder Maler/Malerin und beschreiben Sie, was Ihnen an seinem/ihrem Werk besonders gefällt und warum Sie ihn/sie gewählt haben (200–250 Wörter).

Grammatik  ➡ 137 ➡ W82–83

Use the subjunctive in other ways

Ⓐ The **conditional perfect** or **pluperfect subjunctive** is used in conditional sentences:

- in *wenn*-clauses when referring to something which could have happened but didn't
- in both parts of the sentence.

It is formed by using the auxiliary verbs *haben* or *sein* in the imperfect subjunctive, plus the past participle of the verb.

> Ich **hätte** das Buch gern **gelesen**, wenn ich mehr Zeit **gehabt hätte**. *I would have liked to read the book, if I had had more time.*

> Er **wäre** ins Kino **gegangen**, wenn es einen besseren Film gegeben **hätte**. *He would have gone to the cinema, if there had been a better film.*

Ⓑ **Modal verbs** are often used in the conditional perfect/ pluperfect subjunctive to express an obligation or a wish which has not been fulfilled or granted. Just as in the perfect and pluperfect tenses, the past participle of the modal verb is used when it stands alone. If there is another verb, however, the infinitive of the modal verb is used. This is also the case with the verb *lassen* and verbs of perception.

> Sie **hätte** früher mit dem Aufsatz **anfangen sollen**. *She should have started earlier with the essay.*

> Er **hätte** das bestimmt nicht **gewollt**. *Surely he would not have wanted that.*

> Der Schriftsteller **hätte** den Helden **sterben lassen sollen**. *The writer should have let the hero die.*

Ⓒ The imperfect subjunctive is often used to express a polite **request** or **wish**.

> Ich **wäre** dir sehr dankbar, wenn du mit mir ins Kino **gingst**/gehen würdest. *I would be very grateful, if you went to the cinema with me.*

> Ich **hätte gern** die neueste CD von ‚Rammstein‘. *I would like Rammstein's latest CD.*

Ⓓ The subjunctive is often used **after certain conjunctions**, such as *als ob* and *als* + **inversion**. Colloquially, however, *als ob* is often used with the indicative.

> Sie tut so, als ob sie krank **sei**./Sie tut so, als **sei** sie krank. *She behaved as if she was ill.*

> Es sah aus, als ob er keine Lust **hätte**./Es sah aus, als **hätte** er keine Lust. *It looked as if he wasn't in the mood.*

> Er tat so, als ob er dich nicht **gesehen hätte**./Er tat so, als **hätte** er dich nicht **gesehen**. *He behaved as if he had not seen you.*

1 Translate the sentences into German (see **A** in Grammatik).

- **a** If we had gone to the cinema, we would have met Johnny Depp.
- **b** If you had bought the new novel by Daniel Kehlmann, you would have got his signature.
- **c** If his computer had not stopped working, he would have found more information.
- **d** The concert would not have taken place if nobody had turned up.

2 Fill in the correct form of the verb (see **B** in Grammatik).

- **a** Man hätte ihn ___ ___. (to warn) (to have to)
- **b** Dass du das gemacht hast, ist sehr nett von dir, aber du hättest das nicht ___. (to have to)
- **c** Seine Eltern hätten ihn den Film nicht ___ ___ ___. (to watch) (to let) (to be allowed to)
- **d** Ich hätte das Buch wirklich in den Ferien ___ ___. (to read) (to ought to)

3 Rewrite these sentences as polite requests (see **C** in Grammatik).

- **a** Machen Sie bitte die Tür zu!
- **b** Ich will eine neue DVD haben.
- **c** Sie wünscht sich ein größeres Zimmer.
- **d** Hilf mir bitte beim Kochen!
- **e** Wir wollen den Krimi jetzt sehen.

4 Complete the sentences (see **D** in Grammatik).

- **a** Es sieht so aus, als ob er ___. (Bauchweh haben)
- **b** Wir taten so, als ___. (wir, sie nicht kennen)
- **c** Sie sehen aus, als ___. (sie, Hunger haben)
- **d** Sie hatte das Buch so schnell gelesen, als ob es ein Wettbewerb ___. (sein)
- **e** Er fragte so, als ob er die Frage nicht ___. (verstehen)

Tipp

Research skills

When researching a topic about a writer, musician, painter or architect, you can either choose:

a   an artist whose works you are familiar with or whose work you like very much or

b   an artist you don't know much about but you would like to find out more.

If you decide on (**a**), go into www.google.de and type in the name of the artist or the name of the book or title of the painting, song or building.

If you decide on (**b**), go into www.wikipedia.de and type in the name of the artist. This will give you useful general information as well as further weblinks and literature related to the artist and his/her works or life.

Other useful websites are:

- www.magazine-deutschland.de/ (*Forum für Politik, Kultur und Wirtschaft*, which has a useful archive)
- www.spiegel.de (*deutsches Nachrichtenmagazin mit Themen zu Gesellschaft, Kultur, Politik, Wirtschaft, Medien*)
- www.focus.de (*Nachrichtenmagazin*, also with a good archive)
- www.stern.de (*Nachrichtenmagazin*)
- www.fluter.de (*Zeitschrift der Bundeszentrale für politische Bildung*)
- www.süddeutschezeitung.de (or any other German newspaper)

Once you have done some general reading you will need to focus on a particular aspect of the artist's work and decide on a specific topic. You will then have to do more in-depth reading and go back to the further weblinks mentioned above.

When making notes, make sure you:

- only use/research German texts
- do not translate your ideas word for word from English into German
- choose the most up-to-date texts/articles
- only make notes on what is required in the title.

Before you start planning your essay in detail:

- check that you have enough materials: texts, articles and relevant examples to cover every aspect of the title
- check that you have examples of a writer's, painter's, director's or architect's works
- organise your texts, examples and notes according to the requirements of the title, so that you progress logically and in a structured way.

---

5   Research the work of either a painter or an architect from a German-speaking country and prepare for the following essay title by following the *Tipp* step by step.

   Inwiefern ist das Werk des von Ihnen gewählten Künstlers heute noch aktuell und von Bedeutung?

6   Research the work of a writer from a German-speaking country and prepare for the following essay by following the *Tipp* step by step.

   Beschreiben Sie die wichtigsten Themen in den Büchern/dem Buch des von Ihnen gewählten Schriftstellers und diskutieren Sie, welche dieser Themen den größten Eindruck auf Sie gemacht haben.

> *Was ich von Filmen und Literatur halte? Bücher lesen – so ein Quatsch! Ich lese die Zeitung, das reicht. Ansonsten spiele ich auf meiner Xbox. Das macht mehr Spaß als teure Eintrittskarten für langweilige Filme zu kaufen.*

> *Es geht einfach nichts über ein richtig gutes Buch, zum Beispiel einen spannenden Krimi. Ich sehe mir auch gern die entsprechenden DVDs an. Filme sind echt super, und DVDs kann man sich billig in der Bücherei ausleihen.*

1a Schauen Sie sich die beiden Cartoons an und beantworten Sie die Fragen.

a Wie wichtig sind Bücher für Sie?

b Wofür würden Sie sich entscheiden? Für eine Xbox oder einen Film? Warum?

c Welche Rolle spielen Literatur, Filme und Malerei heute noch bei Jugendlichen?

1b Diskutieren Sie Ihren Standpunkt mit einem Partner/einer Partnerin oder in der Klasse.

2a Lesen Sie den Text über Mies van der Rohe.

> Mies van der Rohe war einer der berühmtesten in Deutschland geborenen Architekten. Er wurde 1886 als Sohn eines Bauunternehmers in Aachen geboren. Im Jahr 1908 schloss er sich einem Architekturbüro an und arbeitete mit den bekannten Architekten Walter Gropius und Le Corbusier zusammen. Noch vor Beginn des Ersten Weltkriegs wurde er mit dem Bau der Deutschen Botschaft in St. Petersburg beauftragt und nach dem Ende des Kriegs entwarf er das Glashochhaus am Bahnhof Friedrichstraße in Berlin. Seine Bauten reflektieren die moderne deutsche Architektur, die sich in klaren Strukturen, Stahl und Glas ausdrückt.
>
> Er baute auch Wohnsiedlungen, wie die Weißenhofsiedlung in Stuttgart, die als Projekt das ‚Neue Bauen' repräsentiert. Im Jahr 1930 wurde er von Walter Gropius zum Leiter des Bauhauses, der berühmten Kunst-, Design- und Architekturschule, ernannt. Das Bauhaus wurde jedoch 1933 geschlossen, da die Nazis den Ideen dieser modernen Architektur feindlich gesinnt waren. Da es Mies van der Rohe unter dem Naziregime nicht mehr möglich war, als Architekt zu arbeiten, emigrierte er 1938 in die USA. Dort baute er u. a. die Apartmenttürme am Lake Shore Drive in Chicago sowie das Chicago Federal Center. Vier Jahre vor seinem Tod wurde er mit dem Bau der Neuen Nationalgalerie in Berlin beauftragt. Er starb 1969 in Chicago.

2b Übersetzen Sie den zweiten Abschnitt ins Englische.

2c Informieren Sie sich über einen der beiden anderen erwähnten Architekten und schreiben Sie eine kurze Zusammenfassung über ihn.

3a Hören Sie einen Bericht über einen bekannten deutschen Jazztrompeter.

3b Ergänzen Sie die Sätze.

a Till Brönner hat schon mit vielen … .

b Er war nicht nur Jazztrompeter, sondern auch … .

c Mit einem prominenten Gast unterhält … .

d 2005 produzierte er … .

e Frauen liebten … .

4 Schreiben Sie einen Aufsatz zu einem dieser Themen. Schreiben Sie mindestens 250 Wörter und benutzen Sie den Tipp von Seite 79.

- Wählen Sie ein Buch eines Schriftstellers, das Ihnen gut gefallen hat, und diskutieren Sie die Rolle der Hauptperson/en.

- Was war die Absicht des von Ihnen gewählten Architekten/Malers/Regisseurs? Inwiefern hat er/sie sein Ziel erreicht?

Deutschland heute

By the end of this unit you will be able to:

- discuss the building and the fall of the Berlin Wall
- discuss life in the new, reunited Germany
- discuss the role of Germany in the EU
- talk about some typical German festivals

- use the passive
- answer questions in German

Seite	Thema
82	Berlin – die geteilte Stadt
84	Deutschland seit der Wende
86	Deutschsprachige Länder und Europa
88	Prüfungstraining
90	Zur Auswahl
91	Wiederholung Einheit 7–8

1 Was wissen Sie jetzt über die deutschsprachigen Länder? Arbeiten Sie mit einem Partner/einer Partnerin. Jedes Paar soll zwei Stichpunkte wählen und die Hauptaspekte aufschreiben. Benutzen Sie die vorigen Einheiten im Buch. Tauschen Sie dann Ihre Ergebnisse mit den anderen Schülern in Ihrer Klasse aus.

- geographische Einzelheiten
- Sprache
- Bevölkerung
- Geschichte
- Bildungssystem
- Medien
- Umweltprobleme
- Kultur

Berlin – die geteilte Stadt

▌Warum wurde die Berliner Mauer gebaut? Wie war es, in der geteilten Stadt zu leben?

1a Lesen Sie die Berichte von Johann Segers und seinem Sohn Karl über den Bau und den Fall der Berliner Mauer.

Johann

Ich war 16 Jahre alt, als die Mauer gebaut wurde. Damals war Deutschland schon in zwei Länder geteilt gewesen und in Berlin gab es vier Zonen. Wir wohnten in der russischen Zone im Osten Berlins. Aber viele Leute verließen die DDR durch Berlin und das wollten die Russen verhindern – so haben sie die Mauer gebaut. Ich werde diesen Tag nie vergessen – es war Sonntag, der 13. August 1961. Als wir aufgewacht sind, sahen wir, dass das Pflaster und die Verbindungsstraßen nach Westberlin aufgerissen worden waren. Die Sektorengrenze zwischen Ost- und Westberlin war durch Stacheldraht abgesperrt. Niemand konnte in der Westen. Die Leute winkten ihren Verwandten auf den anderen Seite zu.

In den nächsten Tagen wurde eine richtige Mauer aus Beton gebaut. Manche U-Bahn-Stationen wurden zugemauert. Meine Mutter konnte nicht mehr arbeiten, da sie in einem Kaufhaus in Westberlin arbeitete. Und wir haben auch den Kontakt zu anderen Familienmitgliedern verloren.

Nach 1963 wurden Passierscheine eingeführt, damit die Ostdeutschen für einen Tag nach Westberlin reisen durften, um Verwandte zu besuchen. Aber eigentlich waren wir in der DDR eingesperrt. Man musste auch aufpassen, nichts gegen die Regierung zu sagen – überall spionierte die Stasi den Leuten nach. Ich hatte fast die Hoffnung aufgegeben, dass die Mauer je fallen würde. Für mich war die Wende wie ein Wunder.

Karl

Ich bin in der DDR geboren und aufgewachsen – ich kannte das Leben nicht anders, obwohl wir alle schon wussten, dass das Leben auf der anderen Seite der Mauer anders war. In der Schule wurde uns gesagt, das Leben hier sei besser, aber das konnten wir nicht glauben.

Ich war am 9. November 1989 – dem Tag des Mauerfalls – hier in Berlin. Schon in den Wochen davor wurde gegen die Teilung Deutschlands demonstriert – vor allem in Leipzig – aber diese Demonstrationen wurden von der Polizei niedergeschlagen. Dann auf einmal wurde die freie Reise in die westlichen Länder zugelassen – und wir strömten alle auf die Mauer zu. Man hat uns nicht daran gehindert, in den Westen zu gehen, und es war für mich fast unglaublich, dass ich jetzt auf der anderen Seite der Mauer stand. Es wurde groß gefeiert.

Der Mauerfall hat mein Leben total verändert. Ich war damals 17 und habe dann beschlossen, im Westen zu studieren. Ich wohne jetzt im Rheinland, und meine Frau kommt aus Bonn. Ich weiß, es gibt Probleme seit der Wende, und es muss noch viel gemacht werden, aber es lässt sich nicht leugnen, dass wir in Freiheit ohne Angst vor einer Regierung leben – für mich bedeutet das alles.

1b Füllen Sie die Lücken mit einem passenden Wort aus dem Kasten oben auf Seite 83 aus.

a Schon vor dem _____ der Mauer war Deutschland in Zonen aufgeteilt.

b Berlin gab den DDR-Bürgern eine Möglichkeit zur _____ in den Westen.

c Als Johann am 13. September aufwachte, war die _____ des östlichen Stadtteils schon im Gang.

d Das _____ in den Westen wurde auch zerstört.

e Nach 1963 bekamen DDR-Bürger die _____, sich für einen Tag im Westen aufzuhalten.

f _____ von der Stasi war Teil des Alltags in der DDR.

g Karl hat seine _____ in der DDR verbracht.

h Vor dem Mauerfall gab es _____ auf den Straßen, als die Bürger demonstrierten.

i Die plötzliche _____ der freien Reise in den Westen war eine _____.

j Der Mauerfall war ein großer _____ in Johanns Leben, da er den _____ fasste, in den Westen zu ziehen.

Erlaubnis	Wendepunkt	Überwachung	Fahrt
Gewalt	Überraschung	Leben	Transportsystem
Bau	Kindheit	Absperrung	Erlaubnis
Entschluss	Flucht	Arbeitsplätze	Ereignis

2 Hören Sie diesen Bericht, der die Ereignisse bis zum Fall der Berliner Mauer beschreibt. Welches Ereignis passt zu welchem Datum?

a 19. August
b 10. September
c 30. September
d 7. Oktober
e 9. Oktober

f 1. November
g 4. November
h 8. November
i 9. November

1 700 Flüchtlinge aus den Botschaften in Warschau und Prag reisen in die BRD. In den nächsten Tagen kommen noch 15 000 Menschen.

2 Die SED feiert den 40. Jahrestag der DDR. Die Polizei geht brutal gegen demonstrierende Gruppen vor.

3 Rund eine Million Menschen demonstrieren in Ostberlin.

4 600 Menschen aus der DDR flüchten von Ungarn über Österreich in die BRD.

5 Die DDR öffnet die Grenzen. Die Mauer fällt.

6 DDR-Flüchtlinge in Budapest dürfen in die BRD reisen.

7 Die Regierung in Ostberlin tritt zurück.

8 70 000 Menschen gehen in Leipzig auf die Straßen und verkünden „Wir sind das Volk".

9 Die Tschechoslowakei hebt die Visumspflicht für die Nachbarn aus der DDR auf. Innerhalb von acht Tagen fliehen über 50 000 über die tschechische Grenze.

3 A ist Journalist(in). B war am 9. November in Berlin. Machen Sie ein Interview. Die folgenden Stichpunkte werden Ihnen dabei helfen:

- Ereignisse
- zum ersten Mal gehört, dass die Mauer weg ist
- Gefühle/Reaktion
- was gemacht?

4 Stellen Sie sich vor, Sie wohnten im November 1989 in Berlin. Schreiben Sie einen Zeitungsartikel über die Ereignisse, die zum Fall der Mauer führten.

5 Hören Sie sich den Bericht über den Tag der deutschen Einheit an und beantworten Sie die Fragen.

a Welche Bedeutung hat der 3. Oktober 1990 für die Deutschen?

b Wie wurde die Einheit in Berlin gefeiert?

c Wer waren Kohl und von Weizsäcker?

d Was hat Kohl in seiner Rede versprochen?

e Wie wurde in Bonn und Hamburg gefeiert?

f Welche Folge hat die Einheit für Bonn?

Grammatik   ➡140 ➡W64

The passive

- The passive voice is formed using the appropriate tense of *werden* and the past participle:
  Die Mauer wurde gebaut. *The wall was built.*

- The passive, or verbs followed by the dative case, is impersonal in German:
  Mir wird gesagt werden … *I will be told …*
  Ihnen wird geholfen … *They are helped …*

- Other constructions can be used instead of the passive in German:
  Man + *active verb* · Man teilte die Stadt auf.
  The town was divided up.
  sich lassen + *infinitive* · Es lässt sich nicht abstreiten. *It cannot be denied.*

A Change the following sentences into the passive.

a Man hat es den DDR-Bürgern nur selten erlaubt, Westberlin zu besuchen.

b Man hat in Leipzig gegen die DDR-Regierung demonstriert.

c Bürger aus Ost- und Westberlin haben die Mauer zerstört.

B Find all the examples expressing the passive in the texts on page 82 and translate them into English.

Deutschland seit der Wende

❚ *Wie ist das Leben in Deutschland seit der Wiedervereinigung?*

1 Welche Unterschiede gab es zwischen Ost- und Westdeutschland? Ordnen Sie die Begriffe der betreffenden Spalte zu.

moderne Technik

freie Marktwirtschaft

keine Bananen

Haushaltstage für arbeitende Mütter

altmodische Autos und Elektrogeräte

keine Arbeitslosigkeit

Demokratie

kostenlose Sozialeinrichtungen wie Kindergärten

Reisefreiheit nur in andere Ostblockstaaten

Ostdeutschland	Westdeutschland

2 Seit der Wende hat sich das Leben in den neuen Bundesländern drastisch geändert. Ist alles aber besser geworden? Hören Sie sich das Interview mit Thomas Schalke an und beantworten Sie die Fragen.

a Welche Vorteile der Wende erwähnt Thomas?

b Was war die Rolle der Stasi in der DDR?

c Was fand Thomas verwirrend in der Zeit unmittelbar nach der Wende?

d Warum hat man manche Städte und Straßen umbenannt?

e Was war der größte Nachteil der Wende für die DDR?

f Welche Probleme gibt es in der Beziehung zwischen den Ost- und Westdeutschen?

g Wie erklärt Thomas diese Schwierigkeiten?

3a Lesen Sie den Text.

Was wird aus den blühenden Landschaften?

Rund 40 Jahre nach dem Zweiten Weltkrieg existierten zwei deutsche Staaten. Seit der Wende ist eine ganze Generation erwachsen geworden – es wird jedoch immer noch von Ossis und Wessis gesprochen, von der so genannten Mauer im Kopf. Problematisch ist vor allem der große wirtschaftliche Unterschied zwischen den alten und neuen Bundesländern. In seiner Rede zur Wiedervereinigung versprach Bundeskanzler Helmut Kohl „blühende Landschaften" im Osten – dies bleibt aber noch ein Traum. „Die Währungsunion, die 1990 stattfand, war das größte wirtschaftliche Experiment aller Zeit", meint Wirtschaftsexperte Jochen Sebert. „Man hat eine moderne Wirtschaft mit einem armen Land zusammengekoppelt. In der DDR gab es keine moderne Infrastruktur, nichts, was ausländische Firmen gelockt hätte, aber sie hatte zuerst die D-Mark und dann den Euro – das machte es zu teuer, dort zu investieren. Es war und ist schon besser, in andere Ostblockländer zu investieren, wo die Einwohner noch keine westlichen Löhne erwarten."

Arbeitslosigkeit ist eine Folge der Wende, mit der die Bewohner der neuen Bundesländer noch zu kämpfen haben: Hier ist die Arbeitslosenquote dreimal so hoch wie im Westen. Vor allem sind diejenigen betroffen, die bei dem Mauerfall schon das halbe Berufsleben hinter sich hatten. Friedrich Merkl war 42, als die Mauer fiel, und seine Frau Christiane war im gleichen Alter. Gleich nach der Wende verloren sie beide ihre Arbeitsplätze. Nach langem Suchen fand Friedrich einen Job in München. Es stand außer Frage, dass sie es sich leisten konnten, in die teuerste Stadt Deutschlands zu ziehen. Seit 20 Jahren wohnt Friedrich unter der Woche in einem Wohnheim in München und kommt am Wochenende heim. Christiane ist immer noch arbeitslos. Ihre Tochter, zur Wendezeit 17, ist in den Westen gezogen.

„Klar haben wir durch die Wende viel gewonnen", meint Friedrich. „Wir können reisen, wir haben unsere Freiheit – aber wir haben auch Arbeitslosigkeit und Drogen, und die Jugend sucht ihre Zukunft woanders. Der Aufbau im Osten dauert länger, als wir es je erwartet haben. Und wenn er kommt, wird es für mich zu spät sein."

3b Beantworten Sie die Fragen auf Deutsch.

a Was zeigt, dass die West- und Ostdeutschen sich teilweise noch als zwei Völker fühlen?

b Was ist das größte Problem?

c Was versprach Helmut Kohl bei der Wiedervereinigung und was meinte er Ihrer Meinung nach damit?

d Warum war die Währungsunion ein großes Experiment?

e Warum wollen ausländische Firmen nicht in die neuen Bundesländer investieren?

f Welches Problem existiert in den neuen Bundesländern seit der Wende und was ist das Ausmaß dieses Problems?

g Was ist dem Ehepaar Merkl passiert?

h Welche anderen Probleme hat die Wende laut Herrn Merkl mit sich gebracht?

4 Hören Sie sich das Interview mit Katja Sulzer aus Sachsen an, die in Tübingen studiert, und wählen Sie die richtigen Antworten.

a 1 Katja hat im Kino viel über die DDR erfahren.

   2 Katja weiß nur wenig über die DDR.

   3 Katjas Eltern wollen nicht über die DDR sprechen.

b 1 Katjas Mutter findet, dass die jetzige Generation von der Wende nur profitiert hat.

   2 Katjas Mutter meint, dass die jetzige Generation nur ein sehr einseitiges Bild von der DDR hat.

   3 Katjas Mutter findet das jetzige Leben in der DDR sehr aufregend.

c 1 In der DDR wurden arbeitende Mütter vom Staat unterstützt.

   2 Alle sozialen Einrichtungen in der ehemaligen DDR sind vom Westen übernommen worden.

   3 In der DDR stand Kinderpflege nur gegen Bezahlung zur Verfügung.

d 1 Die meisten jungen Ossis wollen wegen der Arbeitslosigkeit in den Westen ziehen.

   2 Junge Ossis wissen, dass sie im Osten keine Chance haben, reich zu werden.

   3 Es ist jungen Ossis bekannt, dass der Wohlstand im Westen größer ist.

e 1 Katjas Onkel hat nach der Wende seinen Job verloren.

   2 Katjas Onkel musste nach der Wende in England studieren.

   3 Nach der Wende war Russisch nicht mehr als Schulfach gefragt.

f 1 Katjas künftiger Wohnort würde von ihrem Arbeitsplatz abhängen.

   2 Katja hat nicht vor, in den Osten zurückzuziehen.

   3 Katja ist optimistisch, dass sie in der Heimat etwas finden wird.

5 Partner A kommt aus der DDR. Partner B ist der Cousin/die Kusine aus der BRD. Erzählen Sie sich gegenseitig von Ihrem Leben.

6 Schreiben Sie als Ossi einen Brief an Verwandte in Westdeutschland und erklären Sie, wie sich Ihr Leben seit der Wende verändert hat. Schreiben Sie ungefähr 150 Wörter.

█ Welche Rolle spielen die deutschsprachigen Länder in Europa? Was hat ihnen die EU gebrac

1 Machen Sie dieses Quiz über Europa. Was ist richtig, was ist falsch?

a Die EU hat 15 Mitgliedsstaaten.

b Deutschland ist ein Gründungsmitglied der EU.

c Die erste europäische Gemeinschaft wurde 1973 gegründet.

d Österreich ist 1995 der EU beigetreten.

e Der Euro wurde im Jahr 2000 eingeführt.

f Deutschland und die Schweiz haben beide den Euro als Landeswährung.

g Deutsch ist die vorherrschende Sprache in der EU.

h Deutschland hat die größte Einwohnerzahl aller EU-Länder.

i Die Schweiz hat vor, der EU beizutreten.

j Die europäische Hymne wurde von einem Deutschen geschrieben.

2 🎧 Hören Sie sich diesen Bericht über die EU-Erweiterung an und wählen Sie die fünf Aussagen, die richtig sind.

a Mehr Leute haben Deutsch als Muttersprache als eine andere Sprache in der EU.

b Die deutsche Regierung hat befürchtet, dass zu viele Migranten aus den neuen EU-Ländern in Deutschland Arbeit suchen würden.

c Die deutsche Regierung hat sich bereit erklärt, eine unbegrenzte Anzahl an Arbeitnehmern aus den neuen EU-Ländern aufzunehmen.

d Wer die besten Chancen auf dem Arbeitsmarkt haben will, muss Deutsch und Englisch beherrschen.

e Franziskas Bank hilft polnischen Firmen, die neue Filialen eröffnen wollen.

f Sowohl Polen als auch Deutsche sind bei der Bank tätig.

g Es ist für Firmen im Osten viel günstiger als im Westen, weil die Arbeitnehmer weniger Gehalt erwarten.

h Die EU-Erweiterung hat nichts zu den Berufschancen von Jan Borowski beigetragen.

3a Lesen Sie diesen Artikel über den Euro.

Mit der D-Mark hatte Deutschland eine der stärksten Währungen der Welt. Aber sie hat sie im Namen der europäischen Integration mit dem Euro ersetzt. 2002 wurde das neue Geld eingeführt. Wie stehen die Deutschen jetzt dazu?

Nach einer Umfrage des Bundesverbands deutscher Banken sind zwar zwei Drittel der Deutschen mit dem Euro zufrieden, aber ein Drittel sehnt sich immer noch nach der guten alten D-Mark zurück. Hartnäckig hat sich das Gerücht gehalten, das neue Geld sei ein 'Teuro'. Jeder weiß, dass z. B. ein Glas Bier, das zwei DM gekostet hat, nach der Umstellung zwei Euro kostete. BdB Geschäftsvorstand Manfred Weber meint dazu, der Eindruck, dass der Euro das Leben in vielen Bereichen teurer gemacht habe, sei falsch. Richtig sei, dass die Gaststätten aufgerundet haben, aber die Preise für Telefonieren, für Elektrogeräte oder für Mieten gefallen sind.

Die Bedenken, dass der Euro zu schwach sei, um eine Wirtschaft zu stützen, sind mittlerweile restlos ausgeräumt. Wer erinnert sich noch, dass die neue Währung gleich nach ihrer Einführung auf rund 80 Cent gegen einen Dollar fiel? Heute ist der Euro die zweitwichtigste Währung der Welt.

Auch das Wirtschaftswachstum in der Euro-Zone kann sich sehen lassen. In den vergangenen zehn Jahren sind 16 Millionen neue Jobs entstanden. Wechselkursgebühren und Wechselkurskrisen sind verschwunden. Das hat den Binnenhandel angekurbelt. Auch die ausländischen Direktinvestitionen innerhalb des Euroraums machen inzwischen ein Drittel des Bruttoinlandsprodukts aus. Früher war es nur ein Fünftel.

Der Euro hat auch einen wesentlichen Beitrag zur europäischen Identität geleistet. Die Bürger in der Euro-Zone haben nicht nur ökonomische Vorteile, sondern empfinden auch ein besondere Zusammengehörigkeitsgefühl. Unter den neuen Mitgliedsstaaten ist der Euro begehrt. Und in den Staaten, die der Euro-Zone ferngeblieben sind, bröckelt der Widerstand. Die Dänen scheinen ihren Vorbehalt aufgeben zu wollen. Nur die Briten und die Schweden wollen nicht mitmachen, obwohl es sich gezeigt hat, dass die Franzosen Franzosen und die Spanier Spanier geblieben sind, auch wenn sie alle mit gleicher Münze bezahlen.

3b Welche Auswirkungen hat der Euro gehabt? Sammeln Sie Ideen aus dem Artikel unter den folgenden Kategorien:

- Preise
- Stärke der Währung
- Arbeitsplätze
- Handel
- europäische Identität

3c Vervollständigen Sie die folgenden Sätzen.

a Obwohl die meisten Deutschen mit dem Euro zufrieden sind, ...

b Die Kritik am Euro betrifft hauptsächlich ... .

c Heutzutage ist der Euro ... .

d Investitionen aus dem Euro-Raum sind ... .

e Die neuen EU-Länder ... .

f Auch in Ländern wie Dänemark, die den Euro nicht eingeführt haben, ...

4a Hören Sie sich ein Gespräch unter vier Jugendlichen zum Thema „Wie realistisch ist eine europäische Kultur?" an. Wer sagt was?

Ben   Anke   Katja   Jean-Paul

a Das Interessante an Europa sind die vielen verschiedenen Kulturen.

b Es ist wichtig, dass jedes Land seine Eigenheiten und Besonderheiten behält.

c Ich bin Europäer, was aber nicht bedeutet, dass ich meine eigene Kultur aufgebe.

d Ich finde es interessant, zum Beispiel Ausstellungen von Künstlern aus anderen europäischen Ländern zu sehen.

e Europäisches Bewusstsein bedeutet für mich tolerantes Denken und Handeln.

f Ich würde mich nicht als Europäer bezeichnen.

g Europäische Fernsehkanäle, wie Arte, sind toll. Der bietet interessante Spielfilme und Dokumentationen in zwei Sprachen.

h Wenn man die europäischen Partnerschaften zwischen Städten und Schulen unterstützt, zeigt das europäisches Bewusstsein.

i Ausländische Filme sind total gut. Man sieht, wie andere Europäer denken oder worüber sie lachen.

4b Was bedeutet europäisches Bewusstsein für die vier Jugendlichen? Finden Sie Beispiele aus dem Hörtext.

5a Besprechen Sie die folgenden Themen mit einem Partner/einer Partnerin.

- Haben Sie etwas über die EU erfahren, das Sie überrascht hat? Warum sind Sie überrascht?
- Wie stehen Sie zum Euro?
- Fühlen Sie sich europäisch?
- Wie kann man europäisches Bewusstsein fördern?

5b Fassen Sie Ihre Ideen zu diesen Themen schriftlich zusammen.

The activities on this page will help you to:

▌ describe some German festivals

▌ answer questions correctly in German

1 Welches Fest oder welcher Feiertag passt zu welchem Datum? Welche Feste gibt es auch in Großbritannien?

a   1. Januar
b   Mitte Februar
c   März/April
d   Ende Mai
e   3. Oktober
f   15. August
g   1. August
h   November
i   25. Dezember
j   31. Dezember

1   Ostern
2   Tag der deutschen Einheit
3   Weihnachten
4   Neujahr
5   Bundesfeier (Schweiz)
6   Silvester
7   Allerheiligen
8   Mariahimmelfahrt
9   Pfingsten
10 Fasching

2a Lesen Sie jetzt diese Texte über die Fastnacht, das Oktoberfest und die Love-Parade in Berlin.

Fasching, Karneval, Fastnacht – drei Namen für ein Fest. Aber was ist die Fastnacht überhaupt? Das Fest hat seine Wurzeln in der Mythologie, als man versuchte, die bösen Geister des Winters zu vertreiben. Um sich vor den Dämonen zu verstecken und auch um sie zu verjagen, vermummte man sich mit grauenhaften Masken. Mit der christlichen Zeit hat die Fastnacht einen neuen Aspekt gewonnen – die Tage vor dem Beginn der 40-tägigen Fastenzeit, die erst am Karfreitag endet. Statt Dämonen herrschen während der Fastnachtszeit die Narren.

Am Samstag vor Aschermittwoch übernehmen die Narren die Macht über die Stadt. In den darauf folgenden Tagen finden Umzüge, Veranstaltungen, Feste, Tänze statt – und alle müssen sich verkleiden. Am Rosenmontag gibt es einen großen Umzug und die Narren werden vertrieben – die Vernunft herrscht wieder. Am Aschermittwoch beginnt dann die Fastenzeit. Die Fastnacht wird heute vor allem im Rheinland, in Süddeutschland, in Österreich und in der Schweiz gefeiert. Fast alle Städte haben dort eine eigene Narrenzunft und einen Fastnachtsumzug, die Kinder haben Ferien, überall wird groß gefeiert.

Bier und Wein – ohne kann man kaum feiern, oder? In Deutschland haben viele Städte und Dörfer im Sommer ihre eigenen Bier- und Weinfeste. Das größte und berühmteste bleibt jedoch das Münchner Oktoberfest. Das Fest beginnt am dritten Samstag im September und endet am ersten Samstag im Oktober. Millionen von Besuchern kommen jedes Jahr, um daran teilzunehmen und das Fest ist dadurch jedes Jahr gewachsen. Ein besonderes Bier wird für das Fest gebraut, Besucher können in großen Zelten sitzen und das Bier genießen. Wer nicht zu viel trinken will, muss aufpassen – das Bier wird nur in Maßkrügen serviert, das heißt, man bekommt einen ganzen Liter Bier. Draußen gibt es einen großen Rummelplatz mit Achterbahnen und Karussells. Abends spielen Volksmusikanten.

Wie jeden Sommer bebte die Hauptstadt: Mit rund 1,5 Millionen tanzenden Ravern hat die elfte Berliner Love-Parade am Samstag alle Rekorde gebrochen. Unter dem Motto „Musik ist der Schlüssel" verwandelten schrill gekleidete Tänzer den Berliner Tiergarten in die größte Open-Air-Diskothek der Welt. Aufklebbare Sonnenblumen-BHs, Männerröcke und zu kleinen Hörnern frisierte Haare standen dabei hoch im Kurs. Das Fest bezeichnete der Gründer Dr. Motte als die größte Friedensdemonstration aller Zeiten. Jedoch kam zum ersten Mal in der Geschichte der Love-Parade ein Mensch ums Leben. Ein 27-jähriger Mann aus Oranienburg wurde durch einen Messerstich ins Herz getötet.

649 Sanitäter leisteten erste Hilfe – sie versorgten 5421 Tänzer, vor allem wegen Kreislaufproblemen und Knochenbrüchen. Nach dem Ende der offiziellen Feier wurden bis zu 280 Partys in den Morgen weiter gefeiert – dann rückten 870 Mitarbeiter der Stadtreinigung an, um die rund 200 Tonnen Müll zu entsorgen.

2b Finden Sie ein Wort im Text für die unten angegebenen Synonyme.

a eine Maske tragen, damit man nicht erkannt wird

b die Herrschaft

c während dieser Zeit soll man weniger essen und trinken

d größer werden

e ein großes Glas, das einen Liter Flüssigkeit fassen kann

f hier gibt es Achterbahnen und Karussells

g sterben

h beseitigen

2c Beantworten Sie diese Fragen auf Deutsch.

a Warum hat die Fastnacht begonnen?

b Wann beginnt die Fastnacht?

c Was soll man tragen, wenn man auf ein Fest geht?

d Wen zieht das Oktoberfest an?

e Was kann man auf dem Oktoberfest nicht bekommen?

f Was gibt es dort außer Bier?

g Was war das Besondere an der elften Love-Parade?

h Welches traurige Ereignis fand statt?

i Welche zwei gesundheitlichen Probleme hatten manche Teilnehmer?

j Was musste man am Tag nach der Love-Parade machen?

3 Hören Sie sich jetzt das Interview mit Christian an, der die Fastnacht und das Oktoberfest beschreibt, und beantworten Sie die Fragen.

a Was bekommen die Narren während der Fastnacht?

b Wer spielt die Rolle der Narren?

c Wie wird die Fastnacht gefeiert?

d Was passiert am Montag?

e Was findet Christian gut an der Fastnacht?

f Was hat Christian am Oktoberfest imponiert?

g Was hat ihm nicht so gut gefallen?

h Warum findet er sein eigenes Stadtfest besser?

4 Suchen Sie im Internet mehr Informationen über die Fastnacht, das Oktoberfest oder die Love-Parade. Sie können die folgenden Webseiten benutzen: www.karneval.de/, www.city-guide.de/koeln/karneval, www.oktoberfest.de, www.loveparade.de. Halten Sie dann einen Vortrag darüber in Ihrer Klasse.

5 Stellen Sie sich vor, Sie waren entweder bei der Fastnacht, auf dem Oktoberfest oder bei der Love-Parade. Schreiben Sie einen Bericht darüber (150 Wörter).

Tipp

Answer questions in German

Use these ideas to help you complete the tasks about festivals in Germany.

- Read through the questions first to see whether you are dealing with a listening or reading passage – this will give you a sense of what the passage is about.

- Pick out the key words in each question.

- Note the number of marks for each and pick out or listen out for the elements you need for an answer.

- If you cannot answer a question, go on to the next one – the answer may come to you later.

- Avoid copying expressions word for word from the German text – you may need to rephrase in order to answer the question asked.

- Check to make sure your answers make sense.

- At the end, go back through any unanswered questions. Make a point you think may be relevant rather than leaving a complete blank.

1 Hören Sie sich das Interview an und notieren Sie sich möglichst viele Informationen zu den folgenden Überschriften.

a Welche Möglichkeiten gibt es, wenn man im europäischen Ausland arbeiten will?

b Welche Möglichkeiten werden erwähnt, wenn man im europäischen Ausland studieren will?

2a Lesen Sie den folgenden Text.

Mehr von einander lernen

Das deutsch-französische Verhältnis wird oft als Motor des „Projekts Europa" angesehen. Doch gibt es auch unterschiedliche Meinungen, zum Beispiel über die Zukunft Europas. Während die Deutschen einer Öffnung Europas in Richtung Osten positiv gegenüberstehen, denken die Franzosen eher über die gegenwärtige Lage nach. Trotz dieser unterschiedlichen Vorstellungen arbeitet man gemeinsam an wichtigen Fragen wie: Wird die EU im Kampf gegen die Arbeitslosigkeit helfen? Oder: Wird die EU die Integration der Einwanderer erleichtern? Städtepartnerschaften und die Arbeit des Deutsch-Französischen Jugendwerks haben sehr viel zu der deutsch-französischen Verständigung beigetragen. Und obwohl immer weniger Menschen die Sprache des Nachbarlandes lernen, sollte man versuchen, nach Englisch, der Weltumgangssprache, Deutsch und Französisch als zweite Fremdsprachen zu stärken. Der offene Dialog zwischen den beiden Ländern, sowie Kompromissbereitschaft werden auch in Zukunft Wegweiser für ein starkes, erfolgreiches Europa sein.

2b Fassen Sie den Text unter den folgenden Stichwörtern auf Englisch zusammen.

- common aims
- ways of strengthening a mutual understanding
- ways forward

3 Ab 1961 versuchten viele Ostdeutsche aus der DDR zu flüchten. Hören Sie sich den Bericht darüber an und beantworten Sie die Fragen auf Deutsch.

a Wie viele Menschen sind über die Mauer geflohen?

b Warum mussten die Flüchtlinge erfinderisch werden?

c Welche ungewöhnlichen Verkehrsmittel wurden benutzt?

d Was ist im Oktober 1964 passiert?

e Welche Bedeutung hat die Zahl 239?

f Wie ist Rudolf Urban ums Leben gekommen?

g Warum war der Tod Peter Fechters besonders schockierend?

h Wie starb Chris Gueffroy?

4 Erforschen Sie einen Aspekt des Lebens in der DDR und halten Sie einen Vortrag darüber in der Klasse. Sie können die folgenden Ideen benutzen:

- das Bildungssystem
- die FDJ
- die Stasi

1 🎧 Hören Sie zu und beantworten Sie die Fragen auf Englisch.

a What good news is there for the German book market?

b What do the bestseller lists show?

c What is happening with online sales?

d Who suffers from online book stores?

e What problem is faced by Ralf Zimmermann and why?

f What can online book stores in Germany not do?

g How has Thomas Schröder tried to counteract the attraction of buying online?

2a Lesen Sie diesen Text.

Mein eigenes Buch

Viele Menschen schreiben Gedichte oder Geschichten und glauben, es sei unmöglich, daraus ein Buch zu machen. Dank ‚Bücher auf Nachfrage' stimmt das aber nicht mehr. Diese Webseite bietet Möglichkeiten für Autoren, die keinen Verlag finden. Für knapp 40 Euro plus zwei Euro Monatsgebühr kann das eigene Buch in Buchhandlungen oder bei Internetshops bestellt werden. Wie ist das möglich? Weil jedes Buch erst gedruckt wird, wenn es jemand kauft. Es gibt kein Lager und keine Auflage, nur einen großen Raum mit Druckern in Hamburg.

Sechs Millionen Exemplare wurden so bislang gedruckt und jeden Monat erscheinen rund 500 neue Titel. Susanne Reinerth hat ein Buch über gesunde Ernährung für Hunde geschrieben – und hat bis jetzt 10 000 Exemplare verkauft. „Ich habe keinen Verlag gefunden, war mir aber sicher, dass es einen Markt gibt", sagt sie, „Bei ‚Bücher auf Nachfrage' konnte ich außerdem bestimmen, wie mein Buch aussieht, was es kosten soll und was ich verdienen möchte." Auf Platz 1 der Belletristik- Bestsellerliste steht ‚Ich will nicht, dass ihr weint', das Tagebuch der 16-jährigen Jenni, die an Krebs gestorben ist. „Ich erfülle mit dem Buch einen Wunsch meiner Tochter", sagt Jennis Mutter Marianne. „Sie hat das letzte Kapitel im Krankenhaus ihrer Schwester diktiert." 11 000 Exemplare sind bislang verkauft worden. Der Erlös geht an die Kinderkrebshilfe.

Jennis Buch wurde ebenfalls von einem Verlag abgelehnt. Solche Erfolgsgeschichten erfreuen natürlich Moritz Hagenmüller, den Geschäftsführer von ‚Bücher auf Nachfrage'. „So viele Menschen haben Geschichten in der Schublade, die andere lesen möchten", sagt er. „Aber es gibt so viel Konkurrenz auf dem traditionellen Markt, dass Verlage weniger Risiken eingehen wollen. Hier hat jeder die gleichen Chancen. Und wenn Bücher wie Jennis Erfolg haben, zeigen wir, dass es im Buchhandel auch anders geht."

2b Beantworten Sie die Fragen auf Deutsch.

a Was können Autoren durch die Webseite ‚Bücher auf Nachfrage' machen?

b Wie unterscheidet sich die Webseite von anderen Online-Buchhandlungen?

c Warum hat Susanne Reinerth die Seite benutzt?

d Was konnte sie bei ihrem Buch entscheiden?

e Warum wollte Marianne unbedingt das Buch ‚Ich will nicht, dass ihr weint' verkaufen?

f Was macht Marianne mit dem Geld, das sie mit dem Buch verdient?

g Warum fällt es vielen Autoren laut Moritz Hagenmüller schwer, einen Verlag zu finden?

h Worüber freut er sich besonders?

3 👥 Diskutieren Sie mit einem Partner/einer Partnerin.

• Kaufen Sie Bücher lieber online oder in einer Buchhandlung? Warum?

• Was halten Sie von der Webseite ‚Bücher auf Nachfrage'?

4a Lesen Sie diesen Text.

Das Leben der Anderen

Geschichten über das Leben in der DDR haben sich in den letzten Jahren als gute Quelle für deutsche Regisseure erwiesen. Keine aber ist bewegender als der auf so einer Geschichte beruhende Film ‚Das Leben der Anderen', der u. a. auch einen Oscar gewann. Der linientreue Stasi-Hauptmann Gerd Wiesler soll dem erfolgreichen Dramatiker Georg Dreyman (Sebastian Koch) und seiner Lebensgefährtin, einem gefeierten Theaterstar, nachspionieren. Seine Einblicke in ihr gemeinsames Leben erwecken in ihm jedoch Zweifel über seinen Auftrag. Als Dreyman einen Artikel über die DDR in den Westen schmuggelt, steht Weisler vor einer dramatischen Entscheidung.

Der Film handelt von einem schmerzhaften Teil der jüngsten deutschen Geschichte. Spionage und nachrichtendienstliche Mittel der Stasi richteten sich massiv gegen die eigene Bevölkerung. Alle gesellschaftlichen Bereiche waren von Überwachungsstrukturen durchsetzt. Zum Zeitpunkt des Mauerfalls im Herbst 1989 hatte die Stasi 91 015 hauptamtliche und etwa 175 000 inoffizielle Mitarbeiter (IM). Inoffizielle Mitarbeiter waren Personen, die verdeckt Informationen an das Ministerium für Staatssicherheit lieferten, ohne direkt für das Ministerium zu arbeiten. Bei den Informationen handelte es sich in der Regel um Berichte über das Verhalten von Personen aus dem persönlichen oder beruflichen Umfeld der inoffiziellen Mitarbeiter. Häufig waren auch enge Freunde und Familienangehörige betroffen.

Gleich nach dem Mauerfall versuchten Beamte der SED viele Stasi-Akten zu zerstören, doch durch die schiere Anzahl an Akten war dieser Versuch unmöglich. Die Akten sind jetzt in einem Archiv, und jeder, der eine Akte hat, hat das Recht, sie zu sehen. Damit gelangte die Identität zahlreicher IM ans Tageslicht, was für manche Aufklärung bedeutete, für andere aber zu neuen Tragödien führte, als Freunde oder Verwandte erfuhren, dass man sie bespitzelt hatte.

In ‚Das Leben der Anderen' entscheidet sich auch Dreyman, seine Akte zu lesen, weil er wie viele andere DDR-Bürger die eigene Vergangenheit verstehen will.

4b Lesen Sie den ersten Absatz noch einmal und wählen Sie die richtige Antwort.

a   Der Film ‚Das Leben der Anderen' …

　　1   … ist eine Quelle für andere Regisseure

　　2   … hat viele Stasi-Mitarbeiter gerührt

　　3   … wurde mit mehreren Preisen ausgezeichnet.

b   Im Film soll Wiesler …

　　1   … einen berühmten Dramatiker überwachen

　　2   … geschmuggelte Materialien ausfindig machen

　　3   … eine Freundschaft mit einem Theaterstar anknüpfen.

c   Im Laufe seiner Spionage …

　　1   … wird Wiesler unsicher, was seine Arbeit betrifft

　　2   … entscheidet sich Wiesler, in den Westen zu fliehen

　　3   … wird Wiesler von der Richtigkeit seines Auftrags überzeugt.

4c Lesen Sie den zweiten und dritten Absatz noch einmal und wählen Sie die vier richtigen Aussagen aus.

a   Die Stasi hat die DDR-Bevölkerung überwacht.

b   Bürger wurden gezwungen, IM zu werden.

c   IM haben Auskunft über andere Personen weitergereicht.

d   IM wurden nicht gebeten, ihren nächsten Angehörigen nachzuspionieren.

e   Beamte der DDR wollten nicht, dass die Akten die Wende überlebten.

f   Die Stasi-Akten sind heute noch geheim.

g   In den Akten können Bürger herausfinden, wer sie bespitzelt hat.

4d Übersetzen Sie den letzten Absatz.

Politik – Globale Probleme

By the end of this unit you will be able to:

- understand the German political system and the latest national and international developments
- discuss the rights of the individual in a democracy
- work out the meaning of war and terrorism

- use conjunctions
- use relative pronouns
- select appropriate vocabulary
- link sentences grammatically and logically

Seite	Thema
94	Politik – national und international
96	Die Macht des Einzelnen
98	Krieg und Terrorismus
100	Prüfungstraining
102	Zur Auswahl
103	Wiederholung Einheit 9

1 Finden Sie die passenden Satzenden unten für diese drei Satzanfänge.

1 Eine Frau, die ...

2 Niemand hätte es für möglich gehalten, dass ...

3 Ein Brite ist verantwortlich dafür, dass ...

a ... sie das Schicksal ostdeutscher Bürger mitbestimmen können.

b ... das deutsche Parlament jetzt in Berlin tagt.

c ... Bürger Augenzeugen parlamentarischer Debatten werden können.

d ... sie regiert jetzt Deutschland.

e ... an der Spitze der deutschen Regierung steht.

2a Notieren Sie mit einem Partner/einer Partnerin auf Englisch alles, was Sie über die englische Politik wissen. Es stehen Ihnen zwei Minuten zur Verfügung.

2b Sehen Sie sich die Fotos auf dieser Seite an, recherchieren Sie im Internet und bereiten Sie einen kurzen Vortrag über die deutsche Politik vor.

▮ *Was hat sich geändert?*

1a Machen Sie eine Liste mit einem Partner/ einer Partnerin von allen deutschen Wörtern oder Namen, die Sie bereits im Zusammenhang mit Politik kennen.

1b Vergleichen Sie die Liste mit denen Ihrer Klassenkameraden und ergänzen Sie sie mit Begriffen aus dem Wörterbuch.

2a Lesen Sie den Text.

Was ist bloß aus dem Mädchen geworden?

Eine Frau an der Spitze der deutschen Regierung? Eine Nicht-Katholikin als Vorsitzende der CDU? Noch dazu eine Ostdeutsche? Und geschieden? Unmöglich! Aber Frau Dr. Merkel hat es geschafft. Eine Seiteneinsteigerin.

Als Pfarrerstochter in einem sozialistischen Staat aufgewachsen, musste sie praktisch von der Wiege auf Diplomatie und Anpassungsfähigkeit erlernen. In der Schule mit ausgezeichneten Leistungen glänzend, studierte sie Physik in Leipzig und war eigentlich bis zur Wende nicht politisch aktiv, obwohl sie, wie damals fast alle DDR-Jugendlichen, der marxistischen FdJ (Freie deutsche Jugend) angehörte. An der Akademie der Wissenschaften in Berlin erwarb sie schließlich ihren Doktortitel.

Ihre politische Karriere begann in der Wendezeit, wo sie sich bald als Regierungs-Sprecherin der CDU (Ost) einen Namen machte.

Schnell wurde der damalige Kanzler Helmut Kohl auf sie aufmerksam und nahm sie unter seine Fittiche. Viele nannten sie ‚Kohls Mädchen'. Er erkannte ihr unwahrscheinliches politisches Talent, und bereits im November 1990, nach erfolgreicher Bundestagskandidatur in Stralsund-Rügen-Grimmen, hatte sie ihr erstes politisches Amt als Ministerin für Fauen und Jugend inne.

Und der Rest? Der Rest ist Geschichte …

2b Beenden Sie die folgenden Satzanfänge.

a Es gibt vier Gründe, warum es ungewöhnlich ist, eine Frau wie Angela Merkel an der Spitze der deutschen Regierung zu finden. Sie ist _____, _____, _____ und _____.

b Es ist nicht erstaunlich, dass Angela Mitglied der marxistischen FdJ war, obwohl _____.

c Da Angela in der Schule ausgezeichnete Leistungen erbracht hatte, war es nicht verwunderlich, dass _____.

d Angela Merkel bekam den Doktortitel an _____.

e Ihre Ernennung zur Regierungsministerin war für alle eine Überraschung, weil sie vorher nicht _____.

3a Und wie steht die Bevölkerung zu Angela Merkel? Hören Sie sich die folgenden zwei Kommentare an.

3b Beantworten Sie die folgenden Fragen.

a Was ist der Vorteil der heutigen Regierung?

b Was ist das größte innenpolitische Verdienst der Bundeskanzlerin?

c Und außenpolitisch?

d Warum hat Frau Merkel ihre sozialistischen Prinzipien scheinbar aufgegeben?

e Warum könnte es positiv sein, dass eine Ostdeutsche ein so hohes Amt bekleidet?

f Welche zwei Aspekte der Vergangenheit sind für Ossis besonders wichtig?

4a Lesen Sie den Text über Links- und Rechtsradikalismus. Sehen Sie sich auch Arbeitsblatt 42 an.

Wählerunzufriedenheit äußert sich in Gewinnen bei rechts- und linksradikalen Parteien

Seit dem Krieg hatten die traditionellen Parteien – die CDU/CSU, die SPD und die FDP – das politische Geschehen in Deutschland bestimmt. Nach der Wende war es klar, dass auch die Stimme des Sozialismus in der neuen BRD demokratischen Ausdruck finden musste, und so bildete sich im Osten aus den Reihen der ehemaligen SED die Partei des demokratischen Sozialismus (PDS), die hauptsächlich in den Landtagen der neuen Bundesländer vertreten war. 2005 schlossen sie sich mit einigen SPD-Mitgliedern zusammen und konnten bei der Bundestagswahl 8,7% der Stimmen für sich gewinnen, was 2007 zur Gründung der ‚Linkspartei' führte.

Doch auch die Rechte erlebte einen Aufschwung: die NPD (Nationaldemokratische Partei Deutschlands) ist nun in zwei Landtagen vertreten: In Sachsen erzielten sie 9,2% und in Mecklenburg-Vorpommern 2006 sogar 16,8%.

Extrem rechte Parteien kennt man auch aus Österreich und Frankreich. Doch warum gerade diese wachsende Beliebtheit in Ostdeutschland? Wollen die Menschen dort endlich nach 40 Jahren sozialistischer Diktatur Demokratie üben oder vielleicht ihre Unzufriedenheit über die hohe Arbeitslosigkeit und mangelnde Zukunftsperspektiven bekunden?

4b Erklären Sie diese Ausdrücke aus dem Text auf Deutsch. Versuchen Sie so weit wie möglich, Ihre eigenen Worte zu benutzen.

a nach der Wende

b die neuen Bundesländer

c die Rechte erlebte einen Aufschwung

d die wachsende Beliebtheit

5a Lesen Sie den folgenden Text zur neuen Machtverteilung.

Neue Fronten in Europa

Über vierzig Jahre lang, vom Ende des Zweiten Weltkriegs bis 1989, beherrschten der Eiserne Vorhang und der Kalte Krieg zwischen Ost und West das politische Geschehen in Europa insbesondere und in der Welt im Allgemeinen.

Doch mit dem Fall der Mauer und dem Zerbröckeln der sozialistischen Regime in den Ostblockländern änderte sich plötzlich alles: Aus Russland wurde ein wichtiger Handelspartner, und viele ehemalig kommunistische Staaten entschieden sich für eine freie Marktwirtschaft.

2007 schwoll die EU auf 27 Mitgliedsstaaten an, eine nicht unbeträchtliche wirtschaftliche Einheit. Mit einer Bevölkerung von fast einer halben Milliarde übersteigt die Wirtschaftsmacht der EU die eines jeden anderen Staates, einschließlich der USA, und macht fast ein Viertel des gesamten Weltmarkts aus.

Gleichzeitig bereitet der Vormarsch der Schwellenländer wie China und Indien den alten Wirtschaftsmächten Kopfzerbrechen. Diese können wegen der Billigimporte nicht konkurrieren und müssen neue Möglichkeiten finden, um wettbewerbsfähig zu bleiben.

Der Ost-West-Konflikt ist endgültig vorbei. Die neue Herausforderung für die Politik bedeutet: wirtschaftliche Krisen bewältigen, die immer knapper werdenden Bodenschätze gerecht verteilen, dem Terrorismus Einhalt bieten, Klimakatastrophen abwenden.

5b Wählen Sie **eine** der beiden Fragen und schreiben Sie einen Aufsatz von 250–400 Wörtern darüber.

- Sollte man rechtsradikale Parteien in einem Staat wie Deutschland, der durch die Nazis viel Unglück auf der ganzen Welt verursacht hat, verbieten?

- Die Wahlbeteiligung ist mit 77,7% in Deutschland und 61,3% in Großbritannien nicht gerade hoch. Wie erklären Sie die Partei- und Politikmüdigkeit unserer Zeit?

Die Macht des Einzelnen

▌ *Das Recht zur Versammlung und zur Bildung von Interessensgemeinschaften ist im Grundrecht verankert.*

ARTIKEL 8

Alle Deutschen haben das Recht, sich ohne Anmeldung oder Erlaubnis friedlich und ohne Waffen zu versammeln.

ARTIKEL 9

Alle Deutschen haben das Recht, Vereine und Gesellschaften zu bilden.

1a Besprechen Sie mit Ihrem Partner/Ihrer Partnerin diese Bilder. Haben beide Gruppen das gleiche Recht zur Demonstration?

DDR-Bürger auf der Straße - ein Volk hat seine Angst verloren.

Auch sie üben ein demokratisches Recht aus, aber wie lange noch?

1b Ordnen Sie die folgenden Anliegen gemäß Ihren Prioritäten. Begründen Sie Ihre Entscheidung in ein paar Sätzen.

- Irak-Krieg
- Tierversuche
- Tibetpolitik Chinas
- Überfälle auf Jugendliche in Ihrer Gegend
- Genversuche

2a Lesen Sie den Text über NPD-Aktivitäten und Proteste in Rheinsberg.

Bürger machen mobil gegen Neo-Nazis

Rheinsberg im Nordosten Brandenburgs versteht sich als ‚Kulturhauptstadt' und weist auf seiner Webseite stolz auf seine literarische Verbindung zu Kurt Tucholsky und Theodor Fontane und sein Schloss hin. Die rechtsradikalen Angriffe, die das Städtchen in den letzten Jahren in die Schlagzeilen brachten, empörten allerdings alle Bürger: Wiederholt hatte man die Dönerbude eines türkischen Bürgers in Brand gesteckt, was schließlich dessen finanziellen Ruin zur Folge hatte. Die Rheinsberger bekundeten ihre Solidarität gegen die nicht ortsansässigen Täter in einer Demonstration und riefen eine Spendenaktion ins Leben, um die materielle Existenz der türkischen Familie zu sichern. Rassistisch motivierte Überfälle waren für das Städtchen untragbar.

Doch dann kommt eine erneute Herausforderung: Die NPD will leer stehende Gebäude zwecks Errichtung eines Nationalen Begegnungs- und Schulungszentrums erwerben. Die Stadt ist in Aufruhr: In Rheinsberg habe es nie eine rechtsextremistische Präsenz gegeben, so der Bürgermeister. Die Bürgerinitiativen häufen sich. Man plant außer Plakat- und Transparentaktionen auch ein Rockkonzert, um die NPD mit deren Waffen zu schlagen, da diese ihre Mitglieder häufig auf solchen Veranstaltungen rekrutiert.

2b Beantworten Sie die Fragen auf Deutsch.

  a Geben Sie drei Gründe an, warum die Stadt sich auf ihrer Webseite als ‚Kulturhauptstadt' bezeichnen kann.

  b Was passierte bei den Angriffen auf einen Türken?

  c Wie reagierten die Bürger auf diese Provokation?

  d Warum war Rheinsberg neulich wieder in den Schlagzeilen?

  e Zu welchem Zweck sollten die Gebäude genutzt werden?

  f Welche Aktionen sind gegen die NPD geplant?

2c Erklären Sie diese Ausdrücke aus dem Text auf Deutsch. Versuchen Sie so weit wie möglich, Ihre eigenen Worte zu benutzen.

  a in die Schlagzeilen bringen

  b was den finanziellen Ruin des Inhabers zur Folge hatte

  c eine Spendenaktion ins Leben rufen

  d mit eigenen Waffen … schlagen

3a Hören Sie sich einen Bericht über die geplante Einführung von Nachtflügen und erhöhte Lärmbelästigung an.

Bürgerrechte bedeuten auch das Recht auf ausreichenden Schlaf.

3b Was passt zusammen? Finden Sie die passenden Endungen (rechts oben) für diese Satzanfänge. Achtung: Es gibt mehr Endungen als Anfänge!

  a Der deutsche Flugverkehr …

  b In Deutschland gibt es jetzt schon …

  c Die Fluglinien hatten versprochen …

  d Die Vertreter der Bürgerinitiativen …

  e Die Menschen in Hessen glauben, …

  1 gibt es 257 Flughäfen.

  2 ihre Lebensqualität sei durch den Flughafen eingeschränkt.

  3 wird bald eine größere Katastrophe für die Umwelt sein als Autos.

  4 sechs Stunden lang nachts überhaupt nicht zu fliegen.

  5 mit 75 Dezibel dem Gehör sehr schädlich.

  6 wollten ein Mitspracherecht bei der Vergrößerung des Flughafens.

  7 mehr Flughäfen als anderswo auf der Welt.

4a Machen Sie mit einem Partner/einer Partnerin eine Liste der Anliegen, gegen die Sie demonstrieren würden.

4b Entwerfen Sie ein Plakat zu Ihrem Anliegen und tragen Sie Ihr Anliegen in einem einminütigen Vortrag Ihren Klassenkameraden vor.

4c Schreiben Sie einen Aufsatz von 250–400 Wörtern, in dem Sie Ihre Kampagne zur Lösung Ihres Anliegens planen.

Hilfe

sich für ein Anliegen entscheiden

im Internet oder in der Bibliothek nachforschen

Fakten auf einer Liste zusammenstellen

Flugblätter anfertigen

Informationen verteilen

die Presse informieren

eine Unterschriftensammlung organisieren

an die Stadt-/Kreis-/Landesverwaltung schreiben

eine Versammlung zusammenrufen

eine Bürgerinitiative gründen

Wenn Sie noch mehr Interesse haben, sehen Sie sich diese Webseite an.
www.aktionsbuendnis.brandenburg.de/

Krieg und Terrorismus

▌ *Was kommt auf uns zu?*

1a Diskutieren Sie mit einem Partner/einer Partnerin, wovor Sie am meisten Angst haben.

- ein Dritter Weltkrieg
- ein Terroristenangriff auf Ihre Heimatstadt
- Rechtsradikale in Ihrer Schule

1b Halten Sie einen kurzen Vortrag und rechtfertigen Sie Ihre Antwort vor Ihrer Klasse.

2a Lesen Sie den folgenden Artikel zur Einstellung der Deutschen zu militärischen Auseinandersetzungen.

Kriegsmüdigkeit unter den Deutschen

Die beiden Weltkriege und deren Auswirkungen beherrschten das politische Geschehen im 20. Jahrhundert. Schon der erste, der Krieg aller Kriege, hatte mindestens neun Millionen Menschenopfer in aller Welt gefordert und hatte auch Deutschland innenpolitisch geschwächt. Diese von Historikern als ‚Urkatastrophe des 20. Jahrhunderts' bezeichnete Periode führte zur Stärkung radikaler Bewegungen und zur Auslösung der zweiten, noch verheerenderen militärischen Auseinandersetzung sämtlicher Großmächte miteinander. Der Gesamtverlust von ungefähr 55 bis 60 Millionen Menschenleben einschließlich der systematischen Ausrottung der Juden lastet schwer auf dem Gewissen der Deutschen.

Die deutsche Regierung unter Führung von Gerhard Schröder lehnte eine Beteiligung am Irak-Krieg kategorisch ab. In Berlin allein protestierten 500 000 Menschen gegen den Krieg. Seine entschlossene Haltung verhalf Schröder zum Gewinn der Bundestagswahl im Jahr 2003, belastete jedoch das deutsch-amerikanische Verhältnis auf mehrere Jahre.

Doch im neuen Jahrtausend beteiligte sich die deutsche Armee zum ersten Mal seit dem Ende des Zweiten Weltkriegs am Nato-Einsatz im Kosovokrieg. Kurz darauf kam es zu einem weiteren Einsatz der Bundeswehr, und seit 2002 sind 3200 Deutsche im Norden Afghanistans als Wiederaufbauteams und Schutztruppen an der Operation *Enduring Freedom* beteiligt.

2b Beantworten Sie die folgende Fragen.

a Was für Auswirkungen hatten die beiden Weltkriege auf Deutschland?

b Wieso fühlen sich viele Deutsche schuldig gegenüber den Juden?

c Was wollten die Menschen durch die Protestmärsche zeigen?

d Welche Aufgaben haben die deutschen Soldaten in Afghanistan?

2c Diskutieren Sie diese Fragen in der Gruppe.

- Glauben Sie, dass Deutschland allein am Zweiter Weltkrieg schuld war?
- Sollte Deutschland nach seiner schrecklichen Geschichte noch Soldaten haben?
- Glauben Sie, wir sollten überhaupt in Ländern wie Kosovo oder Afghanistan militärisch eingreifen?

2d Lesen Sie noch einmal den Text und machen Sie sich Notizen, in denen Sie folgende Stichpunkte berücksichtigen:

- Themen, die aus dem Text entstehen
- Ihre Meinung zum Thema Krieg

3a Hören Sie sich an, was die folgenden Personen sagen, die zum Thema Terrorismus in Deutschland befragt wurden.

3b Beantworten Sie die folgende Fragen auf Englisch.

Herr Frieda

a Why did Herr Frieda feel some sympathy with the movement to start with?

b What changed his attitude?

c How many people died as a result of this terrorist movement?

Susi Frieda

d Which group do young Germans fear most of all?

e Which two modern developments impinge most on people's lives?

f How was Susi personally affected by terrorism?

4a Lesen Sie den folgenden Artikel über Terrorzellen in Hamburg.

Und die Spuren führen immer wieder nach Hamburg!

Sicherheitsexperten gehen davon aus, dass die Angriffe auf das World Trade Center am 11. September 2001 in der Terroristenzelle um den Todespiloten Mohammed Atta in Hamburg geplant worden seien. Atta und seine Gefährten hatten über viele Jahre in Hamburg gelebt und die dortige Universität besucht.

Die Drahtzieher der Madrider Zugbomben von 2004 sollen ebenfalls Kontakte zu ihnen gehabt haben. Einer der drei algerischen Attentäter sei mit den Hamburger Terrorverdächtigen verwandt.

Auch die vereitelten Kofferbomben vom 31. Juli 2006, die zwei deutsche Züge zum Explodieren bringen sollten, gehen auf Hamburg zurück: der in seinem Heimatland inhaftierte Libanese hatte eine Moschee in Hamburg als Zweitwohnsitz angegeben.

Selbst die Ermordung des ehemaligen sowjetischen Agenten Litwinenko in London wurde mit der Elbestadt in Verbindung gebracht: einer seiner regelmäßigen Kontakte war in einem dortigen Wohnhaus registriert.

Die Hamburger Sicherheitsbehörden haben zusätzliche Mittel im Kampf gegen den Terrorismus beantragt.

4b Wählen Sie die richtige Antwort.

a In Hamburg …

   1 wohnten die Terroristen des 11. September.

   2 planten die Terroristen den 11. September.

   3 ist Mohammed Atta gestorben.

b Die Madrider Zugterroristen …

   1 hatten Kontakte zu Terroristen in Hamburg.

   2 wohnten in Hamburg.

   3 besuchten Verwandte in Hamburg.

c Der Russische Ex-Agent …

   1 besuchte Hamburg oft.

   2 wurde in Hamburg ermordet.

   3 kannte eine ihm wichtige Person in Hamburg.

5 Wählen Sie eine der folgenden Fragen und schreiben Sie einen Aufsatz von 250–400 Wörter darüber.

- „Nie wieder Krieg! Ein Dritter Weltkrieg würde zur Vernichtung der Menschheit führen." Glauben Sie, eine solch pazifistische Haltung ist unter allen Umständen gerechtfertigt?

- Wegen erhöhter Sicherheitskontrollen am Flughafen haben Sie Ihren Flug verpasst. Schreiben Sie an eine Zeitung und äußern Sie sich dazu, ob diese Maßnahmen Sinn machen oder unsinnig sind.

Hilfe

einen Krieg führen

Atomwaffen einsetzen

mit allen Mitteln verhindern

auf diplomatischem Wege

die Sicherheitskontrolle

seine Schuhe ausziehen müssen

jede Handtasche durchsuchen

Prüfungstraining

The activities on this page will help you to:

▌ understand how complex sentence structures with subordinate clauses work, using conjunctions

▌ use relative pronouns correctly

▌ select appropriate vocabulary for abstract concepts

▌ make your writing style more complex by adding more linking words to your language

Grammatik ➡ 145-6 ➡ W74-5

Conjunctions

Ⓐ Verbinden Sie diese Sätze mit einer Konjunktion.

  a Deutschland hat eine starke Regierung. Die CDU und die SPD haben zusammen eine Koalition gebildet. (seitdem)

  b Niemand hätte es für möglich gehalten. Eine Ostdeutsche und dazu noch eine Frau wird Kanzlerin. (dass)

  c Viele Ostdeutsche haben nach der Wende ihre Arbeitsplätze verloren. Die Betriebe mussten saniert oder sogar geschlossen werden. (weil)

  d Die Zahl der Arbeitslosen ist in Deutschland seit 2005 gesunken. Die Weltwirtschaftslage schien bedenklich. (obwohl)

Ⓑ Schreiben Sie die folgenden Sätze noch einmal, so dass jeder Satz mit der Konjunktion beginnt.

  a In den neuen Bundesländern sind linke Parteien relativ stark vertreten, während in den alten die Grünen die Politik noch mitbestimmen.

  b Die Wiedervereinigung Deutschlands war nicht aufzuhalten, nachdem die Berliner Mauer gefallen war.

  c Viele Menschen begrüßten die Wende, weil die Ostdeutschen von nun an demokratische Rechte genossen.

  d Andere dagegen sehnten sich nach einer Rückkehr zu einem sozialistischen Staat, als sich plötzlich der Preis für Mieten und Brot verdreifachte.

Grammatik ➡ 146 ➡ W35-6

Relative pronouns

Ⓐ Setzen Sie das jeweils passende Relativpronomen ein.

  a Dr. Helmut Kohl war der Kanzler, _____ Deutschland vereinigt hat.

  b Der Bundespräsident, _____ Amtssitz Schloss Bellevue ist, wird alle fünf Jahre gewählt.

  c Der Reichstag ist das Gebäude, in ____ der Bundestag seine Sitzungen abhält.

  d Nicht alle Ostdeutschen, _____ Freiheit und Wohlstand versprochen worden war, sind jetzt mit ihrem Leben zufrieden.

Ⓑ Verbinden Sie die beiden Satzhälften.

  a Die Linke ist eine Partei, ...

  b Die FDP ist eine Partei, ...

  c Die NPD ist eine Partei, ...

  d Die CSU ist eine Partei, ...

  1 ... mit der die CDU eine große Fraktion im Bundestag bildet.

  2 ... in der die ehemaligen ostdeutschen Sozialdemokraten und die extrem linken der SPD zusammengefunden haben.

  3 ... ohne die die großen Parteien oft keine Regierung hätten bilden können.

  4 ... über die viele politische Beobachter Besorgnis äußern.

Tipp

Selecting appropriate vocabulary

● Start collecting abstract vocabulary which will change the style of your writing, e.g.:

> in dieser Hinsicht   auf diesem Gebiet
> ihrer Meinung nach   in jenem Bereich

● In your reading, note down verbs which go with certain nouns, as shown in exercise 1.

1 Wählen Sie jeweils das passende Wort.

a Der Bundestag hat ein Gesetz … .

   herausgegeben   geschaffen   verabschiedet

b Die Bundesregierung hat Maßnahmen zur Bekämpfung der Arbeitslosigkeit … .

   getroffen   ergriffen   gemacht

c Eine Vereinbarung über die Nutzung der Luftkorridore war … worden.

   getroffen   beschlossen   ausgemacht

d Der Bundestag hat den Entschluss …, Truppen in den Kosovo zu schicken.

   getroffen   gefasst   entschieden

2a Vergleichen Sie diese beiden Texte.

> Im Jahr 1989 war die DDR pleite. Die Menschen hatten zu viel im Westfernsehen gesehen: Die Ungarn hatten den Eisernen Vorhang geöffnet, Gorbatschow hatte in Russland einen milderen Reformkurs eingeführt, und in China war die friedliche Tiananmenplatz-Revolution blutig zu Ende gegangen. Sie wollten jetzt mehr demokratische Rechte und auch Reisefreiheit. Sie gingen also auf die Straße, um zu demonstrieren. Die Volksbewegung nahm immer mehr zu. Die Mauer wurde dann am 9. November 1989 geöffnet.

> Es war offensichtlich, dass die DDR 1989 kurz vor dem Ruin stand. Während des Jahres hatten die Menschen im Westfernsehen zusehen müssen, wie die Ungarn den Eisernen Vorhang öffneten. Sogar Russland hatte mit der Ernennung Gorbatschows

einen milderen Reformkurs eingeführt, und alle waren entsetzt, dass die friedliche Revolution auf dem Tiananmenplatz in China blutig niedergeschlagen worden war. Gestärkt durch die Ereignisse in Ungarn und Russland verlangten die Menschen jetzt mehr demokratische Rechte und auch Reisefreiheit. Aus diesem Grund gingen sie auf die Straße, um zu demonstrieren. Zu aller Erstaunen nahm die Volksbewegung immer mehr zu und führte dazu, dass die Mauer schließlich am 9. November 1989 geöffnet wurde.

2b Machen Sie eine Liste von Ausdrücken, die im zweiten Text verwendet wurden und mit denen Sie Ihren eigenen Schreibstil verbessern könnten.

Tipp

Link sentences grammatically and logically

● Link your shorter sentences with appropriate conjunctions. Do not forget to make the resulting word order changes.

● Start collecting a list of expressions which create logical links between your thoughts, such as:

> aus diesem Grunde
> deswegen
> als Folge davon
> zu aller Erstaunen
> nichtsdestotrotz
> *a time phrase*, e.g.: nach diesem Ereignis

● In your reading, note down verbs which go with certain nouns, as shown in exercise 1.

3 Verbessern Sie diesen Text, indem Sie die Sätze miteinander verbinden und logische Erklärungen hinzufügen.

> Die Ölkrise in den siebziger Jahren machte das Autofahren teurer. Die Menschen wurden auf ihre Umwelt aufmerksam. Es bildete sich die Grüne Partei. Sie verlangte den Abbau der Atomkraftwerke und die Einführung umweltschützender Maßnahmen. Dies kostete die Industrie viel Geld. Die Partei war bei den großen Unternehmern nicht beliebt. Die breite Masse lehnte sie als zu idealistisch ab. 1990 kam der Zusammenschluss mit den Grünen aus dem Osten. 1994 waren sie im Bundestag. 1998–2005 waren sie in der Regierung. Es gab eine Koalition von SPD und den Grünen.

Horst Köhler, Bundespräsident

1a Hören Sie sich den Bericht zur Arbeit des Bundespräsidenten an.

1b Beantworten Sie diese Fragen auf Deutsch.

a Wie oft wird der Bundespräsident gewählt?

b Wie viele Bundespräsidenten hat es schon vor Horst Köhler gegeben?

c Was ist die Hauptaufgabe des Präsidenten?

d Wie kann der Bundespräsident einen Einfluss auf die Politik ausüben?

e Warum schien Köhler ein idealer Präsidentschaftskandidat zu sein?

f Welche Themen hat Köhler in seinen Reden erwähnt?

2a Bereiten Sie mit einem Partner/einer Partnerin Definitionen zu den Schlüsselbegriffen in dieser Einheit vor, z. B.:

- Bundestag
- Reichstag
- Bundeskanzler(in)
- Bundespräsident(in)
- Große Koalition
- Die Wende
- Der 11. September 2001
- Rechtsextremismus

2b Einigen Sie sich auf eine festgelegte Liste von Begriffen. Tragen Sie dann Ihre Definitionen Ihren Klassenkameraden vor, die raten müssen, worum es sich handelt.

Beispiel: Das ist das wichtigste Amt im Deutschen Staat. Diese Person wird auf vier Jahre gewählt, aber nicht direkt vom Volk, sondern von der Partei. Die Person bestimmt alle Richtlinien der Politik.
Antwort: Bundeskanzler(in)

3 Quiz.

a Wofür steht die Abkürzung NPD?

b Aus welchen Parteien besteht die große Koalition?

c Wer hat mehr Macht, der Bundeskanzler oder der Bundespräsident?

d Wie oft wird der Bundestag gewählt?

e Welche Farbe wird traditionell den Konservativen zugeordnet?

f Was ist eine Ampel-Koalition?

g Seit wann ist Berlin der offizielle Sitz der deutschen Regierung?

4a Lesen Sie im Internet über das Verhältniswahlrecht nach. Halten Sie dann einen einminütigen Vortrag, in dem Sie entweder für oder gegen dieses Wahlrecht plädieren. Ihre Klassenkameraden müssen dagegen argumentieren.

4b Sammeln Sie Argumente für die Herabsetzung des Wahlalters auf 16 Jahre. Tragen Sie diese Ihrer Klasse vor, die versucht, den gegenwärtigen Status quo zu verteidigen.

5 Hören Sie zu und sprechen Sie die folgenden Sätze nach.

a Sechshundert Bundestagsabgeordnete sitzen im Bundestag.

b Die Bundesversammlung ist das einmalige Zusammenkommen von Bundesrat und Bundestag.

c Viele Bürgerinitiativen sind aus ökologischen Gründen ins Leben gerufen worden.

d Bündnis 90 und die Grünen kümmern sich hauptsächlich um Umweltfragen.

e Die Parteiverdrossenheit ist eine Herausforderung an die Demokratie.

1a Lesen Sie den folgenden Text.

Der Reichstag, Symbol der deutschen Einheit

Geschichtsträchtig und hoch umstritten wurde im April 1999 dennoch der neue Reichstag in Berlin wiedereröffnet.

Nach zehnjährigem Bau war er 1894 feierlich dem Parlament übergeben worden. 1918 verkündete Scheidemann von seinen Fenstern aus den Beginn der Republik. Später wurde der Reichstag von den Nationalsozialisten als Symbol ihrer aufstrebenden Macht angesehen. Am 27. Februar 1933 ging er in Flammen auf, was vermutlich von Hitler dazu ausgenutzt wurde, die kommunistische Partei zu verbieten.

Während des Kriegs wurde der Reichstag zum Teil als Lazarett und Krankenhaus genutzt, und mehrere Kinder wurden darin geboren. Gegen Ende des Kriegs war er Schauplatz harter Kämpfe, da die Eroberung des Gebäudes für die Rote Armee hohen Symbolwert besaß. Die Einschüsse sind noch heute zu sehen.

Nach dem Bundestagsbeschluss vom 20. Juni 1991, Parlament und Regierung nach Berlin zu verlegen, erhielt der britische Architekt Norman Foster den Auftrag zum Umbau des Gebäudes. Die Restaurierung begann 1994, und 1999 wurde der Reichstag feierlich eingeweiht.

Sir Norman Foster hat nicht nur das Gebäude funktionell umgestaltet, er hat auch die ehemalige Kuppel neu geschaffen und durch den freien Zugang den Bürgern einen eindrucksvollen Einblick in die Parlamentsarbeit ihres Landes gewährt. Auf diese Weise wurde der Reichstag ,Dem Deutschen Volke' nicht nur symbolisch, sondern buchstäblich übergeben.

Seit damals haben mehr als 15 Millionen Menschen den Dom bestiegen und unter sich freien Einblick in die Parlamentsarbeit der deutschen Regierung gehabt. Gleichzeitig wird das Nobel-Restaurant auf der Dachterrasse als ultimative Erfahrung in vielen Reiseführern empfohlen und ist mit seinen 96 Sitzplätzen mit zusätzlichem Wintergarten oft auf Wochen ausgebucht.

1b Übersetzen Sie den ersten und zweiten Absatz des Textes ins Englische.

1c Erklären Sie diese Ausdrücke aus dem dritten Absatz auf Deutsch. Versuchen Sie so weit wie möglich, Ihre eigenen Worte zu benutzen.

  a als Lazarett und Krankenhaus genutzt

  b Schauplatz harter Kämpfe

  c die Rote Armee

  d einen hohen Symbolwert

1d Schreiben Sie diese Sätze zu Ende und verwenden Sie dabei Informationen aus dem Text.

  a Der Bundestag beschloss am 20. Juni 1991, … .

  b Der Brite Norman Foster war der Architekt, der … .

  c Nach fünf Jahren wurde 1999 … .

  d Wenn sie den Dom besteigen, können die Menschen … .

2a Hören Sie sich den folgenden Bericht über eine ehemalige Bundesministerin an, die Fraktionsvorsitzende der Grünen, Renate Künast

2b Answer the following questions in English.

a Why can one say that Renate Künast does not correspond to the idea of a normal politician?

b What does her work in a Berlin prison prove?

c What have been her prominent roles since 2001?

d Which are the five issues she most cares about?

e What purpose would a certificate for imported food have?

f What does she think the pharmaceutical companies might do to the developing countries?

g How does she relax during a weekend?

h How does she relax if she only has one evening off?

3a Studieren Sie diese Tabelle zum Ausgang der letzten Bundestagswahlen.

3b Machen Sie sich Notizen, um eine zweiminütige Auswertung der Tabelle geben zu können. Gehen Sie dabei besonders auf folgende Punkte ein:

- die Wahlbeteiligung
- die Zahl der Sitze
- die Koalitionsmöglichkeiten

3c Schauen Sie im Internet nach, was Sie zum Thema Zweitstimmen finden können. Inwiefern haben diese das Wahlergebnis beeinflusst, besonders z. B. bei der FDP?

Wahl zum 16. Deutschen Bundestag am 18. September 2005

Partei	Erststimmen	Prozent	Zweitstimmen	Prozent	Sitze	Wahlkreise
Wahlberechtigte	61 870 711					
Wähler	48 044 134	77.7				
Ungültige Stimmen	850 072	1.8	756 146	1.6		
Gültige Stimmen	47 194 062	100.0	47 287 988	100.0	614	299
SPD	18 129 100	38.4	16 194 665	34.2	222	145
CDU	15 390 950	32.6	13 136 740	27.8	180	106
FDP	2 208 531	4.7	4 648 144	9.8	61	0
Die Linke	3 764 168	8.0	4 118 194	8.7	54	3
GRÜNE	2 538 913	5.4	3 838 326	8.1	51	1
CSU	3 889 990	8.2	3 494 309	7.4	46	44
NPD	857 777	1.8	748 568	1.6	0	0

Stretch and Challenge
1 Umweltverschmutzung

1a Lesen Sie diesen Text.

Energieausweis für Hausbesitzer

Seit dem 1. Juli 2008 müssen Hausbesitzer, deren Haus vor 1965 gebaut wurde, einen Energieausweis vorweisen, wenn sie ihr Haus verkaufen wollen. Auch wenn man eine neue Wohnung mieten will, wird so ein Ausweis bald für alle Pflicht werden. Für Neubauten, die seit 2002 errichtet wurden, ist ein Energieausweis schon heute erforderlich.

Was aber soll ein Energieausweis bezwecken? Er soll Käufern und Vermietern zeigen, wie viel Energie das besagte Wohngebäude durchschnittlich verbraucht. Eine Skala von Grün über Gelb bis Rot zeigt den Energiestandard an. Ist der Pfeil der Skala im roten Feld, bedeutet das, dass der Energieverbrauch hoch ist; das grüne Feld zeigt einen geringeren Verbrauch an. Ein zweiter Pfeil zeigt die Umwelteigenschaften an. So liegt ein Haus mit Solarheizung natürlich im grünen, umweltfreundlichen Feld.

Und wie bekommt man so einen Energieausweis? Nun, es gibt besondere Energieberater, die diese Ausweise ausstellen. Im Internet kann man sich einen Berater aussuchen, der 250 bis 350 Euro für das Erstellen eines Energieausweises verlangt.

Was halten die Mieter und Hausbesitzer von dieser Regelung? „Ich bin gerade dabei, mir eine neue Wohnung zu suchen. Vor drei Jahren bin ich in eine wunderschöne Altbauwohnung mit großen Räumen gezogen. Die Wohnung war jedoch so schlecht isoliert, dass meine Heizungsrechnungen unheimlich hoch waren. Wenn es damals schon einen Energieausweis gegeben hätte, wäre ich wahrscheinlich gar nicht erst eingezogen", so Frau Meier aus Merzhausen.

1b Beantworten Sie die Fragen zum Text.

  a Warum hat man den Energieausweis eingeführt?

  b Welche Vorteile hat so ein Ausweis?

  c Was halten Sie von dieser neuen Regelung?

1c Lesen Sie den Text noch einmal und notieren Sie sich die Füllwörter.

1d Übersetzen Sie die Sätze mit den Füllwörtern ins Englische.

2 Ergänzen Sie diese Sätze mit einem passenden Füllwort.

  a Der Artikel über die neuen Passivhäuser war ___ gut.

  b Wie geht es dir ___?

  c Ich hatte ___ eine wirklich gute Idee.

  d Und was willst du ___ machen?

  e Wie kann man ___ so etwas Umweltschädliches kaufen?

  f Kommen Sie ___ herein!

3 Schreiben Sie einen Leserbrief an Ihre Lokalzeitung, in dem Sie sich über die Energieverschwendung in unserer Gesellschaft beschweren. Versuchen Sie, auch einige Füllwörter zu benutzen (250 Wörter).

Tipp

Using 'unless' or *es sei denn, (dass)*

- Wir werden unserer Umwelt langfristig schaden, **es sei denn**, wir ändern unsere verschwenderische Lebensweise. *We will harm our environment in the long term, unless we change our wasteful way of life.*

- Nichts wird sich ändern, **es sei denn**, die Politiker gehen mit gutem Beispiel voran. *Nothing will change unless the politicians set a good example.*

1 Translate the following sentences into German.

   a The increasing CO_2 emissions from aeroplanes will cause even more pollution, unless measures are taken to control the emissions.

   b We will run out of landfill sites, unless we recycle more and produce less waste.

   c We will not be able to cover our energy demand in the future, unless we invest more into alternative energy sources.

   d I will not go shopping with you, unless you use your own bags.

Tipp

Wortschatzübung

Suchen Sie für jeden Buchstaben im Wort ‚Flugverkehr' ein Wort, das zum Themenbereich Umwelt passt. Beispiel: ‚Emissionen' für ‚e'.

```
        E
        m
        i
        s
        s
        i
        o
        n
Flugverkehr
        n
```

Machen Sie dasselbe mit anderen Vokabeln aus diesem Themenbereich. Auf diese Weise können Sie Ihren Wortschatz überprüfen oder erweitern.

2a Übersetzen Sie den folgenden Abschnitt ins Englische.

Klimapolitik im Flugverkehr

Seit Beginn der 70er Jahre hat sich der Flugverkehr verfünffacht. Das bedeutete weltweit ein riesiges Wachstum der Fluggesellschaften. Dieses Wachstum soll laut Experten auch in den nächsten fünfzig Jahren so weitergehen. Allein in Deutschland hat sich die Zahl der Flugreisenden in den letzten zwölf Jahren verdoppelt. Keine gute Prognose also für unsere Umwelt. Um das Problem der ständig anwachsenden Treibhausgasemissionen des Flugverkehrs in den Griff zu bekommen, müssen politische Lösungen gefunden werden. Da der Flugverkehr größtenteils ein internationaler Wirtschaftszweig ist, sind Verhandlungen auf internationaler Ebene erforderlich. Es ist jedoch zu befürchten, dass klimapolitisch wirkungsvolle Vereinbarungen nicht so schnell zu erwarten sind.

2b Schreiben Sie diese Sätze zu Ende.

   a Experten glauben, … .

   b Das Problem der stetig anwachsenden Treibhausgasemissionen des Flugverkehrs kann … .

   c Der internationale Charakter des Flugverkehrs … .

   d Klimapolitisch wirkungsvolle Vereinbarungen … .

3 „Wenn die Bahn ihre Preise senken würde und gleichzeitig mehr Züge auf die Gleise brächte, sowie die Zugverbindungen besser aufeinander abstimmen würde, wären sowohl Flug- als auch Autoreisen weniger attraktiv."

Inwiefern stimmen Sie dieser Meinung zu? Schreiben Sie zwischen 250 und 400 Wörter und versuchen Sie, die im Tipp erwähnte Struktur zu benutzen.

Ausländer

Tipp

The use of the subjunctive in negative contexts and temporal clauses

- The imperfect or pluperfect subjunctive is often used after expressions such as *nicht dass, ohne* dass, *(an)statt dass/zu* and *als dass*, because they are concerned with what did not happen or what was not the case. This sounds less curt or abrupt than using the indicative.

    Statt dass sie mit ihren Eltern Deutsch gesprochen hätten, sprachen sie zu Hause nur ihre Muttersprache. *Instead of talking German with their parents, they only spoke in their mother tongue at home.*

Tipp

Using the imperfect or pluperfect subjunctive in subordinate clauses

- The imperfect or pluperfect subjunctive is sometimes used in subordinate clauses, mainly in relative clauses and *dass* clauses where the main clause, the subordinate clause or both clauses are negative.*

    Dies bedeutet jedoch nicht, dass er mit seiner Situation zufrieden wäre. *This doesn't mean that he is happy with his situation.*

    Es gibt keine Zeitung in der Stadt, die er nicht gelesen hätte. *There is no newspaper in town which he wouldn't have read.*

- The imperfect or pluperfect subjunctive can also be used in a temporal clause which is introduced by *bis, ehe,* or *bevor.* *

    Sie entschied sich, nicht zu warten, bis ihre Freundin ankäme. *She decided not to wait for her friend to arrive.*

    Er bat sie, noch ein bisschen zu bleiben, bevor sie nach Hause ginge. *He asked her to stay a little longer before she went home.*

- The pluperfect subjunctive is sometimes used in sentences with *fast* or *beinah(e).*

    Ich hätte den Wettbewerb beinah gewonnen. *I almost won the competition.*

* Note that in all these cases it is also possible to use the indicative.

1 Übersetzen Sie die Sätze ins Deutsche.

a The issue was too important for the politicians to ignore.

b Has she got German citizenship? Not that I know of.

c Instead of answering their questions he sent them to another office.

2 Übersetzen Sie diese Sätze ins Deutsche.

a They wanted me to wait at home until they fetched me.

b We almost missed the application deadline.

c The employer wouldn't give him a job until he learned the language of the country.

3a Übersetzen Sie den Text ins Englische.

Ab 1. Januar 2009 soll die Zuwanderung für Spitzenkräfte aus dem Ausland erleichtert werden. Dies wurde vom Bundeskabinett beschlossen, nachdem ein Aktionsprogramm vorgelegt worden war, um dem wachsenden Mangel an Fachkräften entgegenzuwirken. Man schätzt, dass Deutschland ungefähr 400 000 hoch qualifizierte Arbeitskräfte braucht, bis die Lücke überbrückt wäre. Ab 2009 können ausländische Spitzenfachkräfte unbefristet in Deutschland arbeiten, wenn sie mindestens 63 600 Euro verdienen, wohingegen sie bislang 86 400 Euro verdienen mussten. Das Gute an der neuen Regelung ist, dass das Wirtschaftswachstum davon profitiert, ohne dass es eine Belastung für den deutschen Arbeitsmarkt wäre. Gleichzeitig bemüht sich die Bundesregierung darum, den Arbeitslosen in Deutschland nahe zu legen, sich weiterzubilden, bis sie auch eine Qualifikation erworben hätten.

Die Regierung wolle vor allem auch das Potenzial innerhalb des Landes nutzen, so Schäuble. Wie man den deutschen Arbeitsmarkt für hoch qualifizierte Fachkräfte attraktiver machen will, ist eine Aufgabe, die den Politikern noch zu denken gibt, denn im Jahr 2007 wurde eine Zuwanderung von nur 466 Spitzenkräften registriert.

3b Inwiefern halten Sie dieses Aktionsprogramm für positiv? Begründen Sie Ihre Antwort und schreiben Sie ungefähr 200 Wörter.

107

Tipp

Verbs followed by the genitive

- Spoken German seldom uses verbs with the genitive, but the following verbs and idiomatic phrases are frequently used in literary and written German.

  jemanden (wegen) **einer Misshandlung** anklagen *to accuse someone of maltreatment*

  jemanden **eines Mordes** beschuldigen *to accuse someone of murder*

  jemanden **des Missbrauchs** überführen *to convict someone of abuse*

  sich **jemandes/einer Sache** annehmen *to take an interest in, to look after a matter*

  sich **einer Sache** bemächtigen *to gain possession of something*

  sich **der Kritik/einer Sache** enthalten *to refrain from criticism/something*

  sich **einer Sache** bewusst sein *to be aware of something*

  sich **einer Sache/guter Gesundheit** erfreuen *to enjoy something/good health*

- When translating a genitive object which is a noun clause into German, use either *zu* (+ infinitive), *dass* or the appropriate noun, where possible.

  *They are accused of **hitting** their children.* Sie werden beschuldigt, ihre Kinder **zu schlagen**.

  *She was convicted of **mistreating** her child.* Sie wurde überführt, ihr Kind **misshandelt zu haben**./Sie wurde **der Misshandlung ihres Kindes** überführt.

- When using the phrase *sich einer Sache bewusst sein* without the object, use *dessen + dass*.

  Wir waren uns **dessen** bewusst, **dass** sie nicht gut zurechtkam. *We were conscious that she was not coping very well.*

1 Lesen Sie den Text und übersetzen Sie die kursiv gedruckten Satzteile.

Kinder in Obhut

Auch in Deutschland gibt es noch *Kinder, deren Zuhause nicht sicher ist oder die von ihren Eltern vernachlässigt werden*. Sie werden von dem jeweiligen Sozial- und Jugendamt aus ihren Familien herausgenommen und in Heimen, Pflegefamilien oder Kinderdörfern untergebracht. *In Freiburg ist die Zahl dieser Inobhutnahmen bei Säuglingen und Kindern in diesem Jahr leider gestiegen. Eine Ursache dieser Zunahme* sei möglicherweise, dass die Medien offen über *Fälle vernachlässigter Kinder* berichteten und so die Öffentlichkeit auf das Problem und mögliche Indizien aufmerksam und dadurch auch sensibler gemacht worden sei. Manchmal werden diese Kinder kurzfristig und ohne Vorwarnung in Obhut gebracht, was für sie oft sehr dramatisch sei. *Die Leiter des Allgemeinen Sozialen Dienstes*, die dafür verantwortlich sind, *sind sich dieser schwierigen Situation völlig bewusst. Da aber die Eltern dieser Kinder* oft drogen- oder alkoholabhängig sind, *sind sie nicht in der Lage, sich der Erziehung ihrer Kinder verantwortungsbewusst anzunehmen.* Oft werden solche Kinder misshandelt oder missbraucht. *Trotz anfänglicher Schwierigkeiten* fühlen sich die meisten Kinder bei ihren Pflegefamilien recht schnell wohl. Die leiblichen Eltern haben die Erlaubnis, ihr Kind einmal pro Woche zu sehen, und werden dazu angeregt, *während dieser so genannten Auszeit*, also der Zeit ohne Kind, sich ihren Problemen zu stellen und sich einer Therapie zu unterziehen. Die Kinder sollen nämlich nicht auf Dauer von ihren Eltern getrennt leben, sondern zurückkehren, wenn letztere wieder in der Lage sind, sich um ihr Kind zu kümmern.

Jugendliche, deren Eltern mit ihnen und ihren Pubertätskonflikten nicht fertig werden, melden sich oft selbst beim Jugendamt.

2 Benutzen Sie den Tipp links und die Verben in Klammern und übersetzen Sie die folgenden Sätze ins Deutsche.

  a They enjoyed their children despite their age. (*sich erfreuen*)

  b He looked after his mother after she left the hospital. (*sich annehmen*)

  c She accused her husband of infidelity. (*bezichtigen*)

  d We were blamed for a crime which we had not committed. (*beschuldigen*)

3 Sie sind Jounalist/in und sollen den Leiter eines Jugendamts über Kinder in Obhut interviewen. Schreiben Sie das Interview auf und benutzen Sie möglichst viele Verben mit Genitiv.

Tipp

The use of the anticipatory *es*

- With some German verbs which have *zu* (+ infinitive) or a *dass*-clause as their object, the infinitive or the *dass*-clause are usually preceded by *es*.

  Er konnte **es** kaum **ertragen**, seinen Bruder im Gefängnis zu sehen. *He could hardly bear to see his brother in prison.*

  Nach dem Überfall **hatte** sie **es eilig**, vor dem Eintreffen der Polizei zu entkommen. *After the holdup, she was in a hurry to escape before the arrival of the police.*

- Other verbs for which *es* is necessary:

  es ablehnen zu to decline to do something

  es aushalten zu/dass to bear, to endure something

  es durchsetzen zu/dass to succeed in doing something in the face of opposition

  es jemandem nachtragen, dass to bear someone a grudge for having done something

  es satt haben zu to be sick of doing something

  es unterlassen zu to refrain from doing something

- Verbs for which *es* is optional:

  (es) sich angewöhnen zu to get used to doing something

  (es) jemandem anmerken to notice that

  (es) aufgeben zu to give up doing something

  (es) jemandem gönnen, dass to be glad/pleased for someone that

  (es) verhindern, dass to prevent something happening

  (es) vermeiden zu/dass to avoid doing something

1 **D** Übersetzen Sie diese Sätze ins Deutsche. Benutzen Sie ein Wörterbuch für Ausdrücke, die Sie nicht kennen. Machen Sie eine Liste dieser Ausdrücke und lernen Sie sie.

a One could have prevented the criminal escaping from the police.

b After many debates, the town finally succeeded in installing a large number of CCTVs in the town centre and other areas at risk.

c Some parents can't refrain from hitting their children.

d After months of therapy he gave up taking drugs.

e She was sick of looking after her younger sister who was always getting into trouble with the police.

2 Lesen Sie den Text und übersetzen Sie ihn ins Englische.

> Der Geschäftsführer einer wissenschaftlichen Beratungsstelle ist vom Landesgericht Hildesheim zu mehr als drei Jahren Freiheitsstrafe verurteilt worden. Er wurde der Bestechung in 61 Fällen beschuldigt. Der Angeklagte soll promotionswillige Kandidaten an einen Jura-Professor weitergeleitet haben und diesem dann Honorare gezahlt haben. Angeblich habe der Angeklagte nicht gewusst, dass er sich durch diese Zahlungen strafbar mache. Das Gericht hielt dies jedoch nicht für glaubwürdig und verurteilte ihn zu dieser Haftstrafe, obwohl die Verteidigung Freispruch gefordert hatte. Der Jura-Professor bekam ebenfalls eine dreijährige Haftstrafe.

3 Schreiben Sie die folgenden Sätze um, indem Sie die Verben in Klammern benutzen.

a Das Gericht wollte den Angeklagten nicht freisprechen. (ablehnen)

b Der Angeklagte hat promotionswillige Kandidaten an einen Jura-Professor weitergeleitet und diesem dann Honorare gezahlt. (lassen)

c Die promotionswilligen Kandidaten wollten, dass der Angeklagte eine höhere Strafe bekommen sollte. (jemandem gönnen)

d Man hat gesehen, dass der Jura-Professor sich schuldig fühlte. (jemandem anmerken, dass)

4 „Verbrechen wird es immer geben. Folglich sind alle Versuche, etwas gegen Verbrechen zu unternehmen, nutzlos und Zeitverschwendung." Inwiefern stimmen Sie dieser Aussage zu? Begründen Sie Ihre Meinung und verwenden Sie möglichst viele der oben erwähnten Verben.

Negative conditional clauses

Use the pluperfect subjunctive in *wenn*-clauses with a negative condition in the past, and in the main clause, the pluperfect subjunctive or the conditional perfect.

> Wenn ihre Kundenkarte keinen RFID-Chip gehabt **hätte**, hätte sie ihren Einkaufswagen nicht **erkannt**. (*pluperfect subjunctive*) OR Wenn ihre Kundenkarte keinen RFID-Chip gehabt hätte, **würde** sie ihren Einkaufswagen nicht **erkannt** haben. (*conditional perfect*)

RFID – Radio Frequency Identification

1a  Hören Sie sich den Text „Einkaufen im Jahr 2020" an und notieren Sie sich die Verben in den Konditionalsätzen. Schreiben Sie dann die Konditionalsätze um.

1b Übersetzen Sie die Konditionalsätze ins Englische.

2 Übersetzen Sie die folgenden Sätze ins Deutsche.

  a Had there been more severe sentences, the criminals would have been deterred.

  b If she had admitted the crime, she might have been spared a prison sentence.

  c Without regular running and gym training, the policemen would not have been so fit.

  d This crime would not have taken place had there been more policemen walking round.

3 Inwiefern glauben Sie, dass technische Entwicklungen wie der RFID-Chip unser Leben erleichtern werden? Gibt es Ihrer Meinung nach eher negative oder eher positive Folgen? Schreiben Sie 250–400 Wörter.

Alternatives for *wenn*

Instead of using *wenn* (+ verb) at the end of the clause, it is possible to omit *wenn* and invert the subject and verb.

> **Hätte er** sie gestern besucht, wäre sie noch im Gefängnis gewesen.

4 Ergänzen Sie die folgenden Sätze mit dem Konjunktiv.

  a … sie eine gute Arbeitsstelle … (haben), … sie nie auf die Idee … (kommen), zu stehlen.

  b … die Todesstrafe nicht … (verbieten) worden, … viele Unschuldige … (sterben).

  c … du die Polizei … (anrufen), … die Diebe nicht …(entkommen).

Phrases used instead of *wenn*

The following phrases are used like *wenn* and are generally used in conditional sentences where the condition is likely to be fulfilled.

- vorausgesetzt, (dass) *assuming, provided that*

  > **Wenn** Jugendliche jeden Tag zur Schule gehen, begehen sie keine Verbrechen./**Vorausgesetzt** Jugendliche gehen jeden Tag zur Schule, begehen sie keine Verbrechen. *If young people attend school every day, they won't commit crimes.*

- angenommen, (dass) *assuming, provided that*
- falls/sofern/im Falle, dass/für den Fall, dass *in case*
- unter der Bedingung, dass *on condition that*

🅐 Schreiben Sie jeweils einen Satz für die drei anderen oben angegebenen Ausdrücke.

Tipp

Attributive participal phrases

- All present participles and most past participles can be used as so-called attributive adjectives and are declined, i.e. take the same endings as adjectives.

  Der singende Schauspieler ist in ganz Deutschland bekannt. (*masc. nominative*)

  Im Haus **der singenden Schauspielerin** gibt es viele wertvolle Gegenstände. (*fem. genitive*)

  Ich würde gern einmal **mit der singenden Schauspielerin** auf der Bühne stehen. (*fem. dative*)

  Wir bitten **den singenden Schauspieler** um ein Autogramm. (*masc. accusative*)

- In German, such an attributive participle can be preceded by an object and adverb(s). This is frequently used in literary or other formal texts such as letters, newspaper articles, etc., but is generally not used in conversational German as it would sound rather stilted.

  Der auf einem bekannten Buch basierende Film hat uns alle fasziniert. *The film which is based on a well-known book has fascinated all of us.*

  Ich habe mir den von dir empfohlenen Film gestern angesehen. *Yesterday, I watched the film you recommended.*

1 Übersetzen Sie die folgenden Sätze ins Englische.

  a Der vor seinem Verfolger davonlaufende Junge konnte gerettet werden.

  b Der von verschiedenen Krankheiten geplagte Autor konnte seinen Roman nur mit großer Mühe beenden.

  c Ihr kürzlich veröffentlichtes Buch wurde bei Kindern zwischen 10 und 12 Jahren ein Bestseller.

  d Kennst du die aus dem Jahr 2001 stammende Filmversion des Musicals?

  e Man weiß nicht, was man von dem zur Zeit in allen Kinos laufenden Film von Wim Wenders halten soll.

2 Ergänzen Sie die Sätze mit den Partizipialattributen in Klammern.

  a Das … habe ich schon zweimal gelesen. (Buch, auf dem Boden liegen)

  b Daniel Kehlmann ist ein mit … zeitgenössischer Schriftsteller. (viele Preise, auszeichnen)

  c Das Tagebuch der Anne Frank ist ein von … Dokument über den Holocaust im Zweiten Weltkrieg. (viele Jugendliche, in der ganzen Welt, lesen)

  d Hier kann man eine supermoderne, sich … Architekur bewundern (im Norden, die Stadt, ausbreiten)

  e Der … Held des Abenteuerfilms war ein miserabler Schauspieler. (nach Luft schnappen, durch den Wald laufen)

3a Lesen Sie den folgenden englischen Text.

Jan, Peter and Julie, three carefree, young rebels living in Berlin, share among other things their anger about the unequal distribution of material goods in society. While Julie takes part in demonstrations against sweatshops corrupting the health of young children, Jan and Peter intend to teach the super rich who live in their luxurious villas a lesson by breaking in without however stealing anything. Instead, they turn their furniture upside down and then leave messages such as "You have too much money" or "This is the end of the fat (i.e. prosperous) years" signed "Die Erziehungsberechtigten". When Peter, Julie's boyfriend, goes abroad, Julie and Jan get closer, and Jan tells her about his and Peter's actions taking place at night in regular intervals. And so Julie joins in enthusiastically.

One night during a break-in, they are surprised by the owner returning unexpectedly, and the three "Erziehungsberechtigten" get involved in the kidnapping of the owner.

3b Versuchen Sie im Internet herauszufinden, um welchen Film es sich hier handelt.

3c Übersetzen Sie den Text ins Deutsche, ohne Relativsätze zu benutzen.

4 Beschreiben Sie Ihren Lieblingsfilm oder Ihr Lieblingsbuch und benutzen Sie dabei Partizipialattribute.

Tipp

Das Zustandspassiv

The passive is used when the emphasis is on the action in a sentence.

> Am 2. April 1948 **wurden** die Grenzen zwischen Berlin und der Westzone für kurze Zeit von den sowjetischen Alliierten besetzt. *On 2 April 1948, the borders between Berlin and the 'west zone' were occupied by the Soviet allies for a short time.*

However, if the emphasis is not on the action but on the state which results from the action, the so-called *Zustandspassiv* is used in German. To form the *Zustandspassiv*, you need to replace *werden* with the appropriate form of *sein* + the past participle.

Emphasis on the action:

> In der Nacht vom 23. zum 24. Juni 1948 **wurde** die Stromversorgung nach Westberlin eingestellt. *During the night from the 23rd to the 24th of June 1948, the electricity supply to West Berlin was stopped.*

Emphasis on the resultant state:

> Am Morgen des 24. Juni **kommt** der gesamte Verkehr zwischen Westberlin und dem Westen zum Stillstand und Westberlin ist vollkommen von den sowjetischen Besatzungsmächten **blockiert**. *On the morning of 24 June, all traffic between West Berlin and the West comes to a standstill, and West Berlin is totally blockaded by the Soviet occupying power.*

1 Übersetzen Sie die folgenden Sätze ins Deutsche. Überlegen Sie sich genau, welche Passiv-Form richtig ist.

   a 750 tons of food aid are flown to West Berlin every day.

   b Although the town is surrounded by the Soviet allies, its citizens don't give up.

   c The Berlin mayor's speech, to not give up on the people of Berlin, had been transmitted all over the world.

   d After many negotiations between the allies, it was decided to end the blockade.

   e On 12 May at 0.01 am, the blockade of the Soviet occupying power is ended.

2 Lesen Sie den Text über die Berliner Blockade und übersetzen Sie alle passiven Sätze ins Englische.

Die Berliner Blockade

Im Jahr 1948 war Berlin eine Stadt in Trümmern, die zum Mittelpunkt des Kalten Kriegs wurde. Die westlichen Besatzungsmächte und die Sowjetunion hatten unterschiedliche Vorstellungen von der Zukunft Deutschlands. Während die USA, Großbritannien und Frankreich die von ihnen besetzten Zonen an den Westen binden wollten, wollte die Sowjetunion die sowjetisch besetzte Zone nicht abgeben. Als Folge dieser Differenzen wurden Züge von den sowjetischen Alliierten wegen Formalitäten aufgehalten und an der Weiterfahrt gehindert, und im April wurden für kurze Zeit die Grenzen blockiert.

Am 20. Juni wurde die D-Mark in den westlichen Besatzungszonen eingeführt. Daraufhin kam es auch in der sowjetisch besetzten Zone zu einer Währungsreform, die aber auch Westberlin einschließen sollte. In einer Sondersitzung beschloss man, in Westberlin die D-Mark einzuführen.

Die Sowjetunion sah dies als Herausforderung an und stellte alle Güter- und Personenzüge von und nach Berlin ein. Westberlin war damit von Ostberlin abgeschnitten. In der Nacht vom 23. auf den 24. Juni wurde die Stromversorgung in ganz Westberlin durch das Großkraftwerk Golpa-Zschornewitz eingestellt. Ab dem 24. Juni wurden außerdem der gesamte Straßenverkehr von der sowjetischen Besatzungsmacht blockiert. Damit war Westberlin total isoliert.

Die westlichen Besatzungsmächte kamen überein, Westberlin nicht aufzugeben, und US-General Clay ordnete die Errichtung einer Luftbrücke an. Bis Ende Juli waren täglich 2000 Tonnen Hilfsgüter nach Westberlin geschickt worden.

Im April 1949 wurden 12 849 Tonnen Güter in die Stadt eingeflogen. Westberlin war zu einem Symbol der Verteidigung von Freiheit und Demokratie geworden.

Die Luftbrücke wurde bis Mai 1949 aufrechterhalten, bis die Blockade beendet wurde. Westberlin wurde zwar ein Teil Westdeutschlands; Berlin blieb aber bis November 1989 eine geteilte Stadt.

3 Stellen Sie sich vor, Sie hätten zur Zeit der Luftbrücke in Westberlin gewohnt. Beschreiben Sie die Ereignisse, sowie Ihre Gefühle und Reaktionen, in Form von Tagebucheinträgen.

Tipp

Ways of translating the gerund

There are no hard and fast rules for translating the English gerund, the verb form which functions as a noun, and you need to trust your *Sprachgefühl* when doing so.

- using the infinitive, generally with *zu*:
  Excluding him from his political party would be a controversial decision. Ihn aus seiner politischen Partei auszuschließen, wäre eine umstrittene Entscheidung. OR Sein Parteiausschluss wäre eine ...
  After the election, she began **complaining** *about the work.* Nach der Wahl begann sie sich über die Arbeit zu beschweren.

- using *dadurch, dass* or *indem* after 'by' or 'through' + gerund:
  By voting CDU, he annoyed his parents. Indem er die CDU wählte, ärgerte er seine Eltern.

- using *zum* + verb as noun after 'for' + gerund:
  They had plenty of time **for planning** *a new reform.* Sie hatten viel Zeit, eine neue Reform zu planen. OR Zum Planen einer neuen Reform ...

- using the verb as a noun, which is always neuter:
  We really have no time **for discussing**. Wir haben wirklich keine Zeit zum **Diskutieren**.

---

1 Wählen Sie die beste Übersetzung. Vorsicht: Manchmal sind beide Übersetzungen möglich.

  a Taking strike action during the holiday season will be annoying but effective.

  1 Während der Feriensaison zu streiken wird ärgerlich, aber effektiv sein.

  2 Ein Streik während der Feriensaison wird ärgerlich, aber effektiv sein.

  b By keeping the travellers regularly informed, the airline avoided getting complaints.

  1 Dadurch, dass die Fluggesellschaft die Reisenden auf dem Laufenden hielt, vermied sie es, dass sie sich beschwerten.

  2 Die Reisenden auf dem Laufenden haltend, vermied es die Fluggesellschaft, dass sie sich beschwerten.

  c After reaching a salary agreement, both the employers and the employees were content.

  1 Nach dem Erreichen eines Tarifabschlusses waren sowohl die Arbeitgeber als auch die Arbeitnehmer zufrieden.

  2 Nachdem ein Tarifabschluss erreicht worden war, waren sowohl die Arbeitgeber als auch die Arbeitnehmer zufrieden.

  d The union leaders spent several days negotiating an acceptable compromise.

  1 Die Gewerkschaftsführer verbrachten mehrere Tage mit dem Aushandeln eines akzeptablen Kompromisses.

  2 Die Gewerkschaftsführer verbrachten mehrere Tage damit, einen akzeptablen Kompromiss auszuhandeln.

2a Lesen Sie den Text über einen Streik bei der Lufthansa.

Trotz eines fünftägigen Streiks bei der Lufthansa mitten in der Ferienzeit war es nicht zu dem erwarteten Chaos gekommen. Dadurch, dass die Lufthansa den Flugplan reduzierte, konnten die Kunden rechtzeitig informiert werden und hatten dadurch genug Zeit zum Umbuchen. Je weniger verärgerte Passagiere, desto besser! Dass man sich nun auf einen Tarifabschluss geeinigt hat, ist natürlich für alle Beteiligten eine gute Nachricht. Zum einen sichert er die Arbeitsplätze und zum anderen belohnt er 52 000 Lufthansa-Mitarbeiter mit einer Gehaltserhöhung. Die Verhandlungspartner der Gewerkschaft Verdi können also mit dem erzielten Ergebnis, einer Lohnsteigerung von 7,4 Prozent, zufrieden sein. Man fragt sich nun jedoch, ob es nicht auch ohne Streik gegangen wäre. Anstatt die Forderungen der Gewerkschaft abzulehnen, hätte ein so erfolgreiches Unternehmen wie die Lufthansa den Forderungen vielleicht schneller zusagen und dadurch viele enttäuschte Kunden vermeiden können.

2b Beantworten Sie die Fragen auf Englisch.

  a How did Lufthansa manage to avoid a chaotic situation?

  b How did the union keep its members happy?

  c How could the strike action have been avoided?

3 Was halten Sie von Streiks? Sind Streiks auch heute noch ein effektives Mittel, um die Forderungen der Arbeitnehmer durchzusetzen? Schreiben Sie 200–250 Wörter.

Essay-writing Skills
Researching a topic

1 Read these essay titles.

> **A** Analysieren Sie das Hauptthema des von Ihnen gewählten Werkes. Was wollte der Schriftsteller damit zeigen?

> **B** Die technologischen Entwicklungen der Zukunft werden mehr Probleme verursachen als lösen. Inwiefern stimmen Sie dieser Aussage zu?

> **C** In Ihrer Schule ist Abfall ein riesiges Problem. Sie und Ihre Freunde wollen Ihre Mitschüler und Mitschülerinnen davon überzeugen, wie wichtig Recycling ist. Schreiben Sie einen Artikel für die Schülerzeitung und beschreiben Sie, warum Wiederverwertung wichtig ist und wie man es am besten macht.

> **D** Wählen Sie das Ihrer Meinung nach wichtigste historische Ereignis der letzten 30 Jahre im deutschsprachigen Raum und diskutieren Sie, welche Auswirkungen dieses Ereignis für die entsprechende Gegend hatte.

> **E** Warum haben Sie sich für die Arbeit dieses Architekten/Musikers/Malers/Filmemachers entschieden? Was hat Sie am meisten beeindruckt?

2 Decide which theme each title deals with. The words below will help you.

> logisch   analytisch   kreativ   geografisch
> historisch   literarisch   kulturell
> sozialwissenschaftlich   politisch

3 For each theme, research two or three ideas in the Internet. For essay theme B you could choose the following:

- Stammzellenforschung
- Klonen

4 When starting your research and when making notes, make sure you:

- read all the titles and choose the one which interests you most
- only use/research German texts
- do not translate your ideas word for word from English into German
- choose the most up-to-date texts/articles
- check topical Internet sites such as www.tagesschau.de, www.zeit.de, www.sueddeutschezeitung.de, www.fr-online.de, www.spiegel.de, etc.
- check that the Internet articles are relevant to your title, not just to the topic in general.

5 Before you start planning your essay in detail:

- check the assessment criteria of your exam specification carefully
- check that you have enough materials: texts, articles, statistics and relevant examples to cover every aspect of the title
- organise your texts, examples and notes according to the requirements of the title, so that you progress logically and in a structured way.

Planning an essay

1 A thorough, clearly structured plan is the key to writing a good essay. Order the following points according to their importance when planning an essay:

main body	examples	vocabulary	length
evaluation	conclusion	introduction	title

2 Look at these two model plans and compare them. Which one is better in your opinion and why? Discuss with a partner.

„Die technologischen Entwicklungen der Zukunft werden mehr Probleme verursachen als lösen." Inwiefern stimmen Sie dieser Aussage zu?

A

Einleitung
- Geklonte Menschen
- Roboter
- Genmanipulierte Nahrungsmittel
- Probleme

Hauptteil
Probleme:
- Geklonte Menschen: unmoralisch
- Roboter: weniger Arbeitsplätze
- Genmanipulierte Nahrungsmittel: Allergien

Schluss
- Meine Meinung

B

Einleitung
- Viele technologische Erneuerungen, z. B. Nanotechnologie, Roboter, genmanipulierte Nahrungsmittel, Stammzellenforschung
- Positive und negative Auswirkungen
- In diesem Aufsatz: Stammzellenforschung

Hauptteil
Positive Auswirkungen:
- medizinische Fortschritte, z. B. Organe klonen für Transplantationen, Krebsforschung, allgemeine medizinische Forschung; Folgen: viele Leben retten, gesündere Menschen, Krankheiten vorbeugen (siehe Internet-Beispiele)
- Künstliche Befruchtung; Ehepaare, die keine Kinder bekommen können (Internet-Beispiel)

Negative Auswirkungen:
- Einmischung in das Genmaterial von Embryonen, z. B. Designerbabys; Folge: das Aussehen eines Babys wird wichtiger als sein Charakter (Internet-Beispiel)
- Missbrauch durch korrupte Politiker, z. B. Klonen von bestimmten Menschentypen; Folge: egoistische, unethische Motive

Schluss
Zusammenfassung meiner Argumente/Welche Argumente überwiegen – Frage im Titel beantworten.

3 Choose a different title and write out a plan. Discuss your plan with a partner and add any suggestions he/she may have to improve it. Check the list below before you start.

Do ...
- read the question carefully and highlight key words and phrases
- spend about 10 minutes writing a plan
- base your plan on ideas and examples which you have studied/researched
- check that your plan refers to all the questions or aspects mentioned in the title

Writing an introduction and a conclusion

A The introduction

Do …
- keep your introduction short
- write between two and five sentences approximately
- state your intention
- make some general statements referring to the topic/title
- point out which aspects you will be discussing if the title is not very specific
- refer to the title/tasks required by title
- use a rhetorical question as a link between the introduction and the main discussion

Don't …
- ignore the title
- go into detail
- start with your examples
- start with your personal opinion
- write more than 50 words

1 Which of the following phrases would be appropriate for either the introduction of a literary essay or for a factual essay, and which for both?

a spielt in unserer Gesellschaft eine große Rolle

b im Folgenden werde ich auf drei Aspekte näher eingehen

c das Hauptmotiv ist eindeutig

d ist auch heute noch bekannt und besonders … wird man wohl nie vergessen

e zuerst werde ich … näher betrachten

f bei dieser Frage/diesen Aspekten gibt es sowohl Vorteile als auch Nachteile

2 Choose a title from page 114 and write a short introduction. Swap your introduction with a partner's and comment on his/her introduction, taking into consideration the list of do's and don't's.

B The conclusion

Do …
- sum up the main points/arguments
- draw a logical conclusion
- include your personal response with a justification
- refer back to the essay title

Don't …
- introduce any new points/arguments
- repeat what you have already said
- make superficial, general statements

1 Read the following phrases, which can be used to start a conclusion, and translate them into English.

a Wie diese Diskussion gezeigt hat, …

b Abschließend lässt sich sagen, dass …

c Wenn man die Vor- und Nachteile abwägt, zeigt sich, dass …

d Zusammenfassend würde ich sagen, dass …

e Diese Analyse/Abhandlung hat gezeigt, auf welche Weise …

2 Compare these two conclusions and decide which one is better and why.

A Wie diese Diskussion gezeigt hat, gibt es keine ideale Strafmaßnahme. Wenn es sich um jugendliche Straftäter handelt, sind meiner Ansicht nach härtere Strafen oder Erziehungscamps nach amerikanischem Vorbild keine geeigneten Mittel, um die Jugendkriminalität zu reduzieren. Wie ich gezeigt habe, weisen Jugendliche, die im Gefängnis oder in Jugendarrest waren, eine höhere Rückfallrate auf. Es ist viel wichtiger, den jugendlichen Straftätern eine bessere Bildung zu vermitteln und sie in unsere Gesellschaft zu integrieren.

Sie müssen lernen, Verantwortung für ihr Leben zu übernehmen.

B Jugendkriminalität ist also ein großes Problem und meiner Meinung nach sollte die Regierung mehr für Jugendliche tun. Überwachungskameras sind keine gute Idee, weil sie die persönliche Freiheit einschränken, und die Kriminellen begehen ihre Taten an Plätzen, wo es keine Überwachungskameras gibt. In England gibt es mehr Überwachungskameras als in Deutschland, aber die Regierung will noch mehr Kameras in deutschen Großstädten einführen. Aber Gefängnisstrafen oder Erziehungscamps sind auch keine gute Idee.

Ich finde Integration am besten und die Schulen und die Regierung müssen mehr für die Jugendlichen tun.

The main body of the essay

A Contents/structure

Do ...
- present your arguments/different aspects in a logical sequence
- present two sides of an argument (discursive essays) or different aspects (research-based or creative essays)
- use a wide range of relevant examples to support your arguments/your statements
- evaluate your arguments and draw conclusions
- use linking phrases to lead from paragraph to paragraph
- give your personal response with justifications

> ### Tipp
> When writing the main section of your essay, simply remember to use S-E-P-O!
>
> **S**tatement – **E**xample – **P**ersonal **O**pinion (which includes justification and evaluation)

Don't ...
- write just one big paragraph
- jump from idea to idea without developing your points/arguments
- use superficial generalisations
- use irrelevant examples

1 Translate these linking phrases into English.

   a Einerseits ... andererseits
   b Im Gegensatz dazu ...
   c Dennoch gibt es ...
   d Aber trotzdem ...
   e Im Vergleich dazu, ...
   f Ganz anders ist es bei/mit ...
   g Ähnlich ist es bei/mit ...

B Range/complexity of language

Do ...
- use a wide range of vocabulary
- use special vocabulary relating to the particular topic area
- use a variety of verbs
- use phrases and idioms
- use a variety of complex structures such as:
  - subordinate clauses
  - the passive
  - the subjunctive in indirect speech
  - relative clauses
  - the conditional

Don't ...
- use only short, simple sentences
- start every sentence with the subject
- use the same words and phrases
- use the same verbs

1 Read this paragraph. Make a list of all the 'do's' found in the paragraph.

> Zuerst werde ich die Ereignisse, die zum Bau der Berliner Mauer führten, betrachten. Am Ende des Zweiten Weltkriegs wurde Deutschland von den Alliierten in vier Sektoren aufgeteilt. Der amerikanische, der britische und der französische Sektor befanden sich im Westteil, und der sowjetische Sektor lag im Ostteil der Stadt. Das hatte zur Folge, dass sich West- und Ostberlin in verschiedene Richtungen entwickelten. Dies wurde im Jahr 1949 durch die Gründung zweier deutscher Staaten verstärkt: der Bundesrepublik Deutschland, auch Westdeutschland oder BRD genannt, und der Deutschen Demokratischen Republik, der so genannten DDR. Im Westen wurde ein kapitalistisches System mit einer freien Marktwirtschaft aufgebaut, während sich in Ostberlin und der DDR ein sozialistischer Staat entwickelte, der sich an der Sowjetunion orientierte mit einer kommunistischen Planwirtschaft. Wenn ich damals in Ostberlin gewohnt hätte, hätte ich meine Freunde oder Verwandten in Westberlin beneidet.

C Accuracy of language

When you have written the main body of your essay, check ...

- that you have not translated word for word from English into German
- your word order
- your word order in subordinate clauses
- the agreement between subject and verb
- the agreement between adjectives and nouns
- that you have used the correct tenses
- that you have used the correct passive/subjunctive/conditional forms.

Improving your language

A Avoid over-using certain words and phrases

1 Find synonyms for the following commonly used verbs.

a	beschreiben	d	es gibt
b	sagen	e	denken
c	etwas machen	f	sehen

2 Find synonyms for the following over-used nouns and phrases:

a Leute

b ich denke, dass

c Problem

d man sieht, dass

B Use subject/topic specific vocabulary

1a Word family *Jugendkriminalität*. Read the words and phrases and add any others after checking your notes.

Nouns: Verbrechen, Straftat, Delikt, Gewaltverbrechen, Körperverletzung, Mord, Bestechung, Haftstrafen, Gefängnisstrafen, Erziehungscamps, Strafen, Alltagskriminalität, Überwachungskameras, Rückfallrate, Kriminalitätsbelastung, Tatverdächtige, Abschreckungsmethode, Todesstrafe, Verbrechensbekämpfung

Phrases: mit Haftstrafen drohen, einen Haftbefehl erlassen, ein Verbrechen begehen, öffentliche Bewachung, Überwachungskameras einsetzen, verantwortungsbewusstes Handeln

Adjectives: gewalttätig, polizeilich, lebenslänglich

1b Sort the nouns according to the following areas:
- types of crime
- types of punishments
- synonyms for the term 'crime'
- others

2 Choose a topic from page 114 and produce a word family of all the key terms. Use your notes and relevant texts.

C Use a range of complex grammatical structures

1 Translate the following sentences using the passive, the conditional and the subjunctive.

a If our society had been more considerate over the last decade, this dilemma would not exist today.

b If all nuclear power stations were closed, thousands would be unemployed.

c He could have found a new job, if he had been more interested in further education.

d The film was produced in 2003 and was a great success, not only in Germany but also in other European countries.

2 Complete the sentences using the correct conjunction from the box below.

a Die Arbeitslosenquote stellt immer noch eine Herausforderung für die Regierung dar, … sie eine Reihe erfolgreicher Initiativen eingeführt hat.

b … die reichen westlichen Länder ihre Ansprüche zurückschraubten und nachhaltiger lebten, könnte der Lebensstandard der armen Länder verbessert werden.

c Man könnte jungen Tatverdächtigen helfen, … man sie besser in unsere Gesellschaft integriert.

d … seine Mutter sich im Krankenhaus von einem Herzinfarkt und Koma erholt, versucht ihr Sohn, seine Mutter zu überzeugen, … die ehemalige DDR immer noch existiert.

dass	indem	weil	während
obwohl	wenn	als	

3 Complete the sentences using the correct relative pronoun.

a Der Film von Hans Weingartner, in … es um die Themen Individuum und Gesellschaft und Geld und Macht geht, heißt ‚Die fetten Jahre sind vorbei'.

b Die Zahlen stammen von einer Statistik, … ich sehr aufschlussreich fand.

c Der zehnjährige Junge, … die Polizei festnahm, stammte aus einer Familie, in … Gewalt zum Alltag gehörte.

Checking your work

Common mistakes

Make sure you leave enough time to check your essay thoroughly for accuracy. The most common mistakes include:

- word order
- tenses
- cases, particularly after prepositions
- agreement between subject and verb
- agreement between adjective and noun

1 Write out these sentences using the correct word order.

   a die Hightechindustrie besser qualifizierte Arbeitskräfte – wegfallen werden – Zwar benötigt – dass viele Arbeitsplätze – aber sicher ist

   b Die Arbeitgeber – die ihren Arbeitsplatz verloren haben – dass die Menschen – sollten dafür sorgen – umgeschult werden

   c sind sich nicht einig – gesetzlich erlaubt sein sollte – Politiker und Wissenschaftler – ziehen sollte – und wo man – inwieweit – Stammzellenforschung – die Grenzen

2 Complete the following sentences with the correct form of the verb in brackets.

   a In einem Interview sagte die Schriftstellerin Cornelia Funke, dass sie immer ein Notizbuch bei sich ... (haben – *present subjunctive*).

   b Kirsten Boie ... im Jahr 2007 mit dem Jugendliteraturpreis ... (auszeichnen – *passive imperfect*).

   c Im Ausland ... die Nachfrage nach deutscher Jugendliteratur ... (steigen – *perfect tense*).

3 Complete the sentences using the definite/indefinite article in the correct case.

   a Viele neue wissenschaftliche Beiträge haben ihre Wurzeln in ... Kernforschung.

   b Die Umweltforschung ist ... Bereich, in ... das Forschungszentrum schon vor Jahren erfolgreich war.

   c Aus der Sicht ... Forscher bedeutet die Regelung eine Einschränkung.

4 Complete the sentences giving the words in brackets the correct adjective endings.

   a Das (deutsch) Stammzellgesetz setzt der Forschung sehr (eng) Grenzen.

   b Der (groß – *superlative*) Autohersteller hat schon das erste Serienauto mit (elektronisch) Antrieb angekündigt.

   c (modern) Industrieunternehmen benötigen eine (zuverlässig) Energieversorgung.

Tipp

Gender

Check the gender of nouns carefully. If you are unsure of the gender of a word, be consistent and choose the one that sounds best. Using the same gender for a noun - even if it is the wrong one - throughout your essay will only result in one mistake.

---

5 Translate the following sentences into German, paying particular attention to the points mentioned..

   a The president was surprised by the unexpected arrival of his family

   b The violence of the young people shocked the whole town.

   c Unfortunately, xenophobia is still a problem which needs to be solved.

Do check ...

- that you are within the limits of the word count
- that you have covered all aspects of the question and that your essay has a clear, logical structure
- that you have used a good variety of vocabulary
- that you have included a range of complex structures
- your spelling and grammatical accuracy carefully

Grammar

1 Nouns and articles

1.1 Gender

Every German noun has a gender, masculine (*der Tisch*), feminine (*die Klasse*) or neuter (*das Telefon*). Some patterns can make learning the correct gender easier.

● **1.1.1** Nouns which refer to masculine or feminine people will have the expected gender:

der Mann, der Arzt, der Großvater

die Frau, die Ärztin, die Tante

But: *das Kind* and *das Mädchen* are both neuter.

● **1.1.2** Nouns which end as follows are usually masculine:

-ant	der Demonstrant, der Passant
-er	der Computer, der Keller, der Ärger
-ich	der Teppich
-ig	der Honig, der König
-ing	der Lehrling
-ismus	der Sozialismus, der Tourismus
-ist	der Polizist, der Tourist
-or	der Diktator, der Doktor

● **1.1.3** Nouns which end as follows are usually feminine:

-e	die Karte, die Grenze, die Szene
-heit	die Schönheit, die Mehrheit
-ik	die Politik, die Hektik, die Panik
-in	die Freundin, die Polizistin
-ion	die Explosion, die Nation
-keit	die Arbeitslosigkeit, die Verantwortlichkeit
-schaft	die Freundschaft, die Landschaft, die Gesellschaft
-ung	die Meinung, die Forschung, die Umgebung

● **1.1.4** Nouns which end as follows are usually neuter:

-chen	das Mädchen, das Hähnchen
-lein	das Fräulein, das Büchlein
-um	das Gymnasium, das Referendum, das Zentrum

◆ Words which have come into German from other languages are also often neuter:

das Handy, das Hotel, das Taxi, das Telefon

● **1.1.5** The gender of any compound noun is always the gender of the last noun in it:

der Zug	→	der IC-Zug, der Schnellzug
die Karte	→	die Eintrittskarte, die Fahrkarte
das Geld	→	das Fahrgeld, das Taschengeld

1.2 Definite and indefinite articles

● **1.2.1** The definite article in English has one form: 'the'. In German the form varies with gender and case (see 1.1 and 2.1).

	masc	fem	neut	pl
nom	der	die	das	die
acc	den	die	das	die
dat	dem	der	dem	den
gen	des	der	des	der

● **1.2.2** The indefinite article in English is 'a' or 'an'. In German it is:

	masc	fem	neut
nom	ein	eine	ein
acc	einen	eine	ein
dat	einem	einer	einem
gen	eines	einer	eines

● **1.2.3** The equivalent of 'not a' or 'no' in German is *kein*, and this also varies with gender and case. It takes the same endings as *ein*, with the addition of the plural endings:

nom	keine
acc	keine
dat	keinen
gen	keiner

Das ist **kein** Urlaub! *That's not a holiday!*

Das ist **keine** gute Lösung! *That's not a good solution!*

Das ist **kein** ideales Ergebnis! *This is not an ideal result!*

Bitte, **keine** Fragen! *No questions, please!*

● **1.2.4** In a number of places German uses the definite article where English does not:

◆ for abstract nouns:

Die Natur ist schön! *Nature is beautiful!*

Die Menschheit hat viel zu lernen. *Mankind has a lot to learn.*

◆ with parts of the body in constructions where English uses the possessive adjective:

Er wäscht sich **die** Hände. *He washes **his** hands.*

Sie zerbrechen sich **den** Kopf darüber. *They're racking **their** brains over it.*

◆ with countries which are feminine:

die Schweiz *Switzerland*

die Türkei *Turkey*

◆ with proper nouns preceded by an adjective:

der kluge Martin *clever Martin*

das moderne Deutschland *modern Germany*

◆ in expressions of cost and quantity where English uses the indefinite article:

Der Spargel sieht lecker aus. Was kostet **das** Kilo? *The asparagus looks delicious. How much is **a** kilo?*

◆ with meals:

nach **dem** Frühstück *after breakfast*

◆ in certain set phrases:

in **der** Schule *at school*

in **der** Regel *as a rule*

in **die** Stadt fahren *to go into town*

● **1.2.5** In some places where English uses the indefinite article, German has **no** article:

◆ before professions, status or nationality:

Sie ist Zahnärztin. *She is **a** dentist.*

Ihr Vater ist Franzose. *Her father is **a** Frenchman.*

◆ in certain set phrases:

Hast du Fieber? *Have you got **a** temperature?*

Ich habe Kopfschmerzen. *I've got **a** headache.*

1.3 Forming plurals

To form the plural of most English nouns you add 's'. German nouns form their plurals in various ways and it is best to learn the plural with the noun and its gender. But some patterns are worth learning.

● **1.3.1** Most feminine nouns add *-n* or *-en* to form the plural.

die Karte	– die Kart**en**
die Meinung	– die Meinung**en**
die Einzelheit	– die Einzelheit**en**

● **1.3.2** Feminine nouns ending in *-in* add *-nen* to form the plural.

die Polizistin	– die Polizistin**nen**
die Feministin	– die Feministin**nen**

● **1.3.3** Many masculine nouns form their plural by adding an umlaut to the main vowel and *-e* to the end of the word.

der Baum	– die B**äu**m**e**
der Fluss	– die Fl**üsse**
der Pass	– die P**ässe**

● **1.3.4** Many masculine or neuter nouns which end in *-el*, *-en*, *-er*, *-chen* or *-lein* do not change in the plural. A few add umlauts, but no ending.

der Engel	– die Engel
das Unternehmen	– die Unternehmen
der Einwohner	– die Einwohner
das Mädchen	– die Mädchen
das Fräulein	– die Fräulein
der Garten	– die G**ä**rten

● **1.3.5** To make the plural of a neuter word ending in *-um*, remove *-um* and replace with *-en*.

das Datum	– die Dat**en**
das Zentrum	– die Zentr**en**

● **1.3.6** Many neuter words of foreign origin add *-s* to form the plural.

das Hotel	– die Hotel**s**
das Taxi	– die Taxi**s**

● **1.3.7** Most other neuter nouns form their plural by adding an umlaut to the main vowel and *-er* to the end.

das Haus	– die Häus**er**
das Land	– die Länd**er**
das Schloss	– die Schlöss**er**

1.4 Adjectival nouns

Nouns can be formed from adjectives:

alt – der Alte

deutsch – die Deutschen

fremd - der Fremde

Like other German nouns, adjectival nouns have a capital letter, but they take the same endings as adjectives normally do according to the word that precedes them (see 3.3):

	masc	fem	neut	pl
nom	der Deutsche	die Deutsche	das Deutsche	die Deutsch**en**
acc	den Deutsch**en**	die Deutsche	das Deutsche	die Deutsch**en**
dat	dem Deutsch**en**	der Deutsch**en**	dem Deutsch**en**	die Deutsch**en**
gen	des Deutsch**en**	der Deutsch**en**	des Deutsch**en**	der Deutsch**en**
nom	ein Deutsch**er**	eine Deutsche	ein Deutsch**es**	Deutsche
acc	einen Deutsch**en**	eine Deutsche	ein Deutsch**es**	Deutsche
dat	einem Deutsch**en**	einer Deutsch**en**	einem Deutsch**en**	Deutsch**en**
gen	eines Deutsch**en**	einer Deutsch**en**	eines Deutsch**en**	Deutsch**er**

nom	**Ein Bekannter** von mir wird uns abholen. *An acquaintance of mine will pick us up.*
acc	Er hatte **den Fremden** noch nicht begrüßt. *He had not yet greeted the stranger.*
dat	Wir haben noch nicht mit **den Angestellten** gesprochen. *We haven't spoken to the employees yet.*
gen	*Das Büro* **des Beamten** *befand sich neben dem Fahrstuhl. The official's office was situated next to the lift.*

1.5 Weak nouns

A small group of masculine nouns are known as weak nouns. They end in *-n* or *-en* in all cases except the nominative singular.

	sing	**pl**
nom	der Junge	die Jung**en**
acc	den Jung**en**	die Jung**en**
dat	dem Jung**en**	den Jung**en**
gen	des Jung**en**	der Jung**en**

◆ They include:

der Assistent	*assistant*
der Präsident	*president*
der Franzose	*Frenchman*
der Held	*hero*
der Kunde	*customer*
der Mensch	*person*
der Nachbar	*neighbour*
der Sklave	*slave*
der Soldat	*soldier*
der Student	*student*

nom	**Dieser Franzose** spricht fantastisches Deutsch! *This Frenchman speaks fantastic German!*
acc	Ich habe **meinen Nachbarn** noch nicht gesehen. *I haven't seen my neighbour yet.*
dat	Das müssen wir alles mit **dem Kunden** besprechen. *We must discuss all that with the customer.*
gen	Wo sind die Bücher **des Assistenten**? *Where are the assistant's books?*

1.6 Mixed nouns

A few masculine nouns and one neuter noun add *-(e)n* like weak nouns, but also add *-s* in the genitive (2.6):

	sing	**pl**
nom	der Name	die Nam**en**
acc	den Nam**en**	die Nam**en**
dat	dem Nam**en**	den Nam**en**
gen	des Nam**ens**	der Nam**en**

◆ Others include:

der Buchstabe *the letter*	der Friede *the peace*
der Gedanke *the thought*	der Glaube *the belief*
das Herz *the heart*	der Wille *the will*

2 Prepositions and cases

2.1 The German case system

In German, four cases – nominative, accusative, dative and genitive – help show how a sentence fits together. They are shown by the endings or forms of articles, adjectives, pronouns and weak, mixed and adjectival nouns (see the relevant sections). There are also changes to some regular nouns in the genitive and dative (see below).

2.2 The nominative case

● **2.2.1** The nominative case is used for the subject of a sentence. Often the subject comes first, before the verb and object:

Dein Vater hat immer Recht! *Your father is always right.*
Der Beamte hilft dem Arbeitslosen. *The official helps the unemployed man.*

But it can come later, and the use of the nominative shows it is the subject of the sentence:

Zigaretten, Alkohol, Drogen – alles Gefahren für **Jugendliche**. *Cigarettes, alcohol, drugs – all are dangers for the youth.*

● **2.2.2** The nominative case is always used after verbs like **sein**, **werden** and **bleiben**:

Er **ist ein wichtiger Mann**. *He is an important man.*
Er **wurde ein reicher Unternehmer**. *He became a rich entrepreneur.*
Bleibt er immer **ein treuer Freund**? *Will he always remain a good friend?*

2.3 The accusative case

The accusative case has three main uses.

● **2.3.1** It is used for the object of a sentence:

Kauft er **den Wagen**? *Is he buying the car?*
Ich habe **keine Ahnung**! *I have no idea!*
Er muss dringend **einen Computer und einen Drucker** kaufen. *He urgently needs to buy a computer and a printer.*

● **2.3.2** It is used after the following prepositions:

bis	*until, to, as far as*
durch	*through, by*
entlang	*along* (usually follows the noun. See the example.)
für	*for*
gegen	*against, towards*
ohne	*without*
um	*round*

Die Gruppe joggt **durch den Wald**. *The group is jogging through the wood.*
Was hast du **gegen diesen Politiker**? *What have you got against this politician?*
Er hat keine Zeit **für seinen Sohn**. *He has no time for his son.*
Sie gehen gern **den Fluss entlang**. *They like walking along the river.*

● **2.3.3** It is used in certain expressions of time, including lengths of time:

Ich fahre **jeden Samstag** nach Hause. *I go home every Saturday.*
Wo warst du **letzte Woche**? *Where were you last week?*
Er war **drei Jahre** in der Schweiz. *He was in Switzerland for three years.*

2.4 The dative case

Add -*n* to all plural nouns in the dative case, unless they already end in -*n* or -*s*.

zwei Jahre	→	nach zwei Jahre**n**
die Brüder	→	mit meinen Brüder**n**
die Klassen	→	die Schüler von zwei Klassen
die Hotels	→	in den Hotels

The dative case has two main uses.

● **2.4.1** The dative is used for the indirect object of a sentence, often translated into English as 'to'. Sometimes the 'to' is optional in English.

Ich gebe **dem Direktor** meinen Lebenslauf. *I give my CV to the boss or I give the boss my CV.*
Schreibst du **der Schwester**? *Are you writing to the sister?*
Wem sagen Sie das? *To whom are you saying that?*
Sie müssen **dem Richter** alles erklären. *You must explain everything to the judge.*

● **2.4.2** The dative is used after these prepositions:

aus	*out of/from*
außer	*except for*
bei	*'at' someone's* (like *chez* in French) (bei + dem ⟶ beim)
dank	*thanks to*
gegenüber	*opposite* (follows a pronoun and can follow a noun)
mit	*with*
nach	*after, according to*
seit	*since* (see 6.1.1)
von	*from* (von + dem ⟶ vom)
zu	*to* (zu + dem ⟶ zum; zu + der ⟶ zur)

Wie komme ich **aus der Stadtmitte** heraus? *How do I get out of the town centre?*

Wann warst du das letzte Mal **beim Zahnarzt**? *When were you last at the dentist's?*

Sie wohnt **dem Stadion gegenüber**. *She lives opposite the stadium.*

2.5 Dual-case prepositions

Nine prepositions take either the accusative case or the dative, depending on the circumstances. They are:

an	*on* (vertically, e.g. hanging on a wall) *at* (an + dem ⟶ am; an + das ⟶ ans)
auf	*on*
hinter	*behind*
in	*in* (in + dem ⟶ im; in + das ⟶ ins)
neben	*near, next to, beside*
über	*over*
unter	*under, below*
vor	*in front of, before*
zwischen	*between*

● **2.5.1** When these prepositions indicate the location of a thing or an action, they are followed by the dative case.

Er arbeitet **im** Büro. *He works in the office.*

Das Bild hängt **an der** Wand. *The picture is hanging on the wall.*

Sie gehen **im** Park spazieren. *They're walking in the park.*

Der Bahnhof ist **in der** Stadtmitte. *The station is in the town centre.*

● **2.5.2** When they indicate the direction of a movement, they are followed by the accusative case.

Er geht **ins** Büro. *He goes into the office.*

Hängen Sie das Bild bitte **an die** Wand. *Please hang the picture on the wall.*

Sie gehen **in den** Park hinein. *They're going into the park.*

Der Zug fährt direkt **in die** Stadmitte. *The train goes directly into the town centre.*

● **2.5.3** When these prepositions are used with anything other than their literal meaning, they usually take the accusative case, but it is wise to learn the appropriate case with the phrase:

über + *acc.* = *about*

Ich habe viel **über das** Rechtssystem gelernt. *I have learnt a lot about the legal system.*

2.6 The genitive case

Masculine and neuter singular nouns add *-s* or *-es* in the genitive case:

der Titel **des** Buch**es** *the title of the book*

der Sohn **des** Mann**es** *the man's son*

am Stiefel **des** Spieler**s** *the player's boots*

die Filme **des** Jahrhundert**s** *the films of the century*

One-syllable words usually add *-es* and longer words simply add an *-s*.

The genitive case has two main uses.

● **2.6.1** The genitive is used to show possession and is usually translated into English by 'of the' or an apostrophe 's' ('s).

● **2.6.2** The genitive is used after certain prepositions, including:

außerhalb	*inside*	trotz	*in spite of*
innerhalb	*outside*	während	*during*
statt	*instead of*	wegen	*because of*

Sie wohnen etwas **außerhalb der Stadt**. *They live a little way out of the town.*

Wegen des schlechten Wetters bleiben wir lieber zu Hause. *We prefer to stay at home because of the bad weather.*

2.7 Nouns in apposition

Sometimes a noun is followed immediately by a second noun referring to the same person or thing. The second noun is 'in apposition', and is in the same case as the first one.

Das ist Herr Schulz, **mein Englischlehrer**. *That is Herr Schulz, my English teacher.*

Kennst du meinen Nachbarn, **den Franzosen**? *Do you know my neighbour, the Frenchman?* (acc.)

Wir sprachen mit Frau Sauer, **der Tante** meines Freundes. *We talked to Frau Sauer, the aunt of my friend.* (dat.)

Das ist das Auto meiner Schwester, **der Dolmetscherin**. *That's the car of my sister, the interpreter.* (gen.)

3 Adjectives and adverbs

3.1 Possessive adjectives

Possessive adjectives are the words for 'my', 'your', 'his', etc.

ich	mein	*my*
du	dein	*your*
er	sein	*his/its*
sie	ihr	*her/its*
es	sein	*its*
man*	sein	*one's (etc.)*
wir	unser	*our*
ihr	euer	*your*
sie	ihr	*their*
Sie	Ihr	*your*

*and other indefinite pronouns (see 4.6)

Possessive adjectives decline like *kein*:

	masc	fem	neut	pl
nom	mein	meine	mein	meine
acc	meinen	meine	mein	meine
dat	meinem	meiner	meinem	meinen
gen	meines	meiner	meines	meiner

Ist das **seine** Mutter? *Is that his mother?*

Gib mir bitte **deinen** Kuli. *Give me your pen please.*

Was macht sie mit **ihrem** Geld? *What does she do with her money?*

Das ist der Wagen **meines** Onkels. *That is my uncle's car.*

Sie haben nichts von **ihren** Verwandten gehört. *They have heard nothing from their relatives.*

3.2 Demonstrative and interrogative adjectives

Demonstrative adjectives include:

dieser	*this*
jener	*that*
jeder	*each, every*

There is one interrogative adjective, used for asking questions:

welcher	*which*

All four words follow the same pattern as the definite article.

	masc	fem	neut	pl
nom	dieser	diese	dieses	diese
acc	diesen	diese	dieses	diese
dat	diesem	dieser	diesem	diesen
gen	dieses	dieser	dieses	dieser

Diese Jutetasche ist so praktisch! *This cloth bag is so practical!*

Wirf das grüne Glas in **jenen** Container. *Put the green glass in that container.*

Welcher Gemeinde gehört es? *Which local authority does it belong to?*

Die Rolle **dieser** Organisationen ist sehr wichtig. *The role of these organisations is very important.*

3.3 Adjective endings

● **3.3.1** Adjectives not in front of a noun do not add any endings:

Sie sind **klug**. *They are clever.*

Seid ihr **intelligent**? *Are you intelligent?*

Ich möchte **reich** sein. *I'd like to be rich.*

● **3.3.2** When an adjective is used before a noun it has particular endings. These depend on the word before the adjective, and on the gender and case of the noun.

der **große** Fehler   *the big mistake*

Er hat einen **großen Fehler gemacht**.   *He's made a big mistake.*

Sein **großer** Fehler war … *His big mistake was …*

Er ging mit **großer Wut zurück**. *He went back, greatly annoyed.*

Sie hat jetzt **große Ausgaben**. *She has a lot of expenses now.*

There are three sets of adjective endings to learn:

Table A

Adjective endings after the definite article, **alle, dieser, jeder, jener, welcher:**

	masc	fem	neut	pl
nom	e	e	e	en
acc	en	e	e	en
dat	en	en	en	en
gen	en	en	en	en

Der alte Herr ist mein Onkel. *The old gentleman is my uncle.*

Siehst du den alten Herrn? *Can you see the old gentleman?*

Ich sprach mit dem alten Herrn. *I spoke to the old gentleman.*

Das sind die Unterlagen des alten Herrn. *These are the old gentleman's documents.*

Sind die groß**en** Männer beide im Tor? *Do the tall men both play in goal?*

Table B

Adjective endings after the indefinite article, *kein* and the possessive adjectives.

	masc	fem	neut	pl
nom	er	e	es	en
acc	en	e	es	en
dat	en	en	en	en
gen	en	en	en	en

Das ist aber ein nett**er** Mensch! *That is a nice person!*

Hast du keinen gut**en** Freund? *Haven't you got any good friends?*

Ich gehe lieber mit einem intelligent**en** Menschen aus. *I prefer to go out with an intelligent person.*

Das ist der Vorteil eines modern**en** Mannes. *That's the advantage of a modern man.*

Meine best**en** Freunde sind alle Österreicher. *My best friends are all Austrians.*

Table C

Adjectives used without an article or other defining word, e.g. after a number:

	masc	fem	neut	pl
nom	er	e	es	e
acc	en	e	es	e
dat	em	er	em	en
gen	en	er	en	er

Das ist aber tief**er** Schnee! *That's deep snow!*

Ich mag heiß**en** Tee. *I like hot tea.*

Bei schlecht**em** Wetter bleibe ich lieber zu Hause! *In bad weather I prefer to stay at home!*

Verstehst du die Vorteile gut**en** Benehmens? *Do you understand the advantages of good behaviour?*

Du bekommst nur mit gut**en** Noten einen Studienplatz. *You only get a place at university with good marks.*

3.4 Adverbs

Adverbs tell you **how** something is done – well, efficiently, badly, etc. In English they usually end in '-ly', although there are exceptions such as 'well' and 'fast'.

● **3.4.1** In German any adjective can be used as an adverb. No alteration is needed:

langsam *slow* → Er fuhr **langsam**. *He drove slowly.*

leise *quiet* → „Ach, ja", sagte sie **leise**. *'Oh yes,' she said quietly.*

● **3.4.2** There are also adverbs of place, telling you where something happens:

hier	*here*	oben	*up there*
dort	*there*	unten	*down there*

● **3.4.3** Adverbs of time tell you when something happens:

häufig/oft	*often*	selten	*seldom*
regelmäßig	*regularly*	sogleich	*at once*
nie	*never*		

● **3.4.4** There are also adverbial phrases such as:

aus Versehen *accidentally*

auf Wunsch *if desired*

● **3.4.5** Interrogative adverbs ask 'when', 'where', etc. something happens:

wann	*when*
wo	*where*
wie	*how*
warum/wieso	*why*

3.5 Adjectives in comparisons

Comparatives are used to compare two things to say that one is bigg**er**, **more** expensive or **better** quality than another.

Superlatives are used to compare three or more things to say which is bigg**est**, **most** expensive or **best** quality.

● **3.5.1** To form the comparative of any regular adjective, add **-er** and the appropriate adjectival ending.

schmackhaft *tasty* —→ schmackhaft**er** (als) *tastier (than)*

Fertiggerichte sind schmackhaft, aber Naturkost ist schmackhaft**er**. *Ready meals are tasty, but organic food is tastier.*

Mein jüng**erer** Bruder geht ins Gymnasium. *My younger brother goes to grammar school.*

Haben Sie einen billig**eren** Tarif? *Have you got a cheaper tariff?*

To compare two things, use **als** in German for English 'than'.

Normales Gemüse ist **billiger als** biologisches. *Ordinary vegetables are cheaper than organic vegetables.*

● **3.5.2** To form the superlative of an adjective, add **-(e)st** followed by the normal adjective endings.

billig *cheap* → **das** billig**ste** *the cheapest (singular, referring to a neuter noun)*

schnell *fast* → **die** schnell**sten** Autos *the fastest cars (plural)*

● **3.5.3** A number of adjectives add an umlaut when forming the comparative and superlative:

adjective	comparative	superlative
lang	l**ä**nger	am l**ä**ngsten
warm	w**ä**rmer	am w**ä**rmsten
groß	gr**ö**ßer	am gr**ö**ßten
gesund	ges**ü**nder	am ges**ü**ndesten

Ich ziehe den **kürzeren** Rock vor. *I prefer the shorter skirt.*

Meine Finger sind **länger** als deine. *My fingers are longer than yours.*

● **3.5.4** Some comparative and superlative forms are irregular:

adjective	comparative	superlative
gut	besser	am besten
hoch	höher	am höchsten
nah	näher	am nächsten

Was ist also **besser?** *What's better, then?*

Ist Göppingen **näher** als Stuttgart? *Is Göppingen nearer than Stuttgart?*

● **3.5.5** To say 'just as ... as', use *genauso ... wie* or *ebenso ... wie* (do not use comparative forms here)

Bananen sind **genauso gesund wie** Orangen. *Bananas are just as healthy as oranges.*

Radfahren macht **ebenso fit wie** Joggen. *Cycling makes you just as fit as jogging.*

To say 'not as ... as', use *nicht so ... wie:*
Pommes frites sind **nicht so gesund wie** Pellkartoffeln. *Chips are not as healthy as boiled potatoes.*

Boxen ist nicht so entspannend wie Yoga. *Boxing is not as relaxing as yoga.*

3.6 Adverbs in comparisons

● **3.6.1** The comparative and superlative forms of adverbs follow a very similar pattern to those of adjectives:

schnell	schnell**er**	**am** schnell**sten**
quickly	*more quickly*	*most quickly*
einfach	einfach**er**	**am** einfach**sten**
easily	*more easily*	*most easily*

Ich fahre **schneller** als meine Schwester, aber unsere Mutter fährt **am schnellsten**. *I drive faster than my sister but our mother drives the fastest.*

● **3.6.2** Irregular include:

adverb	comparative	superlative
gern	lieber	am liebsten
gut	besser	am besten
viel	mehr	am meisten
bald	eher	am ehesten

Meine Lieblingslehrerin erklärt den Stoff **besser als** alle anderen! *My favourite teacher explains the work better than all the others!*

Was machst du **am liebsten**? *What do you most like to do?*

4 Pronouns

4.1 Modes of address

● **4.1.1** Use *du* for people you know very well, such as your friends, other students, young people in general:

Kommst **du** heute Abend mit ins Kino? *Will you come to the cinema with me tonight?*

Was hältst **du** von diesem Vorschlag? *What do you think of this suggestion?*

● **4.1.2** Use *ihr* to address two or more people you know very well, e.g. your penfriend and his/her family:

Es ist nett von euch, dass **ihr** mich vom Flughafen abholt. *It is nice of you to pick me up from the airport.*

● **4.1.3** Use *Sie* to address one or more people older than yourself and people in authority, such as your teacher or your boss:

Könnten **Sie** mir bitte erklären, was an diesem Ausdruck falsch ist? *Could you please explain to me what is wrong with this expression?*

4.2 Personal pronouns

The personal pronouns alter according to case.

	nom	acc	dat
I	ich	mich	mir
you (familiar – sing.)	du	dich	dir
he/it	er	ihn	ihm
she/it	sie	sie	ihr
it	es	es	ihm
we	wir	uns	uns
you (familiar – plural)	ihr	euch	euch
they	sie	sie	ihnen
you (polite)	Sie	Sie	Ihnen

nom/acc	Holst **du mich** bitte ab? *Will you pick me up?*	
nom/dat	Ich schreibe **ihr** jede Woche. *I write to her every week.*	
nom	Wo sind **sie**? *Where are they?* Wo sind **Sie**? *Where are you?*	
nom/dat	Ich sage es **euch** später. *I'll tell you later.*	

● **4.4.2** The personal pronoun is not generally used to refer to things, or clauses, rather than people, after a preposition. It is replaced by *da-* (or *dar-* before vowels) attached to the front of the preposition:

daran	*at it/on this*
darauf	*on it*
dadurch	*through/by that/it*
dafür	*for it*
dagegen	*against it*
dahinter	*behind it*
darin	*in it/this*
damit	*with it*
darunter	*underneath it*

Er fährt jeden Tag mit dem Auto zur Schule und seine Eltern haben nichts **dagegen**. *He goes to school by car every day and his parents have nothing against it.*

Ungefähr 40% aller Schüler erwerben einen Hauptschulabschluss. **Damit** können sie sich um einen Ausbildungsplatz bewerben. *Roughly 40% of all pupils obtain a school leaving certificate. They can apply for a traineeship with it.*

Hamburg hat eine Beratungsstelle für Essstörungen eröffnet. **Darin** werden vor allem Teenager mit Anorexie und Bulimie behandelt. *Hamburg has opened an advisory centre for eating disorders. Teenagers, especially those with anorexia and bulimia, are treated in it.*

4.3 Reflexive pronouns

Reflexive pronouns are used with reflexive verbs (see 5.2) and to mean 'myself', 'yourself', 'himself' and so on. They are used in the accusative and the dative cases.

	acc	dat
ich	mich	mir
du	dich	dir
er/sie/es/man*	sich	sich
wir	uns	uns
ihr	euch	euch
sie	sich	sich
Sie	sich	sich

*and other indefinite pronouns (see 4.6)

Sie waschen **sich**. *They are getting washed.*

Ich muss **mir** die Haare waschen. *I must wash my hair.*

Er sucht **mir** ein Buch aus. *He's looking for a book for himself.*

4.4 Relative pronouns

Relative pronouns mean 'who' or 'which/that' and are used to join simple sentences together:

The computer is the latest model. It is available at your dealer's. → The computer, which is available at your dealer's, is the latest model.

The German equivalent is:

Der Computer ist das neueste Modell. Es ist beim Fachhändler erhältlich. → Der Computer, der beim Fachhändler erhältlich ist, ist das neueste Modell.

- **4.4.1** There are relative pronouns for each gender and case.

	masc	fem	neut	pl
nom	der	die	das	die
acc	den	die	das	die
dat	dem	der	dem	denen
gen	dessen	deren	dessen	deren

The relative pronoun:

◆ agrees in number and gender with the noun to which it refers

◆ takes its case from its role within the relative clause

◆ must have a comma before it

◆ sends the verb to the end of the clause (8.5.1)

In a sentence beginning 'the man who ...', the relative pronoun must be masculine singular because it refers back to 'man'. But it could be in any of the four cases, depending on its role within its own clause:

Viele Deutsche, **die** ihre Ferien im Inland verbringen, fahren an die Ostsee. (*nom. pl.*) *Many Germans who spend their holidays in Germany go to the Baltic.*

Ich fahre am liebsten mit einem Freund weg, **den** ich schon gut kenne. (*masc. sg. acc.*) *I prefer to go away with a friend I know really well.*

Die Familie, mit **der** wir am liebsten Zeit verbringen, kennen wir schon lange. (*fem. sg . dat. after preposition*) *We have known the family we most like spending time with for a long time.*

Die Touristen, **deren** Auto wir gestern gesehen haben, wohnen in diesem Hotel. (*gen. pl.*) *The tourists whose car we saw yesterday are staying in this hotel.*

- **4.4.2** The relative pronoun can be missed out in English, but not in German.

Das Haus, **das** ich mietete, ist nicht groß genug.
Either: *The house I rented isn't big enough.*
Or: *The house which/that I rented isn't big enough.*

- **4.4.3** After *alles*, *viel*, *manches*, *nichts*, *allerlei* and superlatives, the relative pronoun *was* is used instead of *das*.

Er hat **alles** aufgegessen, **was** er auf dem Teller hatte. *He ate everything he had on his plate.*

Es gibt **nichts, was** ich lieber mag als faulenzen. *There is nothing I like better than lazing around.*

Der Skiurlaub war **das Beste, was** er je erlebt hatte. *The skiing holiday was the best thing he had ever experienced.*

- **4.4.4** If the relative pronoun refers to the whole of the other clause, *was* is used again:

Die meisten Deutschen fahren nach Spanien, **was** mich überhaupt nicht überrascht. *Most Germans go to Spain, which doesn't surprise me at all.*

● **4.4.5** For some other kinds of relative clause, see 8.5.

4.5 Possessive pronouns

Possessive adjectives (3.1) can be used as pronouns, i.e. without a noun. The forms are the same as for possessive adjectives, except in the nominative and the accusative.

	masc	**fem**	**neut**	**pl**
nom	mein**er**	meine	mein(**e**)s	meine
acc	mein**en**	meine	mein(**e**)s	meine

A possessive pronoun takes its gender from the noun to which it refers and its case from the part which it plays in the clause or sentence.

Dein Vater ist älter als **meiner**. *Your father is older than mine.*

Ich mag mein Haus lieber als **deines!** *I like my house better than yours!*

4.6 Indefinite pronouns

Indefinite pronouns stand in place of nouns, but don't refer to anything definite (e.g. 'someone', 'no-one').

jemand	*someone*	niemand	*no one*
einer	*one*	keiner	*no one*
jeder	*each, everyone*		

● **4.6.1** *Jemand* and *niemand* add -en in the accusative and -em in the dative, while the other three decline like *dieser* (3.2).

Ich kenne **niemanden** hier. *I don't know anyone here.*

Es gibt für **jeden** etwas. *There is something for everyone.*

Du sollst mit **jemandem** hingehen, der das Ganze versteht. *You should go with someone who understands the whole thing.*

● **4.6.2** The indefinite pronoun *man* (one) is widely used, but only in the nominative.

Man kann hier experimentelles Theater sehen. *You can see experimental theatre here.*

● **4.6.3** There are two more indefinite pronouns which are indeclinable, that is, do not change whatever case they are used in. They are:

etwas	*something*	nichts	*nothing*

Etwas muss geschehen! *Something must happen!*
Er weiß **nichts**! *He knows nothing!*

4.7 Interrogative pronouns

● **4.7.1** The interrogative pronoun *wer* (who) declines like this:

nom	wer	**acc**	wen
dat	wem	**gen**	wessen

Wer war dabei? *Who was there?*

Wen kennst du hier? *Who(m) do you know here?*

Von **wem** ist der Brief? *From whom is the letter?/Who is the letter from?*

Wessen Tochter ist das? *Whose daughter is that?*

● **4.7.2** These pronouns refer to people. When referring to things, use:

nom	was
acc	was or wo-/wor- + *preposition*, e.g. wodurch, woran
dat	wo-/wor- + *preposition, e.g.* womit, worauf
gen	wessen

Was ist dir wichtig? *What is important to you?*

Was hast du da? *What have you got there?*

Worüber denkst du nach? *What are you thinking about?*

Womit zahlst du? *What are you paying with?*

Wovon träumst du? *What are you dreaming of?*

5 Verbs – the basics

5.1 Weak, strong, mixed and auxiliary verbs

There are four groups of verbs in German, which all follow different patterns.

● **5.1.1** Weak verbs are regular and all tenses can be formed from the infinitive.

infinitive:	**mach**en
present tense:	ich **mach**e
imperfect tense:	ich **mach**te
perfect tense:	ich habe ge**mach**t

- **5.1.2** Strong verbs are irregular. They often have a vowel change in the different tenses, and they use different endings to weak verbs in the imperfect tense and the past participle.

infinitive:	**trink**en
present tense:	ich **trink**e
imperfect tense:	ich **trank**
perfect tense:	ich habe ge**trunk**en

Their forms need to be learnt separately.

- **5.1.3** Mixed verbs have a vowel change in some tenses and take endings of the weak verbs to form tenses.

infinitive:	**denk**en
present tense:	ich **denk**e
imperfect tense:	ich **dach**te
perfect tense	ich habe ge**dach**t

- **5.1.4** The auxiliary verbs *haben*, *sein* and *werden* can be used in their own right or to help form tenses. Their forms are listed under all the tenses below.

5.2 Reflexive verbs

Reflexive verbs are verbs used with the reflexive pronouns (4.3).

Many verbs are reflexive in German which are not in English, e.g.

sich waschen *to have a wash*

sich die Zähne putzen *to clean one's teeth*

Many are to do with actions done to the subject of the sentence, but this need not be the case, e.g.

sich etwas überlegen *to consider something*

sich weigern *to refuse*

Reflexive verbs normally take the accusative reflexive pronoun, but use the dative pronoun if there is another direct object in the sentence:

| accusative: | ich wasche **mich** |
| dative: | ich bürste **mir** die Haare |

5.3 Impersonal verbs and verbs with a dative object

- **5.3.1** Some verbs are often used with *es* as a kind of indefinite subject, and are known as impersonal verbs.

Gefällt es dir hier? *Do you like it here?*

Es gibt ... *There is/are ...*

Es kommt darauf an, ob ... *It depends whether ...*

Es geht ihm gut. *He is well.*

Es geht ihr schlecht. *She is not well.*

Hat es geschmeckt? *Did you enjoy it (the food)?*

Es tut mir Leid. *I am sorry.*

Mir ist kalt. *I'm cold.*

Es gelingt ihm, ... zu + *infinitive He succeeds in ...ing ....*

- **5.3.2** Many idiomatic verbs, including some impersonal expressions, take a dative object (see 4.2.1) rather than an accusative one. Often that object would be the subject in the equivalent English expression, so take care with translation.

Er fehlt mir sehr. *I really miss it.*

Das Bein tut mir weh. *My leg hurts.*

Das Kleid steht Ihnen gut. *The dress suits you.*

Die Hose passt ihm nicht. *The trousers don't fit him.*

Das Buch gehört meiner Mutter. *The book belongs to my mother.*

Das Bild gefällt ihm. *He likes the picture.*

5.4 Separable and inseparable verbs

- **5.4.1** A few prefixes in German are always inseparable and cannot be split up from the verb. These are:

| be- | ge- | emp- | miss- |
| ent- | ver- | er- | zer- |

The stress in these verbs is on the second syllable.

Meine Freundin und ich **be**halten Geheimnisse für uns. *My friend and I keep secrets to ourselves.*

Die Klasse **ent**scheidet selbst, welche wohltätige Organisation sie unterstützen will. *The class decide themselves what charity they want to support.*

Sie hat uns früher immer vom Krieg **er**zählt. *She always used to tell us about the war.*

Das Fernsehen **zer**stört meiner Meinung nach das Familienleben. *In my opinion, television destroys family life.*

● **5.4.2** Most other prefixes are separable and go to the end of the clause. In the infinitive the prefix is stressed.

auf   **auf**/stehen

In den Ferien stehen wir nie vor zehn Uhr **auf**. *During the holidays, we never get up before 10 o'clock.*

statt   **statt**/finden

Wo finden die nächsten Olympischen Spiele **statt**? *Where are the next Olympic games being held?*

vor   **vor**/haben

Habt ihr diesen Monat etwas Besonderes **vor**? *Are you planning anything special this month?*

In subordinate (including reflexive) clauses (8.4.2 and 8.5.1), the prefix joins up with the verb at the end of the clause:

Als die Polizei in Leipzig Videokameras **einsetzte**, ging die Kriminalität um 50% zurück. *When the police in Leipzig introduced video cameras, the crime rate dropped by 50%.*

Besonders bemerkenswert war auch, dass die Anzahl der Autoknacker und der Diebstähle um mehr als die Hälfte **abnahm**. *It was also especially noteworthy that the number of car break-ins and thefts reduced by more than half.*

● **5.4.3** A few prefixes are separable in some verbs and not in others. Learn each verb separately.

durch-   über-   voll-   um-
wider-   unter-   wieder-

Die Polizei durchsucht das Zimmer. *The police are searching the room.*

Meine Eltern sprechen ihre Probleme durch. *My parents are talking over their problems.*

5.5 Modal verbs

There are six modal verbs in German. They are usually followed by the infinitive of another verb, which goes to the end of the clause. Sometimes another verb, especially a verb of motion, is implied but not actually included. These constructions are particularly idiomatic in speech.

dürfen	*to be allowed to*	**müssen**	*to have to*
können	*to be able to*	**sollen**	*to be supposed to*
mögen	*to like*	**wollen**	*to want to*

Note:
ich **muss** nicht *I don't need to*
ich **darf** nicht *I must not*

Jeder volljährige Deutsche **muss** zur Musterung. *Every adult German man has to have an army medical.*

Mädchen können Zivildienst leisten, wenn sie das **wollen**. *Girls may do community service if they wish.*

Man **darf** dabei **nicht** vergessen, dass die jungen Deutschen dadurch ein Jahr verlieren können. *One **must not** forget here that young Germans may lose a year by doing this.*

Man **muss nicht** unbedingt Dienst mit der Waffe leisten, ein Sozialjahr geht auch. *You **do not have to** do armed service, a year's community service is also allowed.*

6 The main tenses

6.1 The present tense

The present tense is used for actions happening in the present, or happening regularly now, or happening in the future (6.5).

● **6.1.1** It is also frequently used for an action or state which started in the past and is still carrying on now. This is especially the case with an expression describing length of time with *seit* (2.4.2) or *lang*, and can happen in clauses with *seit* (*dem*) (8.4.2). Note that this is different to English usage.

Er **wohnt seit** drei Jahren in Norddeutschland. *He **has lived** in Northern Germany for three years.*

Seine Großeltern **leben** schon **jahrelang** in Österreich. *His grandparents **have lived** in Austria for years.*

Seitdem er beim Bund **ist, sieht** er die Welt mit anderen Augen. *Since he **has been** in the army he **has seen** the world differently.*

● **6.1.2** Most verbs of all groups have the same endings in the present tense.

schreiben *to write*

ich schreib**e**	wir schreib**en**
du schreib**st**	ihr schreib**t**
er/sie schreib**t**	sie/Sie schreib**en**

● **6.1.3** With many strong verbs, the main vowel changes in the *du* and the *er/sie* forms: *a → ä*, *e → i* or *ie*:

fahren *to travel*	ich fahre, du f**ä**hrst, er/sie f**ä**hrt
essen *to eat*	ich esse, du **i**sst, er/sie **i**sst
lesen *to read*	ich lese, du l**ie**st, er/sie l**ie**st

● **6.1.4** The verb *wissen* (to know) is a special case:

ich weiß	wir wissen
du weißt	ihr wisst
er/sie weiß	sie/Sie wissen

● **6.1.5** Auxiliary verbs form their present tense like this:

sein	**haben**	**werden**
ich bin	ich habe	ich werde
du bist	du hast	du wirst
er/sie ist	er/sie hat	er/sie wird
wir sind	wir haben	wir werden
ihr seid	ihr habt	ihr werdet
sie/Sie sind	sie/Sie haben	sie/Sie werden

● **6.1.6 Modal verbs** form their present tense as follows:

dürfen	**können**	**mögen**
ich darf	ich kann	ich mag
du darfst	du kannst	du magst
er/sie darf	er/sie kann	er/sie mag
wir dürfen	wir können	wir mögen
ihr dürft	ihr könnt	ihr mögt
sie/Sie dürfen	sie/Sie können	sie/Sie mögen

müssen	**sollen**	**wollen**
ich muss	ich soll	ich will
du musst	du sollst	du willst
er/sie muss	er/sie soll	er/sie will
wir müssen	wir sollen	wir wollen
ihr müsst	ihr sollt	ihr wollt
sie/Sie müssen	sie/Sie sollen	sie/Sie wollen

6.2 The perfect tense

The perfect tense is used in speech and in colloquial passages. It can be translated into English with either the simple past (*I did*) or the perfect (*I have done*).

● **6.2.1** Most verbs, including reflexives, form their perfect tense with the present tense of the auxiliary verb *haben* and a past participle. *Haben* takes the normal position of the verb, and the past participle goes to the end of the clause.

◆ For weak verbs, the past participle is formed from the usual verb stem with the prefix *ge-* and the ending *-t* (**gemacht, gekauft**). For mixed verbs and modal verbs (see 6.2.3), the stem is often different and has to be learnt, but the prefix and ending are the same (*bringen* – **ge**brach**t**, *denken* – **ge**dach**t**).

Meine Oma **hat** nie alleine **gewohnt**. *My grandmother has never lived alone.*

◆ The past participles of strong verbs often have a changed stem, and take the *ge-* prefix and an *-en* ending (**gegessen, gesungen, getrunken**). These have to be learnt separately.

Svenja und Malte **haben** über ihre Großeltern **gesprochen**. *Svenja and Malte talked about their grandparents.*

◆ The past participles of the auxiliaries are:

sein:	gewesen
haben:	gehabt
werden:	geworden

◆ Verbs with **separable prefixes** insert *-ge-* after the prefix (*eingekauft, aufgeschrieben, nachgedacht*) and verbs with **inseparable prefixes** do not use ge- at all (*bekommen, erreicht, missverstanden, verbracht*).

Jugendliche **haben** damals vor der Ehe nicht **zusammengelebt**. *In those days young people did not live together before marriage.*

Opa **hat** seit seiner Jugend sein eigenes Geld **verdient**. *Grandpa has earned his own money since his youth.*

● **6.2.2** Certain verbs with no object use the auxiliary verb *sein* to form the perfect tense. These are:

◆ Verbs expressing motion:

gehen:	ich **bin** gegangen	*I went*
fahren:	ich **bin** gefahren	*I travelled*
aufstehen:	ich **bin** aufgestanden	*I got up*

◆ Verbs expressing a change in state or condition:

aufwachen:	ich **bin** aufgewacht	*I woke up*
werden:	ich **bin** geworden	*I became*
wachsen:	ich **bin** gewachsen	*I grew*
einschlafen:	ich **bin** eingeschlafen	*I fell asleep*

◆ The following verbs:

| bleiben | ich **bin** geblieben | *I stayed* |
| sein | ich **bin** gewesen | *I was/I have been* |

● **6.2.3** Modal verbs have these past participles:

dürfen:	gedurft	müssen:	gemusst
können:	gekonnt	sollen:	gesollt
mögen:	gemocht	wollen:	gewollt

Er hat zum Militär **gemusst**. *He had to do his military service.*

Sie haben keine Geschenke **gewollt**. *They did not want any presents.*

Er hat zur Drogenberatungsstelle **gesollt**. *He was supposed to go to the drugs advisory service.*

Die Verantwortung für diesen Unfall hat sie nicht **gewollt**. *She did not want the responsibility for this accident.*

Wir haben die Vokabeln nicht **gekonnt**. *We did not know the vocabulary.*

However, when modal verbs are used with another verb in the infinitive, the perfect tense is formed with the infinitive of the modal verb rather than the past participle.

Er hat sich bei den Behörden **vorstellen müssen**. *He had to present himself to the authorities.*

Sie haben keine Geschenke **erhalten wollen**. *They did not want to receive any presents.*

Er hat mit dem Sozialfürsorger **sprechen sollen**. *He was supposed to talk to the social worker.*

Die Polizisten haben das Verbrechen nicht beweisen **können**. *The police were unable to prove the crime.*

● **6.2.4** Certain other verbs behave like modal verbs and use the infinitive in the perfect tense if there is already another infinitive in the sentence. These are: verbs of perception (*sehen, hören*) and *lassen*.

Er hat seine Freunde **feiern hören**. *He heard his friends celebrating.*

Ich habe ihn nur ein Glas Wein **trinken sehen**. *I only saw him drink one glass of wine.*

Meine Eltern haben mich nicht nach Mitternacht **ausgehen lassen**. *My parents did not let me stay out after midnight.*

Sie hat ihr Auto **reparieren lassen**. *She had her old car repaired.*

Er hat den Verletzten einfach auf der Straße **liegen lassen**. *He simply left the injured person lying in the road.*

6.3 The imperfect tense

The imperfect tense tends to be used more in writing for narrative, reports and accounts. With certain verbs the imperfect tense is more commonly used than the perfect tense, even in speech, e.g. *sein – ich war, haben – ich hatte, müssen – ich musste.*

● **6.3.1** Regular or weak verbs form their imperfect tense by adding the following endings to the stem of the verb (the infinitive minus -*en* ending):

ich	-te	wir	-ten
du	-test	ihr	-tet
er/sie	-te	sie/Sie	-ten

telefonieren	**abholen**	**arbeiten**
to phone	*to collect*	*to work*
ich telefonier**te**	ich hol**te** ab	ich arbeit**ete**
du telefonier**test**	du hol**test** ab	du arbeit**etest**
er/sie telefonier**te**	er/sie hol**te** ab	er/sie arbeit**ete**
wir telefonier**ten**	wir hol**ten** ab	wir arbeit**eten**
ihr telefonier**tet**	ihr hol**tet** ab	ihr arbeit**etet**
sie/Sie telefonier**ten**	sie/Sie hol**ten** ab	sie/Sie arbeit**eten**
I telephoned	*I collected*	*I worked*

If the stem of the verb ends in -*t* (*arbeit-*) or several consonants (*trockn-*), an extra -*e* is added: *arbeitete, trocknete.*

● **6.3.2** Strong verbs change their stem in order to form this tense. Each has to be learnt separately. The following endings are then added to this imperfect stem:

ich	(*no ending*)	wir	-en
du	-st	ihr	-t
er/sie	(*no ending*)	sie/Sie	-en

gehen	**trinken**	**lesen**
to go	*to drink*	*to read*
ich ging	ich trank	ich las
du gingst	du trankst	du last
er/sie ging	er/sie trank	er/sie las
wir gingen	wir tranken	wir lasen
ihr gingt	ihr trankt	ihr last
sie/Sie gingen	sie/Sie tranken	sie/Sie lasen
I went	*I drank*	*I read*

● **6.3.3** Mixed verbs change their stem, like strong verbs, but add the same endings as weak verbs.

bringen:	ich brachte
nennen:	ich nannte
denken:	ich dachte

● **6.3.4** Modal verbs also add the same endings as weak verbs, but mostly change their stem:

dürfen:	ich durfte	müssen:	ich musste
können:	ich konnte	sollen:	ich sollte
mögen:	ich mochte	wollen:	ich wollte

● **6.3.5** The imperfect tense of the auxiliaries is:

sein	**haben**	**werden**
ich war	ich hatte	ich wurde
du warst	du hattest	du wurdest
er/sie war	er/sie hatte	er/sie wurde
wir waren	wir hatten	wir wurden
ihr wart	ihr hattet	ihr wurdet
sie/Sie waren	sie/Sie hatten	sie/Sie wurden

6.4 The pluperfect tense

● **6.4.1** The pluperfect tense is used, to express that something *had* happened before something else. It is often used in *nachdem* clauses. It is formed from the past participle of the verb and the auxiliaries *haben* or *sein* in the imperfect tense.

sprechen *to speak*
ich **hatte** gesprochen *I had spoken*

fahren *to travel*
ich **war** gefahren *I had travelled* etc.

Nachdem die Aussiedler einen Ausreiseantrag **gestellt hatten**, mussten sie lange auf eine Genehmigung warten. *After the German settlers had made an application for repatriation, they had to wait a long time for permission to leave.*

Kurz nachdem die Asylanten in Deutschland **angekommen waren**, brachte man sie in einem Übergangslager unter. *Shortly after the asylum seekers had arrived in Germany, they were housed in a transit camp.*

● **6.4.2** Modal verbs, verbs of perception and *lassen* form the pluperfect with a past participle if used alone, and their infinitive if used with another verb, as in the perfect tense (6.2.3 and 6.2.4):

In diesem Alter hatten wir noch nicht allein in die Kneipe **gedurft**. *At that age we had not been allowed to go to the pub by ourselves.*

Sie hatte zum ersten Mal ihren Freund im Jugendgefängnis besuchen **dürfen**. *She had been allowed to visit her boyfriend in the young offenders' institution for the first time.*

Wir hatten den Unfall kommen **sehen**. *We had seen the accident coming.*

6.5 The future tense

● **6.5.1** The present tense is often used to describe future events, especially if there is an expression of time that clearly indicates the future meaning.

Guljan **heiratet nächsten Sommer** einen Bekannten aus der Türkei. *Guljan is going to marry an acquaintance from Turkey next summer.*

Use the future tense to be more precise or to give particular emphasis to the future aspect of a statement.

● **6.5.2** The future tense is formed from the present tense of *werden* (6.1.5), followed by the infinitive, which goes to the end of the sentence.

Ich **werde** mich bei sechs verschiedenen Universitäten **bewerben**. *I shall apply to six different universities.*

Du wirst gute Aufstiegschancen **haben**. *You will have good promotion prospects.*

7 Verbs - some extras

7.1 The conditional tense

The conditional tense is used to say what would happen in certain circumstances – in conditional sentences (7.2). The imperfect subjunctive (7.3) is often used as an alternative, especially for modal and auxiliary verbs.

The conditional consists of the imperfect subjunctive of *werden* (7.3) followed by an infinitive.

ich würde	wir würden
du würdest	ihr würdet
er/sie würde	sie/Sie würden

Ein Alkoholverbot bei Fußballspielen **würde** viele Probleme **lösen**. *A ban on alcohol during football matches would solve many problems.*

Wir **würden** mehr Zeit vor dem Fernseher **verbringen**. *We would spend more time in front of the television.*

Ein Universitätsabschluss **würde** ihm beruflich viele Türen **öffnen**. *A degree would open many doors for him in terms of a profession.*

Ich **würde** meine Kinder später nicht zum Arbeiten **zwingen**. *I would not force my children to work later on.*

Wir **würden** uns sicher nicht so sehr **abrackern** wie unsere Eltern. *We would surely not work as hard as our parents.*

Sie **würden** sicher gerne **erfahren**, wie der neue Kollege heißt. *You are bound to want to know what your new colleague is called.*

7.2 Conditional sentences

Conditional sentences say what will happen, would happen or would have happened under certain circumstances. They include clauses with *wenn* (= 'if').

● **7.2.1** If the condition is likely to be fulfilled, the conditional clauses are in the present indicative:

Wenn alle Länder ihre CO_2 Emissionen einschränken, wird die Zukunft des Planeten nicht mehr gefährdet sein. *If all countries reduce their carbon footprint, the future of the planet will no longer be in danger.*

Wenn die Gemeinden **sich** überall für Verkehrsberuhigungsmaßnahmen **entscheiden, nimmt** die Anzahl der Unfälle sicher **ab**. *If the local councils decide in favour of traffic calming measures, the number of accidents is bound to decrease.*

Wenn man keine Risiken **eingehen will**, soll man keine Aktien **kaufen**. *If you do not want to run any risks, you should not buy shares.*

Wenn man erstklassiges Deutsch **hören will**, dann soll man nach Hannover **fahren**. *If you want to hear first-class German, you should go to Hanover.*

● **7.2.2** For conditions that are not so likely to be fulfilled, the conditional tense (7.1) or the imperfect subjunctive (7.3) is used. Either the conditional tense or the imperfect subjunctive must be used in **both** parts of a conditional sentence in German (unlike in English).

Wenn Eltern ein bisschen konsequenter **wären, würden** Kinder nicht tagtäglich stundenlang vor dem Fernseher **hocken**. *If parents **were** a little more consistent, children would not **sit** in front of the TV for hours, day in day out.*

Wenn sie ein bisschen mehr Zeit für ihre Sprösslinge **hätten, würde** das einen positiven Einfluss auf das Familienleben **ausüben**. *If they **had** a little more time for their offspring, it **would have** a positive influence on family life.*

Wenn die Engländer ein bisschen öfter nach Deutschland **führen**, dann **würden** sie antideutsche Artikel in der Presse sicher weniger **tolerieren**. *If the English went to Germany a little more often, they would certainly tolerate anti-German articles in the press less.*

● **7.2.3** There are also conditional sentences where conditions have not been fulfilled, with the conditional perfect tense in both clauses (7.4).

Wenn wir nach Österreich **gefahren wären, hätten** wir viel Deutsch **sprechen können**. *If we **had gone** to Austria, we **would have been** able to speak a lot of German.*

Er **wäre** nicht an Drogenmissbrauch gestorben, wenn er früher Hilfe **gesucht hätte**. *He **would** not **have died** of drug abuse if he **had sought** help earlier.*

● **7.2.4** Conditional clauses can be constructed without the word *wenn*, by bringing the verb into first position. In that case the main clause usually begins with *so* or *dann*.

Schränken alle Länder ihre CO_2 Emissionen ein, so **wird** die Zukunft des Planeten nicht mehr **gefährdet sein**.

Wären Eltern ein bisschen konsequenter, **dann würden** Kinder nicht tagtäglich stundenlang vor dem Fernseher **hocken**.

7.3   The imperfect subjunctive

The imperfect subjunctive is used as an alternative to the conditional tense (7.1) in conditional sentences (7.2). This occurs most commonly with modal and auxiliary verbs. It is also used in indirect speech (7.6).

● **7.3.1** The imperfect subjunctive of modal verbs is like the imperfect indicative except that for four verbs the main vowel takes an umlaut:

dürfen:	ich **dürfte**	*I would be allowed to, I might*
können:	ich **könnte**	*I would be able to, I could*
mögen:	ich **möchte**	*I would like to*
müssen:	ich **müsste**	*I would have to*
sollen:	ich **sollte**	*I should*
wollen:	ich **wollte**	*I would want to*

Man **müsste** sich eben mal erkundigen. *One would have to make enquiries.*

Wir **könnten** das schon schaffen. *We might be able to manage that.*

● **7.3.2** The imperfect subjunctive of auxiliaries is also based on the imperfect indicative with the addition of umlauts and, for *sein*, the same endings as the other two verbs.

	sein	**haben**	**werden**
ich	wäre	hätte	würde
du	wärest	hättest	würdest
er/sie	wäre	hätte	würde
wir	wären	hätten	würden
ihr	wäret	hättet	würdet
sie/Sie	wären	hätten	würden

Er **wäre** sicher der beste Kandidat. *He would definitely be the best candidate.*

Sie **hätten** bestimmt nichts dagegen. *They would surely not object.*

● **7.3.3** The imperfect subjunctive of weak or regular verbs is the same as the imperfect indicative, i.e. the ordinary imperfect tense of the verb:

arbeiten:	ich **arbeitete**	*I worked, I would work*
abholen:	ich **holte ab**	*I fetched, I would fetch*

Wenn er mehr **arbeitete**, würde er mehr Geld verdienen. *If he worked harder, he would earn more money.*

So it can be used in one clause of a conditional sentence, but not both.

● **7.3.4** The imperfect subjunctive of strong or irregular verbs is formed from the same stem as the imperfect indicative, but with similar endings to the weak verbs. The main vowel also takes an umlaut if possible.

gehen	**fahren**	**kommen**
ich ging**e**	ich führ**e**	ich käm**e**
du ging**est**	du führ**est**	du käm**est**
er/sie ging**e**	er/sie führ**e**	er/sie käm**e**
wir ging**en**	wir führ**en**	wir käm**en**
ihr ging**et**	ihr führ**et**	ihr käm**et**
sie ging**en**	sie führ**en**	sie käm**en**
Sie ging**en**	Sie führ**en**	Sie käm**en**
I would go	*I would travel*	*I would come*
etc.	*etc.*	*etc.*

Ich **führe** so gerne für vier Wochen nach Deutschland. *I would really like to go to Germany for four weeks.*

Wenn seine Mutter **mitginge**, **käme** ich nicht mit. *If his mother was going too, I would not be coming.*

● **7.3.5** The imperfect subjunctive of mixed verbs is also based on the normal imperfect, with some changes to the main vowel:

bringen:	ich **brächte**	*I would bring*
denken:	ich **dächte**	*I would think*
kennen:	ich **kennte**	*I would know*
wissen:	ich **wüsste**	*I would know*

Ich **wüsste** nicht, wo ich noch nachschlagen könnte. *I would not know where else to look things up.*

Er **brächte** von seinem Deutschlandaufenthalt viel leckeres Brot und kräftige Weine mit. *He would bring back a lot of delicious bread and hearty wines from his stay in Germany.*

● **7.3.6** The imperfect subjunctive forms of some strong and mixed verbs sound rather old-fashioned. For these verbs modern German would prefer the conditional:

befehlen   (ich beföhle/befähle)
→ ich würde befehlen   *I would order.*

7.4 The conditional perfect (pluperfect subjunctive)

The conditional perfect (or pluperfect subjunctive) is used in conditional sentences (7.2) and indirect speech (7.6).

● **7.4.1** The starting point for this verb form is the pluperfect tense (6.4). The auxiliary *haben* or *sein* is in the imperfect subjunctive (7.3).

Pluperfect:

ich **hatte** gemacht   *I had done*

ich **war** gefahren   *I had travelled*

Conditional perfect/pluperfect subjunctive:

ich **hätte** gemacht   *I would have done*

ich **wäre** gefahren   *I would have travelled*

● **7.4.2** The conditional perfect is used in *wenn* clauses referring to conditions that could have happened but didn't. Again, as in 7.2, the conditional form has to be used in both parts of the sentence.

Wenn Deutschland nicht der EU **beigetreten wäre**, **hätten** Ausländer nicht so leicht in der BRD Studienplätze **gefunden**. *If Germany had not joined the EU, foreigners would not have found places at university so easily.*

Hätten Frankreich und Deutschland sich nach dem Zweiten Weltkrieg nicht **zusammengeschlossen**, so **wäre** es vielleicht niemals zu der EU **gekommen**. *If France and Germany had not joined forces after the Second World War, the EU might never have come about.*

● **7.4.3** Some modal verbs are frequently used in the conditional perfect. They express an obligation, a wish or permission which has not been fulfilled or granted. Just as in the perfect and pluperfect tenses, the past participle of the modal verb is used when it stands alone, but the infinitive when it is with another infinitive:

Eine Freiheitsstrafe **hätte** er nicht **gemocht**. *He would not have liked a custodial sentence.*

Die Eltern und Lehrer **hätten** früher mit ihnen über Drogensucht sprechen **sollen**. *Parents and teachers should have talked to them earlier about drug addiction.*

Die Schlagbäume **hätten** in Europa vielleicht nicht so schnell fallen **sollen**. *The barriers in Europe should perhaps not have been lifted so quickly.*

Die osteuropäischen Länder **hätten** der EU schon viel früher beitreten **wollen**. *The East European countries would have wanted to join the EU much earlier.*

Naturally the same is true with *lassen* and verbs of perception:

Hitler **hätte** die Niederlage Deutschlands **kommen sehen**, wenn er nicht so verblendet gewesen wäre. *Hitler would have seen Germany's defeat coming, had he not been so blinkered.*

7.5 The future perfect tense

The future perfect is often used to express an assumption that something will have been done by a certain time. It is formed from the present tense of *werden* with the perfect infinitive (i.e. past participle + infinitive of *haben/sein*).

Bald **werden** sich die meisten Völker an eine größere Eurozone **gewöhnt haben**. *Soon most nations in Europe will have got used to an enlarged Eurozone.*

In ein paar Jahren **werden** auch die Staaten Osteuropas den Euro eingeführt haben. *In a few years' time, the Eastern European states will have introduced the Euro.*

In zehn Jahren **wird** die EU vielleicht alle Länder in Europa **eingeschlossen haben**. *In 10 years' time the EU will perhaps have included all countries in Europe.*

Man **wird** den Euro wahrscheinlich überall **eingeführt haben**. *They will probably have introduced the euro everywhere.*

Bis zu diesem Zeitpunkt wird der Vertrag schon **unterschrieben worden sein**. *By that time the contract will have been signed.*

7.6 Other uses of the subjunctive

● **7.6.1** The present subjunctive is used to report direct speech that was in the present tense. It is formed by adding the endings as shown to the stem of the verb. The only exception is *sein*.

	machen	fahren	nehmen	haben	sein
ich	mache	fahre	nehme	habe	sei
du	machest	fahrest	nehmest	habest	seiest
er/sie	mache	fahre	nehme	habe	sei
wir	machen	fahren	nehmen	haben	seien
ihr	machet	fahret	nehmet	habet	seiet
sie/Sie	machen	fahren	nehmen	haben	seien

Where these forms are the same as the indicative forms (i.e. normal present tense), the imperfect subjunctive (7.3) has to be used to ensure that the message is understood as reported speech.

In der Zeitung stand, das Verhör **finde** am folgenden Tag **statt**. (*present subjunctive*) *It said in the paper that the hearing was taking place the following day.*

Der Reporter meinte, den Sicherheitsbehörden **ständen** schwere Zeiten **bevor**. (*imperfect subjunctive because present subjunctive would be stehen.*) *The reporter felt that the security services were facing difficult times.*

● **7.6.2** The perfect subjunctive is used to report direct speech that was in a past tense. It consists of the present subjunctive of *haben* or *sein* (7.6.1) and the past participle.

machen	gehen
ich **habe** gemacht	ich **sei** gegangen
du **habest** gemacht	du **seiest** gegangen
er/sie **habe** gemacht	er/sie **sei** gegangen
wir **haben** gemacht	wir **seien** gegangen
ihr **habet** gemacht	ihr **seid** gegangen
sie/Sie **haben** gemacht	sie/Sie **seien** gegangen
Sie **haben** gemacht	Sie **seien** gegangen

If there is ambiguity (i.e. in the plural and *ich* forms of *haben*), the pluperfect subjunctive (7.4) is used.

Man berichtete, eine Gruppe von Türken **habe** die beiden Briten durch Messerstiche **getötet**. (*perfect subjunctive*) *A group of Turks is alleged to have stabbed the two Britons to death.*

Der Leiter der UEFA sagte, die Sicherheitsbehörden in Istanbul **hätten** alles Nötige **veranlasst**. (*pluperfect subjunctive*) *The manager of UEFA said that the security services in Istanbul had done everything necessary.*

● **7.6.3** Reported speech is often introduced by *dass* (see 8.4.2 for word order). If *dass* is not used, normal main clause word order is maintained (8.1).

Die Studenten erklärten, **dass** sie mit den Vorlesungen in den überfüllten Hörsälen nicht mehr zufrieden **seien**. *The students explained that they were no longer happy with the lectures in the crowded lecture halls.*

Der Fahrer des Krankenwagens berichtete, **dass** er und seine Kollegen den Unfallort binnen zehn Minuten **erreicht hätten**. *The driver of the ambulance explained that he and his colleagues had reached the scene of the accident within ten minutes.*

Die Moderatorin stellte fest, **dass** der berühmte Politiker aus ganz bescheidenen Verhältnissen **komme**. *The TV presenter noted that the famous politician came from humble origins.*

Reported speech is also used in reported questions, after *ob, welcher* (3.2) and interrogative pronouns (4.7) and adverbs (3.4.5):

Die Grenzbeamten fragten die Ostberliner, **ob** sie denn ein Ausreisevisum **hätten**. *The border patrol asked the people from East Berlin if they had an exit visa.*

Mein Brieffreund wollte wissen, **warum** ich mich so lange nicht **gemeldet hätte**. *My penfriend wanted to know why I had not been in touch for so long.*

Die Enkel waren neugierig darüber, **was** ihr Großvater wohl bei der Hitlerjugend **gemacht habe**. *The grandchildren were curious as to what their grandfather might have done in the Hitler Youth.*

● **7.6.4** The imperfect subjunctive is often used for politeness, especially in requests and wishes:

Die Bauern der Dritten Welt **hätten** gern hitze- und dürreresistente Samen. *Third World farmers would like to have heat- and drought-resistant seeds.*

Er **möchte** ein Handy mit Internetanschluss. *He would like a WAP phone.*

Ich wünschte, wir **könnten** die neuen Technologien zur Heilung von Krebs und Aids einsetzen. *I wish we could use the new technologies to cure cancer and Aids.*

Wären Sie bitte so freundlich, mir das Dokument per E-Mail zu schicken? *Would you be kind enough to send me the document by e-mail?*

Sometimes polite requests are expressed in the conditional:

Würden Sie bitte nach Gebrauch des Computers die Maschine wieder ausschalten? *Would you please switch the computer off after use?*

● **7.6.5** The imperfect and pluperfect subjunctives are frequently used after certain conjunctions, such as *als* or *als ob*:

Es sah aus, **als ob** das Klonen von Tieren **gelungen wäre**. *It looked as if the cloning of animals had been successful.*

Er benahm sich, **als ob** er noch nie im Leben ein Fax **geschickt hätte**. *He behaved as though he had never in his life sent a fax.*

Sie taten so, **als ob** die Arbeit im Büro bald der Vergangenheit **angehörte**. *They behaved as if working in an office would soon be a thing of the past.*

If *als* is used alone, the verb comes straight after the conjunction:

Er benahm sich, **als könnte** er das elektronische Wörterbuch nicht **benutzen**. *He behaved as though he could not use the electronic dictionary.*

Die Grundschulkinder bedienten den Computer, **als hätten** sie das schon jahrelang **getan**. *The primary school children used the computer as if they had been doing so for years.*

◆ Instead of the imperfect subjunctive, the present subjunctive can also be used and instead of the pluperfect subjunctive the perfect subjunctive, but both forms are rarer than the verb forms above.

◆ In colloquial German, the subjunctive can be replaced by the indicative verb form, though the subjunctive is preferred in written German:

Er gibt sein Geld aus, **als ob** er Millionen **verdient**. *He spends his money as if he were earning millions.*

7.7 The passive voice

The passive is used when the subject of the sentence is not carrying out an action, but is on the receiving end of it. The 'doer' of the action is not emphasized and sometimes not even mentioned.

● **7.7.1** To form the passive, use the appropriate tense of *werden* with the past participle, which goes to the end of the clause.

Present:	ich **werde untersucht**	*I am being examined*
Imperfect:	er **wurde unterstützt**	*he was supported*
Perfect:	sie **ist gefragt worden**	*she has been asked*
Pluperfect:	ich **war gebracht worden**	*I had been taken*
Future:	wir **werden befragt werden**	*we shall be questioned*

In the perfect and pluperfect tense, *worden* is used instead of the usual past participle *geworden*.

● **7.7.2** The English word 'by' when used in a passive sentence can have three different translations in German.

von (person or agent):

Das Rheinwasser wird **von** Hartmut Vobis untersucht. *The water of the Rhine is being examined by Hartmut Vobis.*

durch (inanimate):

Nur **durch** rigorose Maßnahmen wurde die Wasserqualität verbessert. *Only by rigorous measures was the water quality improved.*

mit (instrument):

Die sommerlichen Ozonwerte werden **mit** präzisen Messgeräten festgestellt. *Summer ozone levels are measured by precise instruments.*

● **7.7.3** All the modal verbs (5.5) can be combined with a verb in the passive voice. The modals express the tense and the other verb is in the passive infinitive (past participle and *werden*). Note the order of the various verb forms (8.4.2).

present:

Das **kann besprochen werden**. *It can be discussed.*

imperfect:

Es **musste bezahlt werden**. *It had to be paid.*

conditional:

Es **dürfte gefunden werden**. *It might be found.*

perfect:

Seine Eltern **haben** auch **gefragt werden wollen**. *His parents also wanted to be asked.*

conditional perfect:

Die Arbeit **hätte abgegeben werden sollen**. *The work should have been handed in.*

● **7.7.4** German passive sentences are not always the exact equivalent of English ones.

◆ If the active verb has both a dative and an accusative object, only the accusative object can become the subject of a passive sentence. The dative object always remains in the dative and never becomes the subject of the passive sentence, as can happen in English. However, it can be placed at the beginning of the sentence:

active:

Man gab **den ostdeutschen Firmen** Zuschüsse für den Bau von neuen Autobahnen.

passive:

Zuschüsse wurden den **ostdeutschen Firmen** zum Bau von neuen Autobahnen gegeben.

Den ostdeutschen Firmen wurden Zuschüsse zum Bau von neuen Autobahnen gegeben.
The East German firms were given subsidies to build new motorways.

active:

Man bot **den Schülern** preisgünstige Fahrkarten an.

passive:

Preisgünstige Fahrkarten wurden **den Schülern** angeboten.

Den Schülern wurden preisgünstige Fahrkarten angeboten. *Schoolchildren were offered inexpensive tickets.*

◆ If the active verb is followed only by a dative object, an impersonal passive can be formed, i.e. the subject is a meaningless *es*. The dative object remains in the dative:

active:

Der Umweltforscher hat **mir** gezeigt, wie der Ozonabbau ...
Man folgte **ihnen** bis zur Grenze.

passive:

Es wurde **mir** von dem Umweltforscher gezeigt, wie der Ozonabbau ...
Es wurde **Ihnen** bis zur Grenze gefolgt.

◆ This impersonal form of the passive, with no subject or with *es* in first position, is widely used where the 'doer' is people in general and is not identified. It can be used with all types of verb, even those that take no object at all, which cannot happen in English.

Es **wird** heutzutage nicht genug für den Umweltschutz **getan**. *Nowadays not enough is done for the protection of the environment.*

In Deutschland **wird** um die Faschingszeit viel **gefeiert**. *At carnival time there are lots of celebrations in Germany.*
Im Sommer **wird** viel **gegrillt**. *In summer there are plenty of barbecues.*

● **7.7.5** In some circumstances, the passive can express an end result rather than an action. In this case, it is formed with *sein* + past participle. However, this is very much the exception and you need to consider carefully whether the action or a state resulting from the action is being emphasized. Compare the following examples:

Als wir ankamen, **wurde** der Tisch gerade **gedeckt**. *When we arrived, the table was being laid.*

Als wir ins Haus eintraten, **war** der Tisch schon **gedeckt**. *When we entered the house, the table was already laid.*

● **7.7.6** The passive is used much less often in German than in English, especially if it is too cumbersome. A number of German constructions would often be expressed in the passive in English.

◆ The impersonal pronoun *man* can be used, with the verb in the active voice:

Man transportierte häufig Rohstoffe wie Holz und Eisenerz auf Wasserwegen. *Raw materials such as wood and iron ore **were** frequently **transported** on waterways.*

◆ The verb *sich lassen* is used with the verb in the infinitive, often where in English the expression would be 'can be' + past participle:

Das **lässt sich** leicht **sagen**. *That **is** easily **said**.*

Diese Frage **lässt sich** mit einem Wort **beantworten**. *This question **can be answered** in one word.*

◆ Particularly after constructions like *es gibt, da ist* etc., the active infinitive is preferred in German:

Bevor wir uns zur Fahrprüfung anmelden können, ist noch viel **zu lernen**. *There is a lot **to be learnt** before we can register for our driving test.*

Es gibt noch viel **zu tun**, bis wir wirklich alle Bundesbürger vom Auto weg und in die öffentlichen Verkehrsmittel bringen. *There is still much **to be done** until we can get all Germans out of their cars and onto public transport.*

7.8 The imperative

The imperative is the command form of the verb. There are different forms depending on who is being commanded. See 4.1, modes of address.

● **7.8.1** To make the *du*-form, start from the *du*-form present tense, omit *du* and take off the -*st* ending (just -*t* if the stem ends in -*s* (*lesen*) or -*z* (*unterstützen*).

du schreibst	**schreib!**	*write!*
du stehst auf	**steh auf!**	*get up!*
du setzt dich	**setz dich!**	*sit down!*
du siehst	**sieh!**	*look!*
du isst	**iss!**	*eat!*
du benimmst dich	**benimm dich!**	*behave!*

However, strong verbs whose main vowel changes from *a* to *ä* in the *du*-form present tense, use *a* in the imperative.

laufen	**lauf!**	*run!*
losfahren	**fahr los!**	*go!*

● **7.8.2** For the *ihr*-form, simply omit *ihr* from the *ihr*-form present tense.

ihr steht auf	**steht auf!**	*get up!*
ihr seht	**seht!**	*look!*
ihr benehmt euch	**benehmt euch!**	*behave!*

● **7.8.3** For the *Sie*-form, take the *Sie*-form present tense and swap the order of *Sie* and the verb.

Sie laufen	**laufen Sie!**	*run!*
Sie stehen auf	**stehen Sie auf!**	*get up!*
Sie beeilen sich	**beeilen Sie sich!**	*do hurry up!*

● **7.8.4** Auxiliary verbs have irregular imperative forms:

	du	ihr	Sie
haben	hab!	habt!	haben Sie!
sein	sei!	seid!	seien Sie!
werden	werde!	werdet!	werden Sie!

● **7.8.5** The addition of *doch, schon* or *mal* softens the command and makes it sound more idiomatic.

Setzen Sie sich **doch** hin! *Do sit down!*

Komm **mal** her! *Please come here!*

Nun sagt **doch** schon! *Do tell!*

7.9 Infinitive constructions

● **7.9.1** Most verbs, apart from modals and a few others (6.2.5) take *zu* + infinitive, if they are followed by another verb.

Er beschloss, seinen Zivildienst im Krankenhaus **zu leisten**. *He decided to do his community service in a hospital.*

Sie hatte vor, nach dem Studium erst mal ins Ausland **zu gehen**. *She intended to go abroad after her degree.*

● **7.9.2** Impersonal expressions (5.2) are also followed by *zu* + infinitive.

Es tut gut, nach Deutschland **zu fahren** und die ganze Zeit nur Deutsch **zu hören**. *It does you good to travel to Germany and to hear only German the whole time.*

● **7.9.3** The phrase *um ... zu* means 'in order to' and is used in the same way as other infinitive constructions.

Sie fuhr nach Leipzig, **um** sich ein Zimmer für das neue Semester **zu suchen**. *She went to Leipzig to find a room for the new semester.*

Wir gingen zur Hochschule, **um** uns für unsere Kurse **einzuschreiben**. *We went to the college to register for our courses.*

A few other constructions follow the same pattern.

(an)statt ... zu

Anstatt sich zu amüsieren, hockte er immer in seiner Bude herum. *Instead of enjoying himself, he just stayed in his room.*

als ... zu

Es blieb uns nichts übrig, **als uns** an die Arbeit **zu machen**. *There was nothing we could do except settle down to work.*

ohne ... zu

Ohne mit der Wimper **zu zucken**, log er mich an. *Without batting an eyelid he lied to me.*

● **7.9.4** With separable verbs, *zu* is inserted between the prefix and the verb stem.

Es macht Spaß, in den Ferien mal richtig **auszuspannen**. *It is fun to relax properly in the holidays.*

● **7.9.5** Modal verbs (5.5), *sehen*, *hören* and *lassen* are followed by an infinitive without *zu*.

modal verbs:

Junge Menschen **sollten sich** frühzeitig am kommunalen Leben **beteiligen**. *Young people should take part in the life of the community from an early age.*

Man braucht nicht zum Militär; man **kann** auch Zivildienst **leisten**. *You do not have to join the army, you can also do community service.*

hören:

Er **hörte** die zwei Autos **zusammenstoßen**. *He heard the two cars collide.*

lassen:

Meine Eltern **lassen** mich nur bis Mitternacht **ausgehen**. *My parents only let me go out until midnight.*

Jeden Monat **ließ** sie sich von einem Starfriseur die Haare **schneiden**. *Every month she had her hair cut by a top stylist.*

● **7.9.6** Sometimes German verbs can be followed by an object which is also the subject of an infinitive clause:

Der Lektor riet **ihnen**, sich sofort für die Kurse einzuschreiben. *The lecturer advised **them** to enrol for the courses immediately.*

Er bat **sie** auch darum, ihre Bewerbung persönlich zum Sekretariat zu **bringen**. *He also asked **them** to take their application to the secretary's office in person.*

However, this happens much less often than in English. Especially verbs that express saying, wishing or similar are followed instead by subordinate clauses:

The NPD wanted women to stay at home. Die NPD **wollte, dass die Frauen** zu Hause **blieben**.

Large German organizations expect their employees to be conversant with English. Große deutsche Unternehmen **erwarten, dass** ihre Angestellten sich auf Englisch verständigen **können**.

The police told the football fans not to bring alcohol to the stadium. Die Polizei **teilte** den Fußballfans **mit, dass sie** keinen Alkohol mit ins Stadion **bringen** dürften.

8 Conjunctions and word order

8.1 Word order in main clauses

● **8.1.1** The *verb* must always be the second idea in a main clause. Often, clauses begin with the <u>subject</u>:

<u>Sie</u> sind Geschichtslehrerin. *You are a history teacher.*

However, it is also quite usual to start the sentence not with the subject, but with another element of the sentence, particularly if a special emphasis is to be achieved. If so, the verb should still be the second idea, and so the subject must follow it. This feature of German word order is called **inversion** (i.e. the verb and the subject change places, or are inverted).

Jetzt **ist** <u>Deutschland</u> wieder ein vereinigtes Land. *Now Germany is a united country again.*

● **8.1.2** Any phrase describing time, manner or place may begin the sentence:

Time:
Nach dem Krieg wollten die Deutschen Freundschaft schließen. *After the war, the Germans wanted to make friends.*

Manner:
Gemeinsam mit anderen Ländern gründeten sie die EWG. *Together with other countries they founded the EEC.*

Place:
In Berlin steht die Mauer nicht mehr. *In Berlin there is no wall any more.*

In all these sentences, it is important to keep the verb in the second place, followed by the subject.

Elsewhere in the sentence, phrases have to be arranged in this order: time – manner – place, even if only two of the three types occur:

Mozart starb **1756 fast allein** in Wien. *Mozart died in Vienna in 1756, almost alone.*

Die Grenze wurde **1989 endlich** geöffnet. *The border was finally opened in 1989.*

8.2 Negative sentences

● **8.2.1** The negative adverbs *nicht* and *nie* go as close as possible to the end of the sentence, though they must precede the following:

adjectives:
Die Nutzung der Atomkraft ist **nicht** gefahrlos. *The use of atomic power is not free of danger.*

phrases of manner:
Zur Party fahren wir diesmal **nicht** mit dem Auto. *We won't drive to the party this time.*

phrases of place:
Wir waren noch **nie** in Deutschland. *We have never been to Germany.*

infinitives:
Ich darf dieses Wochenende wirklich **nicht** ausgehen. *I am really not allowed out this weekend.*

past participles:
Er hat sich um diesen Job **nicht** beworben. *He has not applied for this job.*

separable prefixes:
Wir gehen diesen Samstagabend **nicht** aus. *We are not going out this Saturday evening.*

● **8.2.2** *Nicht* can also precede words when a particular emphasis is intended.

Ich habe nicht seinen Vater gesehen, sondern seine Mutter. *I didn't see his father, but his mother.*

(*Nicht* would not normally precede a direct object, but here *Vater* is contrasted with *Mutter*.)

Note that, although *kein* (1.2.3) is used as the negative with nouns (rather than *nicht ein*), *nicht* is used with the definite article, and possessive or demonstrative adjectives.

Er hatte **nicht** den Mut, den Kriegsdienst zu verweigern. *He didn't have the courage to refuse to do military service.*

Sie hat **nicht** die Zeit, sich um ihre alten Eltern zu kümmern. *She doesn't have time to look after her elderly parents.*

● **8.2.3** For other negative forms, see indefinite pronouns (4.6).

8.3 Questions

- **8.3.1** Questions in German are mainly expressed by inversion, i.e. swapping the subject with the verb.

  Hat Mozart viele Opern komponiert? *Did Mozart compose many operas?*

  Lebt Marlene Dietrich noch? *Is Marlene Dietrich still alive?*

- **8.3.2** This inversion also follows an interrogative adjective (3.2) adverb (3.4.5) or pronoun (4.7).

  Wie lange wohnen Sie schon in Amerika? *How long have you lived in America?*

  Seit wann dient er bei der Bundeswehr? *Since when has he been doing his national service?*

  Warum wohnt sie nicht mehr bei ihren Eltern? *Why doesn't she live with her parents any more?*

- **8.3.3** In an **indirect** question, the verb goes to the end of the clause:

  Ich weiß nicht, **wie viele** Strafpunkte zum Verlust des Führerscheins **führen**. *I don't know how many points on your licence lead to the loss of it.*

  Ich habe ihn gefragt, **wen** ich zur Party mitbringen **darf**. *I asked him who I was allowed to bring along to the party.*

8.4 Conjunctions

- **8.4.1** The following conjunctions are co-ordinating conjunctions and do not change the word order when connecting two clauses: :

  aber, denn, oder, sondern, und

  Die Eltern erlauben ihm nicht, von zu Hause auszuziehen, **und** sein Vater macht ihm ohnehin allerlei Vorschriften. *His parents won't let him leave home and his father imposes all kinds of rules on him in any case.*

  - ◆ *Sondern* is usually used after a negative statement, particularly if it means 'on the contrary'.

  Ich möchte nicht mehr zu Hause wohnen, **sondern** so bald wie möglich ausziehen. *I would like to not live at home any more, but move out as soon as possible.*

Aber is used to express 'on the other hand'.

Ich kann mir im Moment noch keine eigene Wohnung leisten, **aber** mein Freund hat schon eine, denn er arbeitet. *I can't afford my own flat at the moment, but my boyfriend has one already, because he is working.*

- ◆ If there is inversion in the first of two clauses linked by a co-ordinating conjunction, normal word order applies in the second clause, i.e. there is no inversion in it:

  Schon seit Jahren **setzte sich die Gruppe für** Minderheiten ein und **ihr Anführer veröffentlichte** regelmäßig Aufrufe in der Zeitung. *The group had supported minorities for years and their leader regularly published appeals in the newspaper.*

- **8.4.2** There are a large number of subordinating conjunctions, which send the verb to the end of the clause. These include:

als	when, at the time when (single occasions in the past)
als ob	as if
(an)statt	instead of
bevor	before
bis	until
da	since, because, as (especially at the beginning of sentences instead of *weil*)
damit	so that (purpose, intention)
dass	that
falls	if, in case
nachdem	after
ob	if, whether
obgleich	although
obwohl	although
seit(dem)	since (see 6.1.1)
sobald	as soon as
sodass	so that (result)
solange	as long as
während	while
wenn	when (present, future), *whenever, if*
wie	as

Es macht Spaß, im Herbst in München zu sein, **weil** dann das Oktoberfest **stattfindet**. *It is fun to be in Munich in autumn because the beer festival takes place then.*

Sie sparten ein ganzes Jahr lang, **damit** sie einen neuen Computer kaufen konnten. *They saved up for a whole year so that they could buy a new computer.*

◆ If the subordinate clause starts the sentence, the subject and the verb of the main clause have to be swapped round (inverted) to produce the **verb, verb** pattern so typical of more complex German sentences:

Da sein Vater dieses Jahr fast die ganze Zeit arbeitslos **war, konnten** sie nicht in Urlaub fahren. *As his father had been unemployed for nearly the whole year, they could not go on holiday.*

Seitdem das neue Jugendzentrum in der Stadt eröffnet **ist, haben** die Fälle von Jugendkriminalität abgenommen. *Since the new youth centre opened in the town, cases of juvenile delinquency have decreased.*

◆ If the subordinating conjunction relates to two separate clauses, it governs the word order in both, even though it need not appear twice:

Sie waren unzufrieden, **weil** sie ihre Arbeitsplätze verloren **hatten** und ihr Lebensstandard sich immer noch nicht dem westdeutschen Niveau angepasst **hatte**. *They were dissatisfied because they had lost their jobs and their standard of living had not yet reached West German levels.*

◆ The verb that would be second in a main clause generally goes right to the end of a subordinate clause. However, if there are also two infinitives, including a modal verb, *lassen* or a verb of perception, it goes immediately before them. This can occur in the perfect, pluperfect and future tenses, in both indicative and subjunctive.

perfect indicative:

Als die Soldaten die Flugzeuge **haben** kommen **hören**, haben sie sofort Zuflucht gesucht. *When the soldiers heard the planes arrive, they quickly sought shelter.*

pluperfect indicative:

Man hatte nicht rechtzeitig erkannt, dass der Diktator eine ethnische Säuberung **hatte** vornehmen **wollen**. *They had not realized in time that the dictator had wanted to carry out ethnic cleansing.*

pluperfect subjunctive (conditional perfect):

Wenn die Russen ein demokratisches Deutschland **hätten** akzeptieren **wollen**, hätten sie niemals die Berliner Blockade organisiert. *If the Russians had been willing to accept a democratic Germany, they would never have organized the Berlin blockade.*

future:

Bei allen Zeitungen werden jetzt Onlineausgaben hergestellt, sodass man bald die gesamte Weltpresse im Internet **wird** lesen **können**. *On-line editions of all newspapers are produced now, so that soon one will be able to read the whole world's press on the Internet.*

● **8.4.3** Some adverbs are used to link sentences together. They are followed by the usual inversion:

also	*therefore*
darum	*for this reason*
deshalb	*for this reason*
deswegen	*for this reason*
folglich	*consequently*
und so	*and so*

Die Theater hatten am Montagabend zu, **also konnten sie** nur ins Kino gehen. *The theatres were closed on Monday evening, therefore they could only go to the cinema.*

Für Medizin ist überall der Numerus Clausus eingeführt, **folglich kann man** dieses Fach nur mit einem sehr guten Abiturzeugnis studieren. *There is an entrance restriction for medicine everywhere; consequently you can only study this subject with excellent A level grades.*

8.5 Relative clauses

● **8.5.1** Relative clauses are subordinate clauses introduced by a relative pronoun (see 4.4).

The verb in a relative clause is sent to the end of the clause. A relative clause has commas at each end to separate it from the rest of the sentence. The relative clause often comes before the main verb, which then follows immediately after it.

Das Schloss, **das** wir gestern **besuchten**, war unglaublich schön. *The castle we visited yesterday was incredibly beautiful.*

● **8.5.2** If there is no specific person to link the relative pronoun to, *wer* can be used.

Wer sich nicht bei vielen Firmen um eine Teilzeitstelle bewirbt, wird sicher keinen Ferienjob bekommen. *Anyone who doesn't apply to many firms for part-time work will certainly not get a holiday job.*

8.6 Comparison

In comparative sentences, the second element of the comparison is usually taken out of the sentence structure and added to the end, even after any past participles or infinitives. This applies to both main clauses (8.1, 8.4.1) and subordinate clauses (8.4.2):

Die DDR hat sich wirtschaftlich nicht so weit entwickelt **wie die BRD.** *Economically the GDR did not develop as far as the FRG.*

Er hatte sich schneller an eine westliche Demokratie gewöhnt, da er die DDR früher verlassen hatte **als wir**. *He had grown used to a Western democracy more quickly as he had left the GDR earlier than we had.*

8.7 Order of objects

◆ Pronoun object before noun object, regardless of case.

Das Internet bietet **uns bisher ungeahnte Möglichkeiten.** (*accusative pronoun before dative noun*) *The Internet offers us opportunities previously undreamt of.*

◆ Dative noun before accusative noun:

Die Geschäftsführung machte **den Streikenden einen Vorschlag**. *The management put a proposal to the strikers.*

◆ Accusative pronoun before dative pronoun:

Sie haben sehr viel Geld für ein Waisenheim in Rumänien gesammelt und haben **es ihnen** auch noch vor Weihnachten schicken können. *They collected a lot of money for a Romanian orphanage and were able to send it to them before Christmas.*

Strong and irregular verbs

Infinitive	Meaning	3rd ps. sg. present tense (if irregular)	3rd ps. sg. imperfect tense	3rd ps. sg. perfect tense
befehlen	to order	befiehlt	befahl	hat befohlen
beginnen	to begin	-	begann	hat begonnen
bekommen	to receive	-	bekam	hat bekommen
beschließen	to decide	-	beschloss	hat beschlossen
beschreiben	to describe	-	beschrieb	hat beschrieben
besitzen	to own	-	besaß	hat besessen
bewerben	to apply	bewirbt	bewarb	hat beworben
bieten	to offer	-	bot	hat geboten
binden	to tie	-	band	hat gebunden
bitten	to ask for	-	bat	hat gebeten
bleiben	to remain	-	blieb	ist geblieben
brechen	to break	bricht	brach	hat/ist gebrochen
brennen	to burn	-	brannte	hat gebrannt
bringen	to bring	-	brachte	hat gebracht
denken	to think	-	dachte	hat gedacht
dürfen	to be allowed to	darf	durfte	hat gedurft
empfehlen	to recommend	empfiehlt	empfahl	hat empfohlen
essen	to eat	isst	aß	hat gegessen
entscheiden	to decide	-	entschied	hat entschieden
fahren	to go (by vehicle)	fährt	fuhr	ist/hat gefahren
fallen	to fall	fällt	fiel	ist gefallen
fangen	to catch	fängt	fing	hat gefangen
finden	to find	-	fand	hat gefunden
fliegen	to fly	-	flog	ist/hat geflogen
fliehen	to flee	-	floh	ist geflohen
fließen	to flow	-	floss	ist geflossen
geben	to give	gibt	gab	hat gegeben
gefallen	to please	gefällt	gefiel	hat gefallen
gehen	to go	-	ging	ist gegangen
gelingen	to succeed	-	gelang	ist gelungen
gelten	to be valid, count	gilt	galt	hat gegolten
genießen	to enjoy	-	genoss	hat genossen
geschehen	to happen	geschieht	geschah	ist geschehen
gewinnen	to win	-	gewann	hat gewonnen
gleiten	to glide	-	glitt	ist geglitten
greifen	to grasp	-	griff	hat gegriffen
halten	to hold/stop	hält	hielt	hat gehalten
hängen	to hang	-	hing	hat gehangen
heißen	to be called	-	hieß	hat geheißen
helfen	to help	hilft	half	hat geholfen

Infinitive	Meaning	3rd ps. sg. present tense (if irregular)	3rd ps. sg. imperfect tense	3rd ps. sg. perfect tense
kennen	to know	-	kannte	hat gekannt
kommen	to come	-	kam	ist gekommen
können	to be able to	kann	konnte	hat gekonnt
laden	to load	lädt	lud	hat geladen
lassen	to let/leave	lässt	ließ	hat gelassen
laufen	to run, walk	läuft	lief	ist gelaufen
leiden	to suffer	-	litt	hat gelitten
lesen	to read	liest	las	hat gelesen
liegen	to lie	-	lag	hat gelegen
lügen	to tell a lie	-	log	hat gelogen
messen	to measure	misst	maß	hat gemessen
mögen	to like	mag	mochte	hat gemocht
müssen	to have to	muss	musste	hat gemusst
nehmen	to take	nimmt	nahm	hat genommen
nennen	to name, call	nennt	nannte	hat genannt
raten	to advise, guess	rät	riet	hat geraten
reißen	to tear	-	riss	hat gerissen
rufen	to call	-	rief	hat gerufen
schaffen	to create	-	schuf	hat geschaffen
scheinen	to seem	-	schien	hat geschienen
schießen	to shoot	-	schoss	hat geschossen
schlafen	to sleep	schläft	schlief	hat geschlafen
schlagen	to hit	schlägt	schlug	hat geschlagen
schließen	to close	-	schloss	hat geschlossen
schmelzen	to melt	schmilzt	schmolz	hat/ist geschmolzen
schneiden	to cut	-	schnitt	hat geschnitten
schreiben	to write	-	schrieb	hat geschrieben
schweigen	to be silent	-	schwieg	hat geschwiegen
schwimmen	to swim	-	schwamm	ist/hat geschwommen
sehen	to see	sieht	sah	hat gesehen
sein	to be	ist	war	ist gewesen
sinken	to sink	-	sank	ist gesunken
sitzen	to sit	-	saß	hat gesessen
sollen	to ought to	soll	sollte	hat gesollt
sprechen	to speak	spricht	sprach	hat gesprochen
springen	to jump	-	sprang	ist/hat gesprungen
stehen	to stand	-	stand	hat gestanden
steigen	to climb	-	stieg	ist gestiegen
sterben	to die	stirbt	starb	ist gestorben
stoßen	to push	stößt	stieß	ist/hat gestoßen
tragen	to carry	trägt	trug	hat getragen
treffen	to meet	trifft	traf	hat getroffen

Infinitive	Meaning	3rd ps. sg. present tense (if irregular)	3rd ps. sg. imperfect tense	3rd ps. sg. perfect tense
treiben	*to push, move*	-	trieb	hat/ist getrieben
treten	*to step, tread, kick*	tritt	trat	hat/ist getreten
trinken	*to drink*	-	trank	hat getrunken
tun	*to do*	-	tat	hat getan
verbringen	*to spend (time)*	-	verbrachte	hat verbracht
vergessen	*to forget*	vergisst	vergaß	hat vergessen
verlieren	*to lose*	-	verlor	hat verloren
vermeiden	*to avoid*	-	vermied	hat vermieden
versprechen	*to promise*	verspricht	versprach	hat versprochen
verstehen	*to understand*	-	verstand	hat verstanden
wachsen	*to grow*	wächst	wuchs	ist gewachsen
waschen	*to wash*	wäscht	wusch	hat gewaschen
wenden	*to turn*	-	wand	hat gewandt
werben	*to advertise*	wirbt	warb	hat geworben
werden	*to become*	wird	wurde	ist geworden
werfen	*to throw*	wirft	warf	hat geworfen
wiegen	*to weigh*	-	wog	hat gewogen
wissen	*to know*	weiß	wusste	hat gewusst
wollen	*to want to*	will	wollte	hat gewollt
ziehen	to pull, move	-	zog	hat/ist gezogen
zwingen	to force	-	zwang	hat gezwungen

Glossary

The glossary contains some of the more difficult words in *Zeitgeist 2*. Where a word has several meanings, only those which occur in the book are given. Verbs marked * are strong or irregular. Words without plural are used in the singular only.

Abbreviations: adj = adjective; adv = adverb; conj = conjunction; nm = masculine noun; nf = feminine noun; nn = neuter noun; npl = plural noun; pp = past participle; prep = preposition; v = verb.

A

Abbau *nm* phasing out

Abfall ("e) *nm* waste

Abfallbeseitigung *nf* waste removal

abholzen *v* to deforest

Abiturient (en) *nm* high-school graduate

ablehnen *v* to refuse, to reject

abschließen* *v* to finish

abschreckend *adj* deterrent

Abschreckung (en) *nf* deterrence

Absicht (en) *nf* intention

Absperrung (en) *nf* barrier

abstreiten* *v* to deny

Akte (n) *nf* record, file

Album (Alben) *nn* album

Alleinerziehende (n) *nf* single mother

Altbau (ten) *nm* old building

alternative Energiequellen *npl* alternative energy sources

Altersgruppe (n) *nf* age group

Analphabet (en) *nm* illiterate

anbieten* *v* to offer

Anerkennung (en) *nf* recognition

angekurbelt *pp* stimulated, boosted

Angriff (e) *nm* attack

Angst haben (vor)* *v* to be afraid of

ankommen* *v* to appeal to

Anleitung (en) *nf* instruction, guidance

anmelden *v* to register, to enrol

Anpassung (en) *nf* adjustment

anpflanzen *v* to plant

anregen *v* to encourage

Anschlag ("e) *nm* attack

Ansicht (en) *nf* view

Anspielung (en) *nf* allusion

anständig *adj* decent

Anstieg *nm* rise

Antrag ("e) *nm* application

Anwalt ("e) *nm* lawyer

Anwendung (en) *nf* use

anwerben* *v* to hire, to recruit

anzeigen *v* to press charges

Arbeitsgenehmigung (en) *nf* work permit

arbeitslos *adj* unemployed

Arbeitslosigkeit *nf* unemployment

Arbeitsmarkt ("e) *nm* labour market

Architekt (en) *nm* architect

Architektur *nf* architecture

Armut *nf* poverty

Armutsgrenze (n) *nf* poverty threshold

Arrangeur (e) *nm* arranger

Asyl (e) *nn* asylum

Asylant (en) *nm* person granted asylum

Asylbewerber (-) *nm* asylum seeker

Asylrecht (e) *nn* right of asylum

Atomenergie (n) *nf* nuclear energy

Attentäter (-) *nm* assassin

auf einen Satz in one go

aufblasbar *adj* inflatable

Aufenthalt (e) *nm* stay

Aufenthaltserlaubnis *nf* residence permit

aufgerissen *adj* torn open

aufleben *v* to revive

Auftrag ("e) *nm* order

auftreten* *v* to appear

Ausbeutung (en) *nf* exploitation

Ausbildung (en) *nf* education, schooling

Ausdruck ("e) *nm* expression

ausführen *v* to perform, to do

ausgeben* *v* to spend

ausgebildet *adj* skilled, qualified

ausgestorben *adj* extinct

Ausländer (-) *nm* foreigner

Ausländerfeindlichkeit *nf* xenophobia, dislike of foreigners

Auspuff (e) *nm* exhaust pipe

ausreichend *adj* sufficient

Aussage (n) *nf* statement

ausschalten *v* to put out

Außenseiter (-) *nm* outsider

aussetzen *v* to abandon

Aussiedler (-) *nm* resettler, emigrant

Ausstellung (en) *nf* exhibition

ausverkaufen *v* to sell out

Auswahl (en) *nf* selection

Auswanderer (-) *nm* emigrant

Auswirkung (en) *nf* effect

auszeichnen *v* to award

Autobahngebühr (en) *nf* toll fee

B

Bauten *npl* constructions, buildings

Bauunternehmer (-) *nm* building contractor

Bauweise (n) *nf* construction

beauftragen *v* to assign, to instruct

Bedienungspersonal *nn* service personnel

bedrohlich *adj* threatening

Bedrohung (en) *nf* threat

beeinflussen *v* to affect

Befruchtung (en) *nf* insemination, impregnation

Befürworter (-) *nm* supporter

Begebenheit (en) *nf* event, occurrence

Glossary

begehen* *v* to commit

begehrt *adj* popular, in demand

begrenzen *v* to limit

beherrschen *v* to rule

Behörde (n) *nf* authority

Beitrag ("e) *nm* contribution

beitragen* *v* to contribute

beitreten* *v* to join

bekämpfen *v* to fight, to combat

belasten *v* to pollute

beleidigen *v* to offend

Belohnung (en) *nf* reward

benachrichtigen *v* to report

Benehmen *nn* behaviour

Benzin *nn* petrol

Beratung (en) *nf* advice

Bereich (e) *nm* sector

Berichterstattung (en) *nf* coverage, reporting

Beschäftigung (en) *nf* occupation

bespitzeln *v* to spy on

Bestrafung (en) *nf* punishment

Besucher (-) *nm* visitor

Betäubungsmittel (-) *nn* narcotic

Beton *nm* concrete

betrachten *v* to look at

betragen* *v* to amount

betreffen* *v* to involve, to concern

Betreuer (-) *nm* minder

Betreuung (en) *nf* support, care

Betrug *nm* fraud, scam

Betrüger (-) *nm* trickster, swindler

betteln *v* to beg

Bettler (-) *nm* beggar

Bewährungshilfe (n) *nf* probation work

bewilligen *v* to grant

Bewusstsein *nn* consciousness, awareness

bezeichnen *v* to describe

Beziehung (en) *nf* relationship

Bindung (en) *nf* tie, bond

Binnenhandel *nm* domestic trade

Biobaumwolle *nf* organic cotton

biologisch abbaubar *adj* biodegradable

Biomasse (n) *nf* bio mass

Biosprit *nm* bio fuel

Bleichmittel (-) *nn* bleaching agent

blühen *v* to flourish

Brennpunkt (e) *nm* focus

Brennstoff (e) *nm* fuel

bröckeln *v* to crumble

buchen *v* to book

Buchhändler (-) *nm* bookseller

Buchhandlung (en) *nf* bookshop

Bundeskanzler (-) *nm* Federal Chancellor

Bundestag *nm* German parliament

Bürger (-) *nm* citizen

Büro (s) *nn* office

D

dauerhaft *adj* sustainable

defekt *adj* defective

Delikt (e) *nn* offence

dementsprechend *adv* accordingly

Demokratie (n) *nf* democracy

Demonstration (en) *nf* demonstration

demonstrieren *v* to demonstrate

destruktiv *adj* destructive

deutschsprachig *adj* German-speaking

Dichter (-) *nm* poet

Diebstahl ("e) *nm* theft

doppelt *adj* double

Drahtzieher (-) *nm* manipulator

Dramatiker (-) *nm* playwright

Drehbuch ("er) *nn* (film) script

drehen (Film) *v* to make a film

Dritte Welt *nf* Third World

drucken *v* to print

Dürre (n) *nf* drought

düster *adj* dark, bleak

E

ehemalig *adj* past, former

ehrgeizig *adj* ambitious

Eigenschaft (en) *nf* quality

Eigentum ("er) *nn* property

Eigentümlichkeit (en) *nf* peculiarity

Einbürgerung (en) *nf* naturalization

einführen *v* to introduce

Einkommen (-) *nn* income

Einsatz ("e) *nm* stake

einseitig *adj* one-sided

einsetzen *v* to insert, to implant

einsperren *v* to lock up, to confine

Einstellung (en) *nf* attitude

einteilen *v* to ration

Einwanderer (-) *nm* immigrant

Eisberg (e) *nm* glacier

Eiserne Vorhang *nm* Iron Curtain

Elend *nn* misery

Embryo (s; nen) *nm* embryo

embryonal *adj* embryonic

empfehlen* *v* to recommend

Endlagerung (en) *nf* final disposal

Energiebedarf *nm* energy requirement

Energiegewinnung *nf* power generation

Energiekrise (n) *nf* energy crisis

Energiequelle (n) *nf* source of energy

Energieträger (-) *nm* energy carrier

Energieverbrauch *nm* energy consumption

Energieversorgung (en) *nf* energy supply

entdecken *v* to discover

entdeckt *adj* discovered

Entscheidung (en) *nf* decision

Entschluss ("e) *nm* decision

Entsorgung (en) *nf* waste disposal

entsprechend *adj* relevant

Entwaldung (en) *nf* deforestation

entwerfen* *v* to design

entwickeln *v* to develop

Entwicklung (en) *nf* development

Entwicklungsland ("er) *nn* developing country

Epos (Epen) *nn* epic

Erbgut *nn* genetic make-up

Erbkrankheit (en) *nf* hereditary disease

erblich bedingt *adj* congenital

Erdbeben (-) *nm* earthquake

Erderwärmung *nf* global warming

Erdinnere *nn* earth's interior

erfinden* *v* to invent

Erfindung (en) *nf* invention

erforderlich *adj* necessary, essential

erfüllen *v* to fulfil

ergänzen *v* to complete

ergriffen *adj* awestruck

erheblich *adj* considerable

Erhöhung (en) *nf* increase

ermorden *v* to murder

Ernährungsproblem (e) *nn* diet problem

erneuerbar *adj* sustainable, renewable

erniedrigend *adj* humiliating

erschöpft werden* *v* to run out

ersetzen *v* to replace

Erwachsene (n) *nm* adult

Erwachsenwerden *nn* growing up

erwähnen *v* to mention

Erwärmung (en) *nf* warming

Erwärmung der Erdatmosphäre *nf* global warming

Erwartung (en) *nf* expectation

Erweiterung (en) *nf* expansion

erzählen *v* to tell, to narrate

Erzähler (-) *nm* narrator

erzeugen *v* to produce

Erzeuger (-) *nm* originator

Erzeugung (en) *nf* production, generation

Erziehung *nf* education

es reicht that's enough

ethische Bedenken *npl* ethical considerations

EU *nf* European Union

Exemplar (e) *nn* copy

F

Fähigkeit (en) *nf* ability

Fahrgemeinschaft (en) *nf* car-sharing

fairer Handel *nm* fair trade

nachholen *v* to bring over

Familienverhältnisse *npl* family circumstances

Fehler (-) *nm* mistake

Fehlsteuerung (en) *nf* disorder

feiern *v* to celebrate

Feindseligkeit (en) *nf* hostility

fernbleiben* *v* to stay away from

festbinden* *v* to bind

Fieber *nn* fever

Filiale (n) *nf* branch

Filmemacher (-) *nm* filmmaker

Fläche (n) *nf* area

Fledermaus (¨e) *nf* bat

fleißig *adj* busy, diligent

Flucht *nf* escape, flight

Flüchtling (e) *nm* refugee

Flüchtlingslager (-) *nn* refugee camp

Flügel (-) *nm* wing

fördern *v* to support

forschen *v* to research

Forscher (-) *nm* researcher, explorer

Forschung (en) *nf* research

Fortschritt (e) *nm* progress

freigesetzt *adj* released

freisetzen *v* to release

freiwillig *adj* voluntary

fremd *adj* foreign

Frieden *nm* peace

Führung (en) *nf* leadership

G

ganz und gar nicht not at all

Gastarbeiter (-) *nm* guestworker, foreign worker

Gebäudesanierung (en) *nf* restructuring of buildings

Gebühren *npl* fees, charges

Gedicht (e) *nn* poem

gefährden *v* to endanger

Gefängnis (se) *nn* prison

Gefängnisstrafe (n) *nf* prison sentence

gefragt sein* *v* to be in demand

gegenseitig *adj* mutual

Gegner (-) *nm* opponent

Gehalt (¨er) *nn* income

gehen ... um* *v* to be about ... sth

gehörlos *adj* deaf

gelingen* *v* to succeed

Gemälde (-) *nn* painting

gemeinsam *adj* common

Gemeinschaft (en) *nf* society

Gen (e) *nn* gene

genetisch *adj* genetic

genmanipuliert *adj* genetically modified

Gentechnik (en) *nf* genetic engineering

gentechnisch manipuliert, verändert *adj* genetically modified

Geräusch (e) *nn* noise, sound

Gerichtsverfahren (-) *nn* court hearing

gerührt *adj* touched

geschichtlich *adj* historical

Geschlecht (er) *nn* gender

Geschmack *nm* taste

Gesellschaft (en) *nf* society

übel gesinnt sein *v* to mean ill by

gewährleisten *v* to guarantee

Gewalt *nf* violence

Gewalttat (en) *nf* outrage, violent crime

gewünscht *adj* desired, wanted

Gleichaltrige (n) *nm* person of the same age

Gleichberechtigung *nf* equality

Gletscher (-) *nm* glacier

Globalisierung *nf* globalisation

Glühbirne (n) *nf* light bulb

Grenze (n) *nf* border

Grundgesetz (e) *nm* charter

Grundrechte *npl* basic rights

Gründungsmitglied (er) *nn* founder member

gruselig *adj* creepy, weird

gucken *v* to peek

günstig *adj* favourable

Güter *npl* goods

Glossary

H

Haft *nf* imprisonment
Haftstrafe (n) *nf* prison sentence
Halterung (en) *nf* holder, mounting support
Handel *nm* trade
handeln *v* to act
Handlung (en) *nf* plot
Handwerk *nn* trade
Handwerker (-) *nm* craftsman
Hartnäckigkeit *nf* obstinacy
Hauptdarsteller (-) *nm* leading actor
Hauptfigur (en) *nf* main character
heilen *v* to cure
Heilmittel (-) *nn* remedy
Heimat *nf* home(land)
heiraten *v* to marry
Heizung (en) *nf* heating
Herausforderung (en) *nf* challenge
herausgeben* *v* to publish
Herberge (n) *nf* hostel
Herkunft (¨e) *nf* origin, descent
Herkunftsland (¨er) *nn* country of origin
herunterdrehen *v* to turn down
hilfsbereit *adj* helpful
Hungersnot (¨e) *nf* famine
Hysterie (n) *nf* hysteria

I

illegal *adj* illegal
im Gegensatz zu in contrast to
im Gegenteil on the contrary
Indentität (en) *nf* identity

Industrieländer *npl* industrialised countries
Infarkt (e) *nm* infarct
Infektionskrankheiten *npl* infectious diseases
integrieren *v* integrate
integriert *adj* integrated
Internat (e) *nn* boarding school
inwiefern *adj/conj* in what respect
Irrenanstalt (en) *nf* mental home

J

Jahrhundertwende *nf* turn of the century
Jalousie (n) *nf* blind
jemanden aufregen *v* to upset someone
Jugendkriminalität *nf* youth crime, juvenile delinquency

K

Kanzlei (en) *nf* solicitor's office
Kassenerfolg (e) *nm* box-office hit
Katastrophe (n) *nf* disaster
Kernkraftwerk (e) *nn* nuclear power station
Kinderpflege *nf* child care
Kleinbauer (n) *nm* peasant farmer
Klima (s) *nf* climate
Klimawandel *nm* climate change
klonen *v* to clone
Kluft *nf* chasm, gap
Kohle (n) *nf* coal

Kohlendioxid *nn* carbon dioxide, CO_2
Komödie (n) *nf* comedy
komponieren *v* to compose
Komponist (en) *nm* composer
Konflikt (e) *nm* conflict, clash
Körperverletzung *nf* assault, grievous bodily harm
Kraftwerk (e) *nn* power station
Krebs *nm* cancer
Kreislauf *nm* cycle
Krieg (e) *nm* war
Krimi (s) *nm* thriller
kriminell *adj* criminal
Krise (n) *nf* crisis
Kritik (en) *nf* review
kulturell *adj* cultural
Kunde (n) *nm* customer
Künstler (-) *nm* artist
Küste (n) *nf* coast

L

Ladendiebstahl (¨e) *nm* shoplifting
Lage (n) *nf* location
Lager (-) *nn* warehouse
Lagerung (en) *nf* storage
lahm *adj* lame
Landschaft (en) *nf* landscape
langfristig *adj* long-term
Lebensbedingungen *nf* living conditions
Lebenserwartung (en) *nf* life expectancy
Lebensgefahr *nf* mortal danger
Lebensqualität *nf* quality of life
Lebewesen (-) *nn* creature
lediglich *adv* merely
Leergut *nn* empties

Leidenschaft (en) *nf* passion
leisten *v* to achieve
Leser (-) *nm* reader
leugnen *v* to deny
linientreu *adj* loyal to the party line
LKW (s) *nm* truck, lorry
Lohn (¨e) *nm* wage
lösen *v* to solve
Lösung (en) *nf* solution
Lupe (n) *nf* magnifying glass

M

Macht (¨e) *nf* power
Maler (-) *nm* painter
Malerei *nf* painting
Mangel (¨-) *nm* lack
Marktanteil (e) *nm* market share
Maßnahme (n) *nf* measure
materiell *adv* material
Mathematiker (-) *nm* mathematician
Mauer (n) *nf* wall
Medikament (e) *nn* medicine, remedy
medizinische Fürsorge *nf* medical/health care
Meeresspiegel *nm* sea level
Meinung (en) *nf* opinion
mindern *v* to reduce
Minderheit (en) *nf* minority
misstrauisch *adj* suspicious
Mitglied (er) *nm* member
Mitgliedstaaten *npl* member states
Monatsgebühr (en) *nf* monthly fee
moralische Werte *npl* ethical values
Mörder (-) *nm* murderer
Motiv (e) *nn* theme

Motorrad (¨er)
nn motorcycle

Müll *nm* household rubbish

Müllabfuhr *nf* refuse collection

Müllablageplatz (¨e)
nm landfill site

Müllberg (e) *nm* rubbish heap

Mülltrennung *nf* waste separation

Muttersprache (n)
nf mother tongue

N

Nachfrage (n)
nf demand

nachhaltig
adj sustainable, lasting

Nachhaltigkeit
nf sustainability

Nachrichtendienst (e)
nm intelligence service

Nachteil (e)
nm disadvantage

Nanomaterial *nn* nano material

Neonazismus *nm* neo-Nazism

neulich *adv* recently

niedrig *adj* menial

nominieren *v* to nominate

O

obdachlos
adj homeless

Obdachlose (n)
nm homeless person

öffentliche Verkehrsmittel
npl public transport

Öffentlichkeit *nf* public

Ölkrise (n) *nf* oil crisis

Opfer (-) *nn* victim

Orkan (e) *nm* hurricane

Ossis *npl* people from East Germany

P

Paar (e) *nn* couple

Passierschein (e)
nm permit, pass

pervers *adj* perverse

Pflaster *nn* pavement

Pflicht (en) *nf* duty

Physiker (-)
nm physicist

Plastiktüte (n)
nf plastic bag

platonisch *adj* platonic

Prämie (n) *nf* reward, premium

Privatsphäre *nf* privacy

Produktion (en)
nf production

prominent
adj prominent

Protagonist (en)
nm protagonist

Q

Quelle (n) *nf* source

R

Radfahrweg (e)
nm cycle track

raffiniert *adj* fancy, tricky, refined

Rassendiskriminierung
nf racial discrimination

Rassenkonflikte
npl racial tensions

Rassenunruhen
npl riots

Rassismus *nm* racism

Raumfähre (n) *nf* space shuttle

Reagenzglas (¨er)
nn test tube

Recht (e) *nn* right

rechtsextremistisch
adj right-wing

Rechtsradikalismus
nm right-wing radicalism

recyceln *v* to recycle

Regie führen *v* to direct something

Regierung (en)
nf government

Regisseur (e)
nf director

Reichtum (¨er)
nm fortune, riches

reif *adj* mature

Reise (n) *nf* journey

renommiert *adj* well-known

repressiv *adj* repressive

Retortenbaby (s)
nn test-tube baby

retten *v* to save

Richtigkeit
nf rightness, correctness

roden *v* to clear (woodland)

Rodung (en) *nf* clearing

Rohöl (e) *nn* crude oil

Rohstoff (e) *nm* raw material

Roman (e) *nm* novel

Romanschriftsteller (-)
nm novelist

Rückblende (n)
nf flashback

Rückfall (¨e)
nm relapse

rückfällig *adj* relapsing

Rückgang *nm* decline

S

Sachbeschädigung (en)
nf willful damage to property

sagenhaft *adj* terrific

Saisonarbeiter (-)
nm seasonal worker

sammeln *v* to collect

Sammelstelle (n)
nf collecting point

Sauerstoff *nm* oxygen

Säuregehalt *nm* level of acidity

saurer Regen *nm* acid rain

schaden *v* to damage

Schaden (¨)
nm damage

Schadstoffbelastung (en) *nf* damage by pollutants

schaffen* *v* to create

Schaffnerin (nen)
nf conductor

Schauplatz (¨e)
nm scene

Schauspieler (-)
nm actor

schicken *v* to send

schier *adj* sheer

schildern *v* to depict

schlechtbezahlt
adj poorly paid

schmelzen *v* to melt

schmelzend *adj* melting

Schmelzofen (¨)
nm melting furnace

Schmerz *nm* pain

schmuggeln *v* to smuggle

Schönheit (en)
nf beauty

Schornstein (e)
nm chimney

Schriftsteller (-)
nm author

schützen *v* to protect

Schwarzfahren *nn* fare dodging

Schwarzmarkt (¨e)
nm black market

Schwelle (n)
nf threshold

Schwerelosigkeit
nf weightlessness

schwerkrank
adj seriously ill

Sektor (en) *nm* sector

Selbsterkenntnis *nf* self-knowledge

Selbsthilfebuch (¨er)
nn self-help guide

Glossary

Sensationslust
nf sensation mongering

sich absetzen *v* to withdraw, to desert

sich anschließen* *v* to join

sich einleben *v* to settle down

sich einmischen *v* to interfere

sich schämen *v* to feel ashamed

sich sehnen *v* to long for

Sinn (e) *nm* sense, meaning

Sinnlichkeit
nf sensuality

Skepsis *nf* scepticism

skrupellos
adj unscrupulously

Soldat (en) *nm* soldier

Sonnenenergie *nf* solar energy

Sonnenkollektor (en)
nm solar panel

Sorge (n) *nf* worry

sorgfältig *adj* careful

Sozialarbeiter (-)
nm social worker

Sozialhilfe *nf* social services

spenden *v* to donate

Spender (-) *nm* donor

Sperrmüll *nm* bulky rubbish

Spionage *nf* espionage

Staat (en) *nm* state

Staatsangehörigkeit
nf nationality

Staatsbürgerschaft
nf nationality, citizenship

Stacheldraht *nm* barbed wire

Stammzelle (n) *nf* stem cell

Stasi (Staatssicherheitsdienst) *nm* state security service

stattfinden* *v* to take place

Stelle (n) *nf* position

Stimme (n) *nf* vote

stimmen für/gegen *v* to vote for/against

Stimmung (en) *nf* mood

Strafe (n)
nf punishment

Strafrecht *nn* criminal law

Straftat (en) *nf* crime, criminal offence

Straftäter (-)
nm criminal

Strafverfolgung
nf criminal prosecution

Strafverfolgungsbehörde
nf law enforcement agency

Strahlung (en)
nf radiation

Straßenbahn (en)
nf tram

streng *adj* severe, strict

Stück (e) *nn* play

Sündenbock (¨e)
nm scapegoat

T

Tatsache (n) *nf* fact

tatverdächtig
adj suspected

tatverdächtig sein* *v* to be suspected (of a crime)

Technik (en)
nf technology

teilen *v* to separate

Teilung (en)
nf separation

Terrorismus
nm terrorism

Terrorverdächtigen
npl terrorist suspects

Teufelskreis *nm* vicious circle

Theaterstück (e)
nn play

Thema (Themen)
nn theme

Titel (-) *nm* title

Todesstrafe *nf* death penalty, capital punishment

Toleranz *nf* tolerance

tragisch *adj* tragic

Transplantation (en)
nf transplant

Treibhauseffekt
nm greenhouse effect

Treibhausgas (e)
nn greenhouse gas

trennen *v* to separate

Trennung (en)
nf separation

U

Überfluss *nm* abundance

überleben *v* to survive

übernehmen* *v* to take over

überschwemmen *v* to flood

Überschwemmung (en)
nf flood

überwachen *v* to watch, to monitor

Überwachung (en)
nf surveillance, monitoring

Überwachungskamera (s)
nf security camera

überwiegend *adj* mainly, predominantly

überzeugen *v* to convince

übrigens *adv* by the way

ultraviolett
adj ultraviolet, UV

umdenken* *v* to rethink

umerziehen* *v* to re-educate

Umfrage (n) *nf* survey

umschwärmt *adj* idolised

umsetzen *v* to transform

umstritten
adj controversial

Umwelt *nf* environment

Umweltbelastung (en)
nf environmental pollution

umweltbewusst
adj environmentally aware

Umweltbewusstsein
nn environmental awareness

Umwelterziehung
nf environmental education

umweltfreundlich
adj environmentally friendly

umweltschädlich
adj environmentally harmful

Umweltschutz
nm environmental conservation

Umweltverschmutzung
nf pollution

Umzug (¨e) *nm* move

unabhängig
adj independent

unbedingt *adv* really

unerwartet
adj unexpected

Unfallflucht *nf* hit-and-run

ungleich *adj* unequal, unlikely

Ungleichheit (en)
nf inequality

unqualifiziert
adj unskilled

unschuldig *adj* innocent

unsentimental
adj unsentimental

Unterbrechung (en)
nf break

Unterernährung
nf malnutrition
Untergang ("e)
nm decline
unterirdisch
adj subterranean
Unterkunft ("e)
nf accommodation
Unternehmen (-)
nn enterprise,
company
Unterschrift (en)
nf signature
Untersetzer (-)
nm coaster
unterstützen *v* to
support
Unterstützung (en)
nf support
Ursache (n) *nf* cause
Urteil (e) *nn* sentence
Urwaldzerstörung
nf destruction of
virgin forest

V

verachten *v* to despise
veraltet *adj* out of date
Verantwortung (en)
nf responsibility
verbessern *v* to improve
Verbesserung (en)
nf improvement
verbieten* *v* to forbid,
to ban
verboten *pp* forbidden
Verbrechen (-) *nn* crime
Verbrennung (en)
nf burning,
combustion
verdeckt *adj* undercover
verdienen *v* to earn
vereitelt *adj* thwarted
verfolgt *adj* persecuted
Verfolgte (n)
nm persecutor
verführen *v* to seduce
vergiften *v* to poison

Verhaltensweise (n) *nf*
behaviour pattern
Verhältnis (se)
nn condition
verhelfen* *v* to help
someone get/achieve
something
verhindern *v* to prevent
verhungern *v* to starve
Verkehr *nm* traffic
Verkehrsnetz (e) *nn*
traffic system
Verkehrsstau (s) *nm*
traffic jam, congestion
Verlag (e) *nm* publisher
verlieren* *v* to lose
verlockend *adj* alluring,
tempting
Verlust (e) *nm* loss
vermehrt *adj* increased
vernichten *v* to destroy
Verpackungsmaterial
nn wrapping, packing
material
verpesten *v* to pollute
verrückt *adj* crazy
versammeln
v to assemble, to
congregate
verschlechtern *v* to
deteriorate
verschlimmern *v* to get
worse
verschwenden *v* to
waste
verschwinden* *v* to
disappear
versenden *v* to post, to
dispatch
Verstoß ("e) *nm*
offence
Vertrag ("e) *nm*
contract
verursachen *v* to cause
verurteilen *v* to
sentence
verurteilt *pp* convicted
verzerren *v* to distort
verzerrt *adj* warped
Vielfalt *nf* diversity

Volkszugehörigkeit *nf*
ethnic origin
Vollzeitarbeit *nf*
full-time work
von seiner Arbeit leben *v*
to make a living from
one's work
Vorbehalt (e) *nm*
reservation
vorbeigehen* *v* to pass
vorbeugen *v* to prevent
vorgeburtlich *adj*
prenatal
vorsichtig *adj*
careful
Vorteil (e) *nm*
advantage
Vorurteil (e) *nn*
prejudice
vorziehen* *v* to prefer

W

Wachstum *nn* growth
Wahl (en) *nf* (pol)
election
wahren *v* to maintain
Wahrheit (en) *nf* truth
wahrnehmen* *v* to
sense
Wahrscheinlichkeit (en)
nf probability
Währungsunion (en)
nf monetary union
Wanderarbeiter (-)
nm migrant worker
Wasserstoff
nm hydrogen
Wechselkurs (e)
nm exchange rate
wehen *v* to blow
Weltmarkt *nm* world
market
Wende (n) *nf* turning
point
wenigstens *adv* at least
Werk (e) *nn* oeuvre,
work
Wert (e) *nm* value
wesentlich *adj* essential

Wessis *npl* people from
West Germany
Wettbewerb (e) *nm*
competition
wettbewerbsfähig
adj competitive
Wetterbedingungen
npl weather
conditions
widerspiegeln *v* to
reflect
Widerstand ("e)
nm resistance
Wiedereinführung (en) *nf*
reintroduction
wiedergutmachen *v* to
make up for
Wiedervereinigung (en)
nf reunion
Wiederverwertung (en)
nf recycling
**Windgeschwindigkeit
(en)** *nf* wind speed
Windrad ("er) *nn* wind
turbine
Wirbelsturm ("e)
nm tornado
Wirklichkeit werden*
v to become reality
wirkungslos
adj ineffective
Wirtschaft (en)
nf economy
wirtschaftlich
adj economic
Wirtschaftsmacht ("e)
nf economic power
Wirtschaftswachstum
nn economic growth
Wirtschaftswunder
nn economic miracle
Wissenschaftler (-)
nm scientist
Wohlergehen *nn* well-
being
Wohlfahrt *nf* welfare
Wohlfahrtsverband ("e)
nm charity
wohlhabend *adj* well
off, wealthy

Glossary

Wohlstand *nm* wealth, prosperity

Wohlwollen *nn* goodwill

Wohnsiedlung (en) *nf* housing estate

Z

Zeitreise (n) *nf* time travel

zeugen *v* to father, to sire

zu Lasten at the expense of

zu Lebzeiten when alive

Zuckerrohr *nn* sugarcane

Zuflucht *nf* resort, refuge

Zugewanderte (n) *nm* immigrant

Zukunft *nf* future

zulassen *v* to let, to allow

zum Ausdruck kommen *v* to express

Zunahme (n) *nf* increase

zur Verfügung stellen *v* to make available

zurückkehren *v* to come back, to return

Zusammenfassung (en) *nf* combination, summary

Zusammengehörig -keitsgefühl *nn* communal spirit, feeling of solidarity

zusammengekoppelt *pp* coupled, linked

Zusammenschluss (¨e) *nm* cooperative, fusion

zuschreiben* *v* to attribute

zuverlässig *adj* reliable

Zweck (e) *nm* purpose

zweisprachig *adj* bilingual

zwingen* *v* to force

OXFORD
UNIVERSITY PRESS

Great Clarendon Street, Oxford OX2 6DP

Oxford University Press is a department of the University of Oxford.
It furthers the University's objective of excellence in research, scholarship,
and education by publishing worldwide in

Oxford   New York Auckland   Cape Town   Dar es Salaam   Hong Kong
Karachi   Kuala Lumpur   Madrid   Melbourne   Mexico City   Nairobi
New Delhi   Shanghai   Taipei   Toronto

With offices in

Argentina   Austria   Brazil   Chile   Czech Republic   France   Greece
Guatemala   Hungary   Italy   Japan   South Korea   Poland   Portugal
Singapore   Switzerland   Thailand   Turkey   Ukraine   Vietnam

Oxford is a registered trade mark of Oxford University Press
in the UK and in certain other countries

British Library Cataloguing in Publication Data

Data available

ISBN 978 019 915351 0

10 9 8 7 6 5 4 3 2

Typeset by 320 Design

Printed in China by Printplus

Acknowledgements

The publishers would like to thank the following for permission to
reproduce photographs:

p5_1: lfstewart/Fotolia; p5_2: Big Stock Photo; p5_3: Pavel Korol/Fotolia;
p5_4: Reuters/Corbis; p5_5: OUP; p5_6: Bernd Geh/Getty Images; p5_7: Clynt
Garnham/Alamy; p5_8: Christopher Gannon/Alamy; p5_9: OUP; p5_10:
vario images GmbH & Co.KG/Alamy; p6tl: Big Stock Photo; p6tr: Big Stock
Photo; p6ml: Alex White/Fotolia; p6mr: Big Stock Photo; p6bl: Jane Post/
Hardwick Studios; p6br: Jane Post/Hardwick Studios; p8: Andrew Butterton/
Alamy; p10: Big Stock Photo; p13tm: Clynt Garnham/Alamy; p13tr: Bernd
Geh/Getty Images; p13bl: Pavel Korol/Fotolia; p13br: Eurostar; p15tl: Sean
Gladwell/Fotolia; p15tm: Atlantide Phototravel/Corbis; p15tr: AFP/Getty
Images; p15bl: vario images GmbH & Co.KG/Alamy; p15bm: INSADCO
Photography/Alamy; p15br: OUP; p20t: Michael Klinec/Alamy; p20m: Tetsuo
Sayama/A1 Pix Ltd; p20b: Alamy/Michael Dwyer; p23: Herbert Kehrer/zefa/
Corbis; p26l: Images of Africa Photobank/Alamy; p26r: Big Stock Photo;
p27t: Régis Bossu/Sygma/Corbis; p27m: Charles Caratini/Sygma/Corbis;
p27b: Channel Island Pictures/Alamy; p28tl: David Simson; p28tr: Britstock/
IFA; p28bl: David Simson; p28br: Philip Game; p30t: Peter Guttman/Corbis:
p30l: Philip Game; p30r: John Birdsall photography; p33: Getty Images; p36t:
David Simson; p36l: OUP; p36br&bl: Katz; p37tl: Peter Turnley/Corbis; p37tr:
Aline Maurice/Telegraph Colour Library; p37m: Sipa Press/Rex Features;
p37bl: Arne Dedert/Deutsche Presse Agentur; p37br: David Simson/Das
Photo; p38t: John Birdsall photography; p38b: Von Spreter/Action Press/
Rex Features; p40: Reagan Pannell/Alamy; p41: Liba Taylor/Corbis UK Ltd;
p42l: Simon Rawles/Alamy; p42r: Owen Franken/Corbis; p46: Peter Turnley/
Corbis; p47: Roberto Pfeil/AP/PA Photos; p48: vario images GmbH & Co.KG/
Alamy; p49tl: John Norman/Alamy; p49tr: bildagentur-online/begsteiger/
Alamy; p49bl: Martin Meyer/zefa/Corbis; p49br: vario images GmbH &
Co.KG/Alamy; p52: B Busco/ Getty Images; p54l: Jochen Tack/Alamy;
p54t: Karl-Josef Hildenbrand/dpa/Corbis; p54m: Ken Stewart/ZUMA/
Corbis; p54b: Shepard Sherbell/Corbis; p58: vario images GmbH & Co.KG/
Alamy; p61t: David Simson/Das Photo; p61b: Steve Belkowitz/Telegraph
Colour Library; p62: Reuters NewMedia Inc./Corbis; p67: Rex Features/
Action Press; p72tl: The Gallery Collection/Corbis; p72ml: INTERFOTO
Pressebildagentur/Alamy; p72bl: Time & Life Pictures/Getty Images; p72tm:
vario images GmbH & Co.KG/Alamy; p72bm: vario images GmbH & Co.KG/
Alamy; p76t: Germany Images David Crossland/Alamy; p76m: Lebrecht
Music and Arts Photo Library/Alamy; p76b: ?? p79: Alamy/travelstock44;
p81t: FAN travelstock/Alamy; p81l: Stephen Finn/Alamy; p81r: John Birdsall
Photography; p82l: Bettmann/Corbis; p82ml: OUP; p82mr: Wolfgang
Kaehler/Corbis; p82r: Big Stock Photo; p85t: Construction Photography/
Corbis; p85b: Getty/AFP; p87: Juncal/Alamy; p88t&m: David Simson; p88b:
Katz; p90t: David Simson; p90m: Alamy/INTERFOTO Pressebildagentu;
p90b: Gerd Schnuerer/Getty Images; p91: Catherine Karnow/Corbis; p93l:
imagebroker/Alamy; p93m: Bundesarchiv Plak 006-017-023; p93r: OUP;
p94: AFP/Getty Images; p96t: Peter Turnley/Corbis; p96b: Caro/Alamy; p97:
imagebroker/Alamy; p99: Corbis/Chris Collins; p100t: Dominique Aubert/
Sygma/Corbis; p100b: imagebroker/Alamy; p102: Vernier Jean Bernar/
Corbis; p103: Big Stock Photo; p104: Alamy/vario images GmbH & Co.KG;
p106: Jochen Tack/Alamy; p108: Photofusion Picture Library/Alamy;

Artwork by: Mark Draisey, Simon Tegg

The authors and publishers would like to thank the following for their help
and advice:

Melissa Weir and Deborah Manning (project managers); Marieke O'Connor
(editor of the Zeitgeist Students' Book) and Marion Dill (language
consultant).

*The authors and publishers would also like to thank everyone involved in the
Zeitgeist 2 recordings:*

Martin Williamson and Lynne Brackley for sound production and all the
speakers involved.

Every effort has been made to contact copyright holders of material
reproduced in this book. If notified, the publishers will be pleased to rectify
any errors or omissions at the earliest opportunity.